思想政治理论课问题导入式
专题教学研究丛书

"马克思主义基本原理概论"

问题导入式专题教学研究（第二版）

张英姣 任 斌 主 编

九州出版社
JIUZHOUPRESS 全国百佳图书出版单位

图书在版编目（CIP）数据

"马克思主义基本原理概论"问题导入式专题教学研
究 / 张英娇，任斌主编. — 2版. — 北京：九州出版
社，2019.8（2020.11重印）
ISBN 978-7-5108-8212-8

Ⅰ. ①马… Ⅱ. ①张… ②任… Ⅲ. ①马克思主义理
论－教学研究－高等学校 Ⅳ. ①A81

中国版本图书馆CIP数据核字(2019)第166316号

"马克思主义基本原理概论"问题导入式专题教学研究（第二版）

作　者	张英娇　任斌　主编
出版发行	九州出版社
地　址	北京市西城区阜外大街甲 35 号（100037）
发行电话	(010)68992190/3/5/6
网　址	www.jiuzhoupress.com
电子信箱	jiuzhou@jiuzhoupress.com
印　刷	北京九州迅驰传媒文化有限公司
开　本	720 毫米 ×1020 毫米　16 开
印　张	17
字　数	280 千字
版　次	2019 年 12 月第 2 版
印　次	2020 年 11 月第 2 版第 3 次印刷
书　号	ISBN 978-7-5108-8212-8
定　价	46.00 元

《思想政治理论课问题导入式专题教学研究丛书》(第二版)编委会

2019 年度教育部示范优秀教学科研团队
建设项目（重点选题）（项目号 19JDSZK006）

总　序

在 2016 年全国高校思想政治工作会议上，习近平总书记强调，"思想政治理论课要坚持在改进中加强，提升思想政治教育亲和力和针对性，满足学生成长发展需要和期待"。总书记在纪念五四运动 100 周年大会上的讲话中指出，"青年是整个社会力量中最积极、最有生气的力量，国家的希望在青年，民族的未来在青年"，对处于"拔节孕穗期"的青年大学生来说，要扣好人生的"第一粒扣子"，首先要靠思想政治理论课开展马克思主义理论教育，为其一生的成长和发展打下科学的思想基础。

自 2011 年以来，北京联合大学从学生特点和成长成才的实际需要出发，认真学习贯彻全国和北京高校思想政治工作会议精神，着力于教学改革与创新，初步摸索出了一条"问题导入式"专题教学的思想政治理论课教学新路子，取得了显著效果。"问题导入式"专题教学改革先后获评教育部 2014 年度高校思想政治理论课教学方法改革项目"择优推广计划"培育项目、北京市首批思想政治理论课教学改革示范点，教学改革成果获评 2017 年北京市高等教育教学成果奖二等奖，社会影响力持续扩大，为北京联合大学城市型、应用型大学建设做出了贡献。

问题是实践的起点、创新的起点，也是思想政治理论课教学活动的起点。思想政治理论课"问题导入式"专题教学改革以实现教学目标和解决大学生迫切需要解决的问题为中心，以提高教育实效为导向开展专题研究与教学活动；以问题导入展开教学，引发学生思考；以专题教学组织课堂，展现理论魅力；以育人为本组织内容，实现教学目标；致力构建"带着问题学、带着问题教、围绕专题学、围绕专题教"的教与学的基本格局，通过"问题式教学、过程化管理"的教学再造，构建讲授体系、实践体系、考核体系三位一体的教学新模式，全面提高教育教学质量和实效，达到掌握马克思主义基本理论知识、培育正确思维方法、坚定理想信念的目的。

马克思提出："问题就是时代的口号，是它表现自己精神状态的最实际的呼声。"开展专题教学，问题意识极为重要，解决了学生对重大敏感疑难问题的困惑，思想政治理论课教学就达到了目的。问题意识的关键是能否先选准问题，因为问题具有课堂切入、引领教学、展开讲授的作用。"问题导入式"专题教学在吃透教材内容的基础上，各门课程都从问题出发，立足于一个专题讲清楚一个问题，对教学内容进行集中凝练，以弥补教材相对全面、重点不够突出、内容不够生动的不足。在此基础上，编写特色专题教案，体现"精要""易懂""前沿""有效"四个原则，并把这些原则落实到课堂上、落脚到教学中，发挥每一个教师的积极性、主动性、创造性，通过教学方法、过程等的创新，使专题教学活跃、生动起来。

北京联合大学"问题导入式"专题教学改革涵盖四门思想政治理论主干课程，问题引领贯通于专题凝练、课件制作、教案撰写、课堂讲授、综合实践、过程考核等全部教学环节。为了能让专题教学的模式惠及更多的学生和教师，北京联合大学马克思主义学院集合4门思想政治理论课主干课程的优质资源，把专题教案规范化，于2017年12月出版了"问题导入式"专题教学研究丛书。"问题导入式"专题教学研究的出版和应用，提高了教学实效，增强了学生对中国特色社会主义事业的认同感；提升了教师科研素，拓展了教师职业发展空间；扩大了社会影响力，产生了积极的示范效应。

新时代全面贯彻党的教育方针，用习近平新时代中国特色社会主义思想铸魂育人，培养德智体美劳全面发展的社会主义建设者和接班人，需要思想政治理论课有更大担当。2019年3月18日上午，习近平总书记在京主持召开学校思想政治理论课教师座谈会并发表重要讲话。总书记在座谈会上指出，思想政治理论课是落实立德树人根本任务的关键课程，思政课作用不可替代，思政课教师队伍责任重大；办好思想政治理论课关键在教师，关键在发挥教师的积极性、主动性、创造性；推动思想政治理论课改革创新，要不断增强思政课的思想性、理论性和亲和力、针对性。总书记的讲话高屋建瓴，既充分认可了思想政治理论课和思想政治理论课教师的关键作用，更是推动新时代思想政治理论课教学改革创新的根本遵循。

为了深入贯彻党中央和习近平总书记关于加强、改进和创新思想政治理论课的指示和精神，在新的起点上不断深化"问题导入式"专题教学的理论探讨和教学实践，北京联合大学马克思主义学院组织4门思想政治理论主干课程骨干教师，于2018年4月启动了对2017版"问题导入式"专题教学研究丛书的修订工作。此次出版发行的第二版"问题导入式"专题教学研究丛书以 2018 年修订版国家统编教材为基础，参与修订的老师们结合学校和学生实际，总结本校开展"问题导入式"专题教学改革 8 年多来的经验，同时吸纳了国内其他兄弟院校思想政治理论课教育教学改革好的做法，精心凝练专题，科学设计问题，尽可能使第二版丛书更符合新时代思政课教学规律，更有利于调动师生教与学的积极性，真正达到"问题导入、专题研究、师生受益"的教学改革目标。

"问题导入式"专题教学是一种新的尝试，在这条道路上，我们还有很多工作要做，也会遇到种种问题和挑战，需要我们持续不懈地做出艰辛探索，付出巨大努力。回首北京联合大学 8 年来开展"问题导入式"专题教学的探索之路，无论是在丛书第一版的撰写过程中，还是在本次修改再版工作中，我们都收到了来自各方面领导、专家和同行们专业而无私的指导、关心和帮助，在此一并表示感谢。新时代需要新时代的马克思主义理论，也需要有成效的思想政治理论课课堂。使思想政治理论课更具有针对性、实效性和吸引力，这是我们一以贯之的目标，也是我们无可推卸的职责所在，我们将一如既往、奋勇前行，义无反顾！

韩宪洲

2019 年 10 月于北京

前　言

　　"马克思主义基本原理概论"是高校本科生必修的思想政治理论课之一。为了提高课程的实效性，从 2011 年开始，我们对"马克思主义基本原理概论"课进行了问题导入式专题教学研究和实践，在课程教学中运用"问题导入式专题教学"，教学效果得到了较为显著的提高。

　　针对目前大学生迫切需要解答的思想疑点、理论难点和社会热点问题，我们共设计、撰写了十三个专题：1. 为什么要学习马克思主义（秦锦文撰稿）；2. 为什么说世界的本质是物质的（严宗泽撰稿）；3. 物质世界的发展是有规律的吗（陈雪英撰稿）；4. 人类是怎样认识世界的（常百灵撰稿）；5. 如何在实践中坚持真理与价值的辩证统一（曲艳、罗慧撰稿）；6. 社会历史观的基本问题是什么（乔春霞撰稿）；7. 人类社会是如何向前发展的（何小玲撰稿）；8. 谁是历史的创造者（周文华、高惠芳撰稿）；9. 如何理解劳动创造价值（李静撰稿）；10. 如何认识剩余价值理论（李喆撰稿）；11. 如何正确认识当代资本主义的新变化及其趋势（张泽一撰稿）；12. 如何正确理解社会主义的发展及其规律（任斌撰稿）；13. 共产主义是人类最崇高的社会理想（高惠芳撰稿）。

　　本部专题教学教案的编写依据高等教育出版社 2018 年修订的《马克思主义基本原理概论》教材，结合教育部社科司对思想政治理论课落实十九大精神的教学建议，在教学实践的基础上由长期从事高校思想政治理论课的一线教师编著，对高校"马克思主义基本原理概论"的教学具有较高的实用价值。由于编写者时间和能力有限，本书定有许多不当之处，恳请各位学者和同行指正。

　　本书编写和出版得到校教务处、马克思主义学院领导班子的大力支持，在此一并表示衷心感谢！

编者

2019 年 5 月 15 日

目 录

专题一　为什么要学习马克思主义

§1 教学简况

课时安排

4 学时。

教学目的和要求

一、学生能够记住马克思主义理论的三个主要组成部分，认识马克思主义产生的历史过程和发展阶段，界定马克思主义三个主要组成部分的内在联系，释义马克思主义的基本特征，例证马克思主义的当代价值。

二、学生能够感受马克思、恩格斯胸怀崇高理想、为人类解放不懈奋斗的伟大情感。

三、学生能够培养和树立马克思主义人民至上的立场，坚定共产主义信念。

四、学生能够养成学习和运用马克思主义的自觉性。

教学内容

一、什么是马克思主义。

二、马克思主义的创立和发展。

三、马克思主义的理论品质。

四、马克思主义深刻改变了中国。

讲授重点和难点

重点：马克思主义的内涵、马克思主义的创立和发展。

难点：马克思主义的理论品质、马克思主义深刻改变了中国。

§2 教学过程

【问题导入】

《共产党宣言》发表170多年来，马克思主义在世界上得到广泛传播，对人类产生了广泛而深刻的影响。列宁领导的十月革命取得胜利，社会主义从理论变为现实，打破了资本主义一统天下的世界格局。十月革命一声炮响，为中国送来了马克思列宁主义，给苦苦探寻救亡图存出路的中国人民指明了前进方向、提供了全新选择。中国共产党诞生后，中国共产党人把马克思主义基本原理同中国革命和建设的具体实际结合起来，团结带领人民经过长期奋斗，完成新民主主义革命和社会主义革命，建立起中华人民共和国和社会主义基本制度，进行了社会主义建设的艰辛探索，实现了中华民族从"东亚病夫"到站起来的伟大飞跃。改革开放以来，中国共产党人把马克思主义基本原理同中国改革开放的具体实际结合起来，团结带领人民进行建设中国特色社会主义新的伟大实践，使中国大踏步赶上了时代，实现了中华民族从站起来到富起来的伟大飞跃。在新时代，中国共产党人把马克思主义基本原理同新时代中国具体实际结合起来，团结带领人民进行伟大斗争、建设伟大工程、推进伟大事业、实现伟大梦想，推动党和国家事业取得全方位、开创性历史成就，发生深层次、根本性历史变革，中华民族迎来了从富起来到强起来的伟大飞跃。

即使在当今西方社会，马克思主义仍然具有重要影响力。马克思本人被西方思想界评为"千年第一思想家"。美国学者海尔布隆纳在他的著作《马克思主义：赞成与反对》中表示，要探索人类社会发展前景，必须向马克思求教，人类社会至今仍然生活在马克思所阐明的发展规律之中。

马克思主义为什么能在中国落地生根，指引中华民族站起来，富起来和强起来？马克思主义为什么依然显示出科学思想的伟力，占据着真理和道义的制高点？马克思主义是一种什么样的理论？以及我们如何学习马克思主义理论？为了回答上述问题，我们来系统学习什么是马克思主义。

一、什么是马克思主义

马克思主义是由马克思和恩格斯创立并为后继者所不断发展的科学理论体系，是关于自然、社会和人类思维发展一般规律的学说，是关于社会主义必然代替资本主义、最终实现共产主义的学说，是关于无产阶级解放、全人类解放和每个人自由而全面发展的学说，是指引人民创造美好生活的行动指南。

（一）从不同角度理解马克思主义的内涵

我们可以从不同的角度对什么是马克思主义做进一步阐释。从它的创造者、继承者的认识成果来讲，马克思主义是由马克思、恩格斯创立的，而由其后各个时代、各个民族的马克思主义者不断丰富和发展的观点和学说的体系。从它的阶级属性来讲，马克思主义是无产阶级争取自身解放和整个人类解放的科学理论，是关于无产阶级斗争的性质、目的和解放条件的学说。马克思主义创始人马克思和恩格斯向来具有悲天悯人、怜贫惜弱的伟大情怀。马克思在其 17 岁时，就表达了选择最能为人类幸福而劳动的职业志向。当他们看到资本家对工人残酷剥削，工人阶级赤贫和异化时，他们就决心改变现实社会的不平等，实现无产阶级乃至人类的解放。他们进行了孜孜不倦的理论探索，创立了唯物史观和剩余价值理论，发现了资本主义必然灭亡，无产阶级必然胜利的历史趋势，最终确立了通向共产主义的理论依据和现实道路。马克思、恩格斯不仅创立了科学社会主义理论，并且化理论为行动，积极参与到无产阶级革命事业中去，并奋斗终生。从它的研究对象和主要内容来讲，马克思主义是无产阶级的科学世界观和方法论，是关于自然、社会和思维发展的一般规律的学说，是关于资本主义发展及其转变为社会主义以及社会主义和共产主义发展规律的学说。

（二）马克思主义理论主要组成部分

马克思主义理论主要由马克思主义哲学、马克思主义政治经济学和科学社会主义三大组成部分构成。恩格斯在《反杜林论》中全面系统地阐述了马克思主义理论的三个组成部分及关系。马克思主义哲学是关于自然、社会和思维发展一般规律的学说，它坚持唯物论和辩证法的统一，坚持唯物主义自然观和历史观的统一，是科学的世界观和方法论，是马克思主义全部学说的理论基础。马克思主义政治经济学是运用马克思主义哲学理论去研究资本主义社会生产关系及其发展规律的科学。它着重剖析了资本主义社会的经济关系，对资本主义的发生、发展和灭亡做了系统分析和阐发，因而是马克思主义的主要内容。科学社会主义在唯物史观和剩余价值论两大发现的基础上，阐明了由资本主义社会转变为社会主义、共产主义社会的客观规律，阐明了无产阶级获得彻底解放的历史条件和无产阶级的历史使命，使社会主义由空想成为科学。科学社会主义是马克思主义理论的核心和归宿。

（三）什么是马克思主义基本原理

马克思主义基本原理是马克思主义理论体系中最基本、最核心的内容，是对马克思主义的立场、观点和方法的集中概括。它体现马克思主义的根本性质和整体特征，体现马克思主义科学性和革命性的统一。

马克思主义基本立场，是马克思主义观察、分析和解决问题的根本立足点和出发点。马克思主义以无产阶级的解放和全人类的解放为己任，以人的自由全面发展为美好目标，以人民为中心，一切为了人民，一切依靠人民。

马克思主义基本观点，是关于自然、社会和人类思维规律的科学认识，是对人类思想成果和社会实践经验的科学总结。主要包括：关于客观世界的本质和规律的观点，关于人的实践和认识活动的本质和规律的观点，关于社会形态和社会基本矛盾运动规律的观点，关于人民群众的历史主体作用的观点，关于人的全面发展和社会全面进步的观点，关于商品经济和社会化大生产一般规律的观点，关于劳动价值论、剩余价值论和资本主义生产方式本质的观点，关于社会主义必然代替资本主义的观点，关于社会革命和无产阶级专政的观点，关于无产阶级政党建设的观点，关于社会主义社会本质特征和建设规律的观点，关于共产主义社会基本特征和共产主义远大理想的观点，等等。

马克思主义基本方法是建立在辩证唯物主义和历史唯物主义世界观、方法论基础上指导我们正确认识世界和改造世界的思想方法和工作方法，主要包括实事求是的方法、辩证分析的方法、历史分析的方法、群众路线的方法等。

二、马克思主义的创立和发展

马克思主义产生于19世纪40年代的欧洲，以马克思、恩格斯共同创作的《共产党宣言》的发表为标志。马克思主义的产生具有深刻的社会根源、阶级基础和思想渊源。

（一）马克思主义的创立

1. 社会根源

马克思、恩格斯生活的时代，资本主义生产方式在西欧已经有了相当的发展。工业革命和科技进步极大地提高了劳动生产率，促进了生产力的发展。资本主义生产方式一方面带来了社会化大生产的迅猛发展，另一方面又造成了深重的社会灾难。第一，社会两极分化，工人极端困苦。机器大工业的发展，不仅没有改善工人的劳动和生活条件，而且使工人成为机器的附庸。资本家采取延长劳动时间、增大劳动强度、降低工人工资、廉价雇佣女工和童工等手段，拼命压榨工人血汗，无产阶级与资产阶级的矛盾不断加剧。第二，周期性经济危机频繁爆发。英国工业革命开始后，曾多次发生局部性经济危机，1825 年爆发了第一次全国性经济危机。1836 年和 1847 年又相继爆发了波及欧洲各主要资本主义国家的经济危机。每一次危机都似一场瘟疫，给社会生产造成巨大的破坏。为什么财富的增加却伴随着贫困的扩散，生产的发展却引起经济危机？根源是什么？人类的未来在哪里呢？

2. 阶级基础

资本主义的残酷压榨引发了工人的反抗，无产阶级在反抗资产阶级剥削和压迫的斗争中，逐步走向自觉，并迫切渴望科学的理论指导。19 世纪三四十年代，法国、英国、德国接连爆发了无产阶级反对资本主义制度的斗争。1831 年法国里昂工人举行了第一次起义，1834 年举行第二次起义；1836 年英国爆发了长达十余年、声势浩大的全国性的工人运动——宪章运动；1844 年德国的西里西亚纺织工人举行起义。法国、英国、德国工人运动的兴起，标志着现代无产阶级作为独立的政治力量登上了历史舞台。觉醒了的无产阶级迫切需要总结和升华自身的斗争经验，形成科学的革命理论，以指导自身的解放斗争。

3. 理论渊源

（1）德国古典哲学

马克思主义哲学主要是对黑格尔（1770—1831）和费尔巴哈（1804—1872）思想的批判地继承和创新。

黑格尔哲学是 19 世纪德国资产阶级的世界观体系。它集德国古典哲学之大成，具有百科全书式的丰富性，居于整个资产阶级哲学的高峰。它不仅反映了当时德国资产阶级的革命性与软弱性，也在一定程度上反映了当时整个西方资产阶级的特点。在黑格尔哲学中，表现了丰富的辩证法思想与保守体系的深刻矛盾。

黑格尔把绝对精神看作世界的本原，认为，"绝对观念"是宇宙之源，万物之本。世界的运动变化乃是"绝对观念"自我发展的结果，自然、人类社会和人的精神现象都是它在不同发展阶段上的表现形式。因此，事物的更替、发展、永恒的生命过程，就是绝对精神本身。黑格尔哲学的任务和目的，就是要展示通过自然、社会和思维体现出来的绝对精神，揭示它的发展过程及其规律性，实际上是在探讨思维与存在的辩证关系，在唯心主义基础上揭示二者的辩证同一。

围绕这个基本命题，黑格尔建立起令人叹为观止的客观唯心主义体系，主要讲述绝对精神自我发展的三个阶段：逻辑学、自然哲学、精神哲学。黑格尔在论述每一个概念、事物和整个体系的发展中自始至终都贯彻了这种辩证法的原则，即整个自然的、历史的和精神的世界是一个过程，是在不断地运动、变化和发展着的，而其内部矛盾乃是发展的源泉。马克思、恩格斯批判地继承了黑格尔辩证法的合理内核，以世界的物质统一性取代绝对精神，实现了辩证法的华丽转身，创立了唯物辩证法。

当然，马克思主义唯物辩证法的创立离不开费尔巴哈对黑格尔唯心主义的颠覆。费尔巴哈是 19 世纪德国唯物主义哲学家，无神论者。费尔巴哈认为黑格尔哲学的主要错误是它的唯心主义的思维和存在同一说。他指出，黑格尔从抽象的存在出发，颠倒了思维和存在的关系，黑格尔的"存在"与思维没有分别，思维与存在的同一"只是表示思维与自身的同一"，是虚妄的；黑格尔的"思维"永远不能超出自身达到现实世界，由精神推出自然等做法是逻辑把戏，他只是在思维范围内而没有在实际上扬弃德国古典哲学家康德提出的思维和存在、主体和客体的矛盾。费尔巴哈对思维和存在的关系做出了唯物主义解释：存在是主体，思维是宾词；思维从存在而来，然而存在并不来自思维；存在的本质就是自然的本质。

费尔巴哈把黑格尔哲学称作"思辨神学""理性神秘论"等。他认为，黑格尔唯心主义与神学相同，都是把客观的本质主观化，把自然的、人的本质看作非自然的、非人的东西，"使人与自己异化"。黑格尔所说的"绝对精神"，是抽象化了的、与人分离的人的理性、精神。他的精神外化为自然的学说，是用理性词句改装了的上帝创世说。唯心主义是对神学的哲学论证，而黑格尔哲学是神学的最后避难所和理性支柱。要扬弃神学，就要扬弃黑格尔哲学。费尔巴哈认为，"未来哲学"的任务就是要回到自然、回到人，把神学和思辨哲学转化为人本学。费尔巴哈把自然界和人当作哲学的出发点，提出了自然界是不依赖于任何人的观念而存在的，它是人类赖以生存的基础，这是费尔巴哈人本学唯物主义的"基本内核"。

马克思、恩格斯吸收了黑格尔哲学体系的"合理内核"和费尔巴哈哲学体系的"基本内核",并考察人类实践活动的意义,在此基础上理解人的本质。马克思主义在这一理论基础上创立了科学的实践观,把唯物论与辩证法、唯物主义自然观与唯物主义历史观结合起来,实现了世界观与方法论的统一,为无产阶级认识世界和改造世界提供了"最后的劳动工具和最锐利的武器"。

（2）英国古典政治经济学

资产阶级古典政治经济学的代表人物是亚当·斯密（1723—1790）和大卫·李嘉图（1772—1823）。他们研究了资产阶级生产关系的内部联系,对资本主义社会发展的规律进行了探讨,认为经济生活同自然界一样,都是受"自然规律"支配的,亚当·斯密形象地把这种规律称为"看不见的手"。他们提出价值是由劳动创造的,从而为劳动价值论奠定了基础;在地租、利润和利息等具体形式上研究了剩余价值,并对资本主义社会的阶级关系进行了初步探讨。但是,一涉及资本主义历史命运问题,他们的"公正性"就荡然无存。一方面,他们把资本看作一种永恒的自然关系;另一方面,他们又极力掩饰工业革命过程中就已初露端倪的资本主义生产力和生产关系之间的尖锐冲突,断然否定资本主义存在普遍的生产过剩的经济危机的可能性。他们在历史和时代发展问题上所持的资产阶级的立场、所运用的非社会的和反历史的方法,得出的也只能是与社会经济发展现实相悖的理论观点。资本主义社会的阶级斗争在实践和理论方面所采取的日益鲜明的和带有威胁性的形式,使资产阶级古典政治经济学的阶级局限性和历史片面性充分地暴露出来。

马克思、恩格斯在以亚当·斯密和大卫·李嘉图为代表的政治经济学的基础上,创立了剩余价值学说,第一次从一切社会关系中划分出最根本的生产关系;第一次明确政治经济学的对象是人与人的关系即阶级关系;第一次发现了劳动的二重性,建立了劳动价值论和剩余价值论;揭示了资本主义社会的矛盾以及资本主义必然灭亡的命运。

（3）18世纪法国、英国空想社会主义理论

空想社会主义的最杰出的代表有法国的昂利·圣西门（1760—1825）、沙尔·傅立叶（1772—1837）和英国的罗伯特·欧文（1771—1858）。这三位伟大的思想家具有同资本主义旧制度决裂的理论勇气,有为新世界的到来而努力奋斗的善良愿望。他们对资本主义社会做了深刻的批判,阐述了新的社会制度产生的必然性问题,表达了对建立新的社会制度的热切愿望,并对这种社会的具体细节做了富有天才性的构思。但是,他们在对世界历史发展动力

和资本主义社会前途等重大问题的理解上，仍然裹足不前。他们揭露了资本主义制度的种种矛盾，但却不能从世界历史发展的高度科学地阐明这些矛盾产生的历史必然性；他们预见到资本主义制度必然被一种新的社会制度所取代，但却不能理解这一历史过渡的现实基础和实行这一变革的物质力量。

法国和英国的空想社会主义理论为马克思、恩格斯高度科学地揭露资本主义的矛盾，科学地预见资本主义必然被另一种更高地社会形态所代替提供了理论基础；马克思、恩格斯把社会主义思想牢牢建立在唯物史观和剩余价值学说的基础之上，把社会主义从空想变成科学。

（二）马克思主义的发展

马克思、恩格斯依据自由资本主义阶段的世界经济政治发展状况，曾提出过社会主义革命将首先在几个主要的资本主义国家同时发生的设想。马克思、恩格斯逝世后，资本主义进入了垄断阶段。列宁以一个真正马克思主义者的态度，深刻分析了 19 世纪末 20 世纪初世界历史条件的变化，认为资本主义发达国家已经发展到帝国主义阶段，出现了马克思、恩格斯生前不曾有的新变化、新特点，经济政治发展的不平衡已成为资本主义发展的绝对规律。除无产阶级和资产阶级的矛盾外，帝国主义和殖民地半殖民地国家的民族矛盾成为资本主义世界的又一重大矛盾。由此，他科学地剖析了帝国主义的经济基础、深刻矛盾和统治危机，提出了社会主义革命可能在一国或数国首先发生并取得胜利的论断。1917 年，列宁和布尔什维克党不失时机地领导俄国工人阶级和革命人民夺取了十月社会主义革命的胜利，使社会主义从理想开始变为现实，从而开创了世界历史的新纪元。十月革命胜利后，对于经济文化相对落后的国家如何向社会主义过渡和建设社会主义，列宁和布尔什维克党又做了有益的探索。列宁在领导俄国革命和建设的过程中，把马克思主义基本原理与俄国实际相结合，创立了列宁主义，把马克思主义发展到一个新的历史阶段。

十月革命一声炮响，给中国送来了马克思列宁主义。"十月革命帮助了全世界的也帮助了中国的先进分子，用无产阶级的宇宙观作为观察国家命运的工具，重新考虑自己的问题。"中国共产党从成立起，就把马克思列宁主义确立为指导思想，并在不断探索中把马克思主义基本原理同中国具体实际相结合，领导全国各族人民取得了革命、建设、改革的伟大胜利，并不断推进马克思主义中国化，产生了毛泽东思想、邓小平理论、"三个代表"重要思想、科学发展观、习近平新时代中国特色社会主义思想，丰富和发展了马克思主义。

习近平新时代中国特色社会主义思想是马克思主义中国化最新理论成果，是党和人民实践经验和集体智慧的结晶，是中国特色社会主义理论体系的重要组成部分，是全党全国人民为实现中华民族伟大复兴而奋斗的行动指南。这一思想是 21 世纪的马克思主义、当代中国的马克思主义，为马克思主义的发展做出了时代性、原创性贡献。

三、马克思主义的理论品质

马克思主义具有鲜明的科学性、革命性、实践性、人民性和发展性，这些鲜明特征体现了马克思主义的本质和使命，也展现出马克思主义的理论品质。马克思主义占据着真理和道义的制高点，充分体现了真理与价值的辩证统一。

（一）科学性

马克思主义是科学的理论，创造性地揭示了人类社会发展规律。在马克思提出科学社会主义之前，空想社会主义者早已存在，他们怀着悲天悯人的情感，对理想社会有很多美好的设想，但由于没有揭示社会发展规律，没有找到实现理想的有效途径，因而也就难以真正对社会发展发生作用。马克思主义是在社会实践和科学发展的基础上产生的，并在自身发展过程中不断总结实践经验，吸取自然科学和社会科学发展的最新成就。辩证唯物主义和历史唯物主义是马克思主义科学的世界观和方法论基础，是马克思主义科学性的重要体现。马克思主义揭示了自然、社会和人类思维发展一般本质和规律；揭示了资本主义运行的特殊规律，为人类指明了从必然王国向自由王国飞跃的途径，为人民指明了实现自由和解放的道路。

（二）革命性

马克思主义的革命性，集中表现为它的彻底的批判精神和鲜明的无产阶级立场。马克思指出："辩证法在对现存事物的肯定的理解中同时包含对现存事物的否定的理解，即对现存事物的必然灭亡的理解；辩证法对每一种既成的形式都是从不断的运动中，因而也是从它的暂时性方面去理解；辩证法不崇拜任何东西，按其本质来说，它是批判的和革命的。"马克思主义的阶级基础是革命的无产阶级。它是指引无产阶级革命斗争、指引无产阶级政党进行社会革命和自我革命，以及指引社会主义建设与改革事业不断发展的行动指南。在无产阶级解放斗争和社会主义事业发展的任何时期，都必须始终坚持马克思主义的革命性，发扬马克思主义的革命精神。马克思主义的革命性是建立在科学性基础上的，是与科学性高度统一的。列宁指出，马克思主义"对世界各国社会主义者所具有的不可遏止的吸引力，就在于它把严格的和高度的科学性（它是社会科学的最新成就）同革命性结合起来，并且不仅仅是因为学说的创始人兼有学者和革命家的品质而偶然地结合起来，而是把二者内在地和不可分割地结合在这个理论本身中"。

（三）实践性

马克思主义不是书斋里的学问，而是为了改变人民历史命运而创立的，是在人民求解放的实践中形成的，也是在人民求解放的实践中丰富和发展的，为人民认识世界、改造世界提供了强大精神力量。马克思指出："哲学家们只是用不同的方式解释世界，而问题在于改变世界。"从马克思主义的内容来看，实践观点是马克思主义首要的和基本的观点。这一基本观点体现在马克思主义全部思想内容之中，是马克思主义理论区别于其他理论的显著特征。马克思主义具有突出的实践精神，它始终强调理论与实践的统一，始终坚持与社会主义实际运动紧密结合。

（四）人民性

马克思主义是人民的理论，第一次创立了人民实现自身解放的思想体系。马克思主义博大精深，归根到底就是一句话，为人类求解放。在马克思之前，社会上占统治地位的理论都是为统治阶级服务的。马克思主义第一次站在人民的立场探求人类自由解放的道路，以科学的理论为最终建立一个没有压迫、没有剥削、人人平等、人人自由的理想社会指明了方向。马克思主义之所以具有跨越国度、跨越时代的影响力，就是因为它植根人民之中，指明了依靠人民推动历史前进的人间正道。

（五）发展性

马克思主义是不断发展的学说，具有与时俱进的理论品质。马克思主义是时代的产物，并随着时代、实践和科学的发展而不断发展。马克思一再告诫人们，马克思主义理论不是教条，而是行动指南，必须随着实践的变化而发展。一部马克思主义发展史就是马克思、恩格斯以及他们的后继者们不断根据时代、实践、认识发展而发展的历史，是不断吸收人类历史上一切优秀思想文化成果丰富自己的历史。马克思主义在指导中国革命、建设、改革的过程中，形成了一系列马克思主义中国化理论成果，鲜明地体现了马克思主义创新发展的品格。当今世界和我们所处的新时代，同过去相比发生了深刻的变化。无论从国际还是从国内看，我们都面临着许多新情况、新问题，需要从理论和实践上做出回答并加以解决，为此必须坚持与时俱进，继续丰富和发展马克思主义。我们既要坚持马克思主义基本原理，又要谱写新的理论篇章；既要发扬优良传统，又要创造新鲜经验，善于在解放思想中统一思想，用发展的马克思主义指导新的实践。

四、马克思主义深刻改变了中国

马克思主义自诞生以来，在世界上产生了巨大的影响，改变了世界的尤其是中国的历史进程。

1840年鸦片战争爆发以后，外国列强用坚船利炮打开了中国的国门，撕裂了"天朝上国"自成一统的封闭外衣。中国逐渐沦为半殖民地半封建社会。面对发展存亡问题，中国各阶级依据自身阶层不同发展程度和思想，先后做出了不同的反应。农民阶级首先发起了太平天国起义，继而是扶清灭洋的义和团运动，但均告失败。地主阶级的一些有识之士在19世纪中叶开始了所谓的"自强、求富"的洋务运动。他们在封建主义思想的指导下，在维持封建传统统治的条件下发展一些近代企业，洋务运动也避免不了最终失败的命运。维新派在政治上不敢根本否定封建君主制度，又脱离人民群众，仅仅是寄希望于毫无实权的皇帝身上，想通过和平、合法的手段实现自上而下的改良。结果只是证明了希望通过改革封建政权本身向资产阶级政权转化是不可能实现的。直到1911年，辛亥革命爆发了。这是一场由资产阶级领导的以反对君主专制制度、建立资产阶级共和国为目的的革命。然而辛亥革命却没有能够改变封建主义和军阀官僚政治的统治基础，无法完成反帝反封建的根本任务。辛亥革命的最终失败表明了，资产阶级共和国的方案没有能够救中国。

近代中国半殖民地半封建社会的矛盾，呈现出错综复杂的状况，其中占支配地位的主要矛盾是帝国主义和中华民族的矛盾，封建主义和人民大众的矛盾。争取民族独立、人民解放和实现国家富强、人民富裕成了近代中国的两大历史任务。近代中国的国家资本始终在限制、利用、打击、吞并私人资本，通过将社会生产力控制在手中以达到维护他们封建半封建统治地位的目的。位于中上层的民族资本主义，他们在土地制度上主张不触动封建半封建的土地所有制，维护他们所由出生和依赖的地主阶级的利益。以资产阶级中下层和农民阶级为基础的资产阶级革命派也因存在许多自身难以克服的缺陷和不切实际的空想因素，使它难以实现救亡图存的社会愿望。遭受着封建主义、帝国主义和官僚资本主义三重压迫的工人阶级和广大人民群众有着强烈的反抗意识，而无产的特性又使得他们的革命更为坚定，救亡图存的任务历史性地落在了他们的肩上。他们迫切需要一种科学的革命理论来指导中国革命。

俄国十月革命一声炮响，为中国送来了马克思列宁主义。1921年，中国共产党成立，中国历史掀开了崭新的一页。

马克思主义之所以给中国带来巨变，从根本上说，一方面，是因为马克思主义是一种把科学思想和革命精神有机地结合一起的世界观和社会革命理论，马克思主义遵循了社会发展的规律，代表了工人阶级和广大人民群众的立场；另一方面，中国共产党把马克思主义基本理论同中国实际结合起来，实现了马克思主义中国化，形成了毛泽东思想和中国特色社会主义理论体系，开辟了中国特色民主革命和社会主义建设道路。

中国共产党不是教条地理解马克思主义，而是把马克思主义基本原理和中国实际相结合，在实践中发展马克思主义，实现了马克思主义中国化，形成了毛泽东思想和中国特色社会主义理论体系，开辟了中国特色民主革命和社会主义建设路线、道路。在新民主主义革命时期，中国共产党把马克思主义普遍真理同中国革命实践相结合，提出"无产阶级领导的，人民大众的，反对帝国主义、封建主义和官僚资本主义的革命"新民主主义革命的总路线，开辟了农村包围城市、武装夺取政权的革命道路。在马克思主义指导下，中国共产党带领中国人民推翻了三座大山，建立了新中国，走上了社会主义道路，开创了中国历史的新纪元。改革开放40年来，我们党把马克思主义基本原理同中国实际和时代特征紧密结合起来，提出了解放和发展生产力，消灭剥削，消除两极分化，最终实现共同富裕的社会主义本质理论；确立了立足基本国情，以经济建设为中心，坚持四项基本原则，坚持改革开放，解放和发展社会生产力，巩固和完善社会主义制度，建设社会主义市场经济、社会主义民主政治、社会主义先进文化、社会主义和谐社会，建设富强民主文明和谐的社会主义现代化国家的社会主义建设道路。在马克思主义指导下，中国共产党引领改革发展，取得举世瞩目的成就，历史和现实告诉我们，坚持以马克思主义为指导，就是坚持真理、坚持科学、坚持最广大人民的利益，就是坚持中国人民自己选择的发展道路。

同学们，综上可以看出，学习马克思主义具有十分重要的理论意义和现实意义。那么，我们应该怎样学好马克思主义？马克思主义创立和发展的实践表明，坚持学习理论和指导实践相结合，在学习、运用中坚持和发展马克思主义，是我们学习掌握马克思主义基本原理的基本要求。中国共产党历来高度重视马克思主义的学习和运用，已经形成优良的传统和学风。作为新一代大学生，一定要发扬这种优良传统和学风，把马克思主义作为行动指南，努力做到学以致用、以用促学、学用相长。具体来说，要努力做到：第一，认真研读马克思主义原著经典和相关理论。切实掌握马克思主义的基本理论、立场、观点和方法，这是学习和掌握马克思主义的必要前提。第二，贯彻理论联系实际的原则，深入了解社会，运用马克思主义立场、观点和方法分析、解决现实问题。学习马克思主义不仅要掌握马克思主义基本原理，还要深入地了解现实问题，用马克思主义理论分析和解决社会主义建设过程中所面临的问题。第三，确立马克思主义的坚定信念，树立和坚定共产主义远大理想。学习马克思主义，不能停留在对知识和方法的掌握上，还要内化为信念、外化为行动。要树立科学的理想信念，自觉以马克思主义作为自己的行动指南。习近平指出要扣好人生的第一粒扣子，就是要求我们解决好理想信念问题。广大青年要牢固树立远大理想和坚定信念，树立科学的世界观、人生观和价值观。同时，要不断增强服务社会的本领，自觉为实现中华民族伟大复兴的中国梦奉献青春、智慧和力量。

§3 教学小结

马克思主义是由马克思和恩格斯创立并为后继者所不断发展的科学理论体系，是关于自然、社会和人类思维发展一般规律的学说，是关于社会主义必然代替资本主义、最终实现共产主义的学说，是关于无产阶级解放、全人类解放和每个人自由而全面发展的学说，是指引人民创造美好生活的行动指南。马克思主义在批判继承了人类优秀文化成果基础上，构建了以马克思主义哲学、马克思主义政治经济学和科学社会主义为主要内容的理论体系。历史实践证明，只有马克思主义才能救中国、发展中国，实现中华民族的伟大复兴。马克思主义为什么能给中国带来如此巨大的变化？因为马克思主义具有鲜明的科学性、革命性、实践性、人民性和发展性，这些鲜明特征体现了马克思主义的本质和使命，也展现出马克思主义的理论形象。马克思主义在当今世界不但没有过时，而且日益焕发出旺盛的生命力。大学生应理论联系实际认真学习马克思主义理论，把马克思主义理论作为行动指南，指导我们的生活和实践。

§4 作业及思考题

1. 法国思想家雅克·德里达在《马克思的幽灵》一书中列举了当代西方资本主义社会所不能解决的十大祸害。"失业，民主生活权利的大量剥夺，无情的经济战争，社会权益得不到保障，外债和相关机制的恶化，军火工业及其贸易，核武器的扩散，种族间的战争，幽灵般的国家（如黑手党、贩毒集团等等），国际法以及相关机构的非正义状态。"（德里达：《马克思的幽灵》，何一译，中国人民大学出版社1999年版，第115—119页）他认为，面对这十大祸害，人们只有求助于马克思主义才能获得正确的认识。结合我们的学习谈谈马克思主义产生的历史必然性及在当代的适用性。

2. 结合自己实际，谈谈如何努力学习和运用马克思主义？

§5 阅读参考文献

1. 马克思、恩格斯：《共产党宣言》，《马克思恩格斯文集》第2卷，人民出版社2009年版。

2. 恩格斯：《在马克思墓前的讲话》，《马克思恩格斯文集》第3卷，人民出版社1995年版。

3. 列宁：《卡尔·马克思》（传略和马克思主义概述）（节选），《列宁选集》第2卷，人民出版社1995年版。

4. 列宁：《马克思主义的三个来源和三个组成部分》，《列宁专题文集·论马克思主义》，人民出版社2009年版。

5. 习近平：《决胜全面建成小康社会　夺取新时代中国特色社会主义伟大胜利——在中国共产党第十九次全国代表大会上的报告》，人民出版社2017年10月第1版。

6. 习近平:《在纪念马克思诞辰 200 周年大会上的讲话》,人民出版社 2018 年 5 月第 1 版。

7.《马克思主义基本原理概论(2018 年版)》,高等教育出版社 2018 年 4 月第 7 版。

(本专题撰稿人 秦锦文)

专题二　为什么说世界的本质是物质的

§1 教学简况

课时安排

4 学时。

教学目的和要求

一、学生能够复述并解释物质与意识的辩证关系原理、世界的物质统一性原理、马克思主义的物质观及其现代意义。

二、学生能够了解坚持一切从实际出发、实事求是的思想路线，自觉运用世界的物质统一性原理的实践要求，坚持在实践中尊重和利用规律，按客观规律办事，充分发挥人的主观能动性。

教学内容

一、为什么必须回答世界的本质问题。

二、马克思主义关于世界的本质问题的基本观点。

三、正确回答世界的本质问题的意义。

讲授重点和难点

重点：物质和意识的辩证关系、主观能动性与客观规律性的辩证关系。

难点：哲学的基本问题及派别、世界的物质统一性。

§2 教学过程

【问题导入】

世界是否由神主宰？

我们面对的世界，生机勃勃，奥妙无穷。先秦时期楚国诗人屈原在其诗篇《天问》开篇中提出了一百多个问题，诸如"遂古之初，谁传道之？上下未形，何由考之？冥昭瞢暗，谁能极之？冯翼惟象，何以识之？"（关于远古的开头，谁能够传授？那时天地未分，能根据什么来考究？那时混混沌沌，谁能够弄看清？有什么回旋浮动，如何可以分明？），表达着一种追本溯源式的意向性追求。事实上，从古至今，人类对世界的不懈探索已经经历了漫长的过程。人类始终渴望着能够更多地了解我们所处的这个宇宙这个世界，也探求着能够更深地把握我们所处的这个宇宙这个世界的方式方法，以期找到背后的所谓主宰及法则。

那么，世界的本质到底是什么呢？世界是否由神主宰？

有人说，Yes，世界是由神主宰的。比如，人类把握世界的方式之一即宗教的方式，尽管各个教派不同，基督教信奉耶稣，伊斯兰教信奉穆罕默德，佛教信奉释迦牟尼，但共同之处在于都认为上帝创世，世界由神主宰，持这样观点的人在世界范围内目前大约分别有19亿多、10亿多、3亿多。世界上的这三大宗教真可谓人数众多，影响广泛。

也有人说NO，化学寻求基本元素，物理学寻求基本粒子，生物学寻求遗传基因，有谁可以否认科学对大千世界"终极存在"的关怀或追求呢？这是人类把握世界的又一方式即科学的方式。近年来，越来越多的科学家相信，决定我们这个宇宙的命运的是"暗物质"（dark matter）。然而，尽管暗物质的存在已经有很强的证据，但暗物质究竟以什么形式存在，怎么才能在茫茫宇宙中找到它的踪迹，仍是"21世纪最大的科学谜题"。

可见，科学、宗教都肇始于人类探索宇宙及自身的冲动，科学、宗教各有独特的把握世界的方式，科学、宗教其实也都有自身的局限和界限，科学可以证实的、宗教可以追溯的，都是非常有限的。正如爱因斯坦所说，"没有宗教的科学是跛子，没有科学的宗教是瞎子"。这是什么意思呢？我的理解是：宗教给人以信仰热忱，使人们有在黑暗中前行的勇气并相信这个世界有真相，而科学是人们探索世界真相的具体方法。没有科学，人类就没有前行的能力，没有宗教，人类就没有前行的勇气。事实上，按照马克思的说法，人类把握世界的方式除了宗教的、科学的方式，还有艺术的、伦理的和哲学的方式。其中，哲学是真正的大智慧，是帮助我们追问宇宙、追问历史、追问人生的智慧之学。哲学不是宗教，却能给人以信仰；哲学不是科学，却能给人以真；哲学不是艺术，却能给人以美感；哲学不是道德，却能劝导人向善。通过专题一的学习，我们已经了解到：马克思恩格斯是两位伟大哲人，马克思主义理论体系是以马克思主义哲学为世界观和方法论基础的。那么，我们今天就需要同学们跟老师一起，着眼于人类把握世界的哲学方式，着眼于马克思和恩格斯如何在批判地继承和改造以往哲学优秀成果的基础上，科学地阐释了世界的本质，揭示了自然、社会、思维是在什么基础上统一起来的，从而夯实了科学世界观的物质论基础、奠定了马克思主义的理论基石。

一、为什么必须回答世界的本质问题

专题一我们学习了什么是马克思主义。马克思主义是由马克思和恩格斯创立并为后继者所不断发展的科学理论体系，是关于自然、社会和人类思维发展一般规律的学说，是关于社会主义必然代替资本主义、最终实现共产主义的学说，是关于无产阶级解放、全人类解放和每个人自由而全面发展的学说，是指引人民创造美好生活的行动指南。四句话里实际是包括了两个方面：理论研究与实践探索。马克思主义是关于无产阶级、劳动群众要不要过上好日子、如何过上好日子、怎样才算好上日子的理论研究与实践探索，其核心就是正确地认识和把握我们面前的世界，发现其内在的本质与规律，把握它、遵循它，找到直面现实世界的解放力量、解放道路、解放途径、解放方式，切实把人从自然界的束缚下解放出来，做自然的主人，把人从社会关系的束缚下解放出来，做社会的主人，把人从自己思想的束缚下解放出来，做自身的主人。因而，回答世界的本质问题既是无产阶级和人类解放事业的实践需要，也是无产阶级和人类解放的理论需要。

（一）实践的需要

思想家之所以能够成为思想家，就在于他能够以理论的形式回答时代的问题，完成时代的任务，展现其现实的威力。马克思主义虽然产生于19世纪中叶，而今依然具有强大的生命力，依然拥有生存和发展的实践土壤，不断在与时俱进，回应着时代的不同呼唤、实践的客观需求，关键在于它能够准确把握时代的主题、世界的本质与规律，科学回答资本主义向何处去、人类的未来在哪里等重大问题。

马克思主义的真正生命力在于有用、管用、好用，它找到了以无产阶级为代表的最广大的人民群众这一强大的现实的"物质武器"，找到了社会主义必然代替资本主义、最终实现共产主义的现实的解放道路，找到了正确认识物质世界的本质和规律、正确认识社会的本质及社会关系的本质、正确认识人的本质人的价值人的作用对于无产阶级和人类解放事业的重要意义与价值，在于它是一门研究如何的学问。无论是中国还是世界人民都希望过上好日子，都期盼建设富强、民主、文明、和谐的国家，都向往自由、平等、公正、法治的社会，都呼唤爱国、敬业、诚信、友善的公民。这是中国人民的目标，也是世界人民的追求，不管世界如何风云变幻，人类历史的大势无论如何也改变不了，人类社会最终要朝这个方向走。因而，国家富强、民族振兴、人民幸福，是全世界劳动人民的奋斗目标，也是中国人民的不懈追求。只要目标和追求没有改变，只要立足于人而植根于现实世界，马克思主义就始终会熠熠闪亮，指引人民创造美好生活，指引无产阶级和人类一步步走向彻底的解放。①

（二）理论的需要

马克思主义是关于无产阶级和人类解放的学说，是以马克思主义哲学为理论基础的。同一般的哲学一样，马克思主义哲学是哲学的一种形态，也必须首先回答哲学的基本问题，进而在总体上揭示和把握世界存在及发展规律，这是哲学的使命。

1. 世界的本质问题是任何哲学理论必须回答的重大问题

如同牛的反刍，人类对世界的本质问题始终充满着"惊奇"，在"知"与"未知"的中间状态里思考、反思、再反思，不同的人对"世界是什么"形成不同的认识、理解和回答。比如，屈原仰天长问，在《天文》中一口气提出一百多个问题而仍毕生不得其所。比如，柳宗元在《天对》中作答，世界是"元气"构成的，万物的变化是"元气"自身阴阳二气相互作用的结果。宇宙间根本不存在什么天帝和诸神；人的吉凶祸福，社会的兴衰治乱，既不是由"天"来主宰的，也不是由圣人的意志支配的。比如，近代德国的哲学家伊曼努尔·康德，就其一生的论著及观点而言，经常是摇摆于唯物主义与唯心主义之间，并非一个真正的唯物主义者，但却在1755年发表《宇宙发展史》概论时，提出物质是整个宇宙的内容，它充斥于宇宙的每一个角落，存在于宇宙的过去、现在和将来，并喊出"给我物质，我就用它造出一个宇宙来"的箴言。对此，哲学家们认为，归根到底这些都是对思维和存在、精神和物质的关系即哲学基本问题的回答。哲学的基本问题是对人的实际活动中普遍存在的人与世界关系本质的哲学升华。也正由于这一点，哲学才能发挥它的

---

① 孙熙国：《马克思主义依然具有强大生命力和持久影响力》，《中国纪检监察》，2018年第10期。

世界观和方法论的作用。这是人类认识和改造世界不能回避的最基本问题，同时也是哲学不可回避的"重大的基本问题"。

下面，我们来一起看看什么是哲学的基本问题：

（1）哲学的基本问题的提出及其内容的确定

哲学的基本问题的提出及其内容的确定是由恩格斯来完成的。在《路德维希·费尔巴哈和德国古典哲学的终结》一书中，恩格斯明确指出，"全部哲学，特别是近代哲学的重大的基本问题，是思维和存在的关系问题"。① 所以，思维和存在的关系问题是哲学的基本问题。

恩格斯的论断是对人类几千年的认识史、哲学史的概括和总结。他在阐释这一问题时回顾了思维与存在关系的演变史，说明它贯穿于人类几千年的认识史、哲学史的始终，只是在不同的时代有不同的表现形式。在远古时代，由于生产力极为低下，科学知识极度贫乏，对自然和人类自身的特性、构造和规律等的了解都极其有限，人类赋予大自然以神奇超人的力量，从而形成万物有灵论、"物活论"等原始宗教观念，并把人自身的精神活动看作一种可自由寄居游离于肉体的灵魂的活动。这样，远古人类对神和世界的关系、灵魂和肉体的关系等问题的思考，就成了思维和存在关系问题的史前形态或说"萌芽形式"。在古希腊罗马时代，表现为对世界本原是"原初物质"还是理念问题的思考，是一种"朴素形式"；中世纪的经院哲学也是它的一种表现形式，即神与世界的关系问题；经院哲学内部唯名论与实在论之间关于个别与一般关系的争论是在神学的外衣下对这一问题的解决；中世纪以后，人们从神学迷信中觉醒，明确提出世界是神创造的呢，还是从来就有的呢？19世纪德国古典哲学家费希特曾指出：唯物论与唯心论的争论，本质上是自我与事物哪一个是第一性的问题；黑格尔认为，思维与存在的对立是哲学的起点，这个起点构成哲学的全部意义；费尔巴哈指出："神是否创造世界，即神对世界的关系如何，这个问题其实就是关于精神对感性、一般或抽象对实在、类对个体的关系如何的问题……这个问题是属于人类认识和哲学史上最重要又最困难的问题之一，整个哲学史其实只在这个问题周围绕圈子"。思维与存在的关系的解决获得了它的"完全形式"，即主要探究的是"精神对自然界的关系问题"。因而，哲学的基本问题是思维和存在的关系问题，也是物质和意识的关系问题、自然界和精神的关系问题。

---

① 《马克思恩格斯文集》第 4 卷，人民出版社 2009 年版，第 277 页。

（2）哲学基本问题的两个方面内容

哲学基本问题包括两个方面的内容："第一性问题"和"同一性问题"。

哲学基本问题的第一方面内容，是物质和意识哪一个是本原、哪一个是第一性的问题。我们把这一问题通常简称为"第一性问题"。从物质和意识的关系上去理解本原，把本原理解为这种关系中第一性的东西。这种思考方式特别是到了近代取得了自觉的形式，其意义在于可以根据对这一问题的回答，科学地划分唯物主义和唯心主义。正如恩格斯指出："什么是本原的，是精神，还是自然界？……凡是断定精神对自然界说来是本原的，从而归根到底承认某种创世说的人……，组成唯心主义阵营。凡是认为自然界是本原的，则属于唯物主义的各种学派。"[①]因而，如何回答第一性问题是划分唯物主义和唯心主义的标准。凡是认为物质是本原的、第一性的，意识是派生的、第二性的，就是唯物主义。凡是认为意识是本原的、第一性的，物质是派生的、第二性的，就是唯心主义。

哲学基本问题的第二方面内容，是"我们关于我们周围世界的思想对这个世界本身的关系是怎样的？我们的思维能不能认识现实世界？我们能不能在我们关于现实世界的表象和概念中正确地反映现实？"[②]即思维能否认识或正确认识存在的问题，我们把这一问题通常简称为"同一性问题"。这是划分可知论和不可知论的根本标准。绝大多数的哲学家，包括所有的唯物主义者和比较彻底的唯心主义者都主张思维和存在具有统一性，认为世界是可以认识的，是可知论。还有一些哲学家否认认识世界或者彻底认识世界的可能性，这是不可知论。

与哲学基本问题相一致，社会存在与社会意识的关系问题是社会历史观的基本问题。它是划分历史唯物主义和历史唯心主义的唯一标准。所谓历史唯物主义，认为社会存在决定社会意识，所谓历史唯心主义则认为社会意识决定社会存在。

这里需要同学们注意的是：

第一，按照历史发展阶段看，唯物主义有古代的朴素唯物主义、近代的形而上学唯物主义、现代的辩证唯物主义和历史唯物主义三个形态。马克思主义坚持的是唯物主义路线，马克思恩格斯创立的马克思主义哲学就是辩证

---

① 《马克思恩格斯选集》第4卷，人民出版社1995年版，第224页。
② 《马克思恩格斯文集》第4卷，人民出版社2009年版，第278页。

唯物主义和历史唯物主义。

第二，唯心主义有两种类型：主观唯心主义和客观唯心主义。其中，主观唯心主义是把人的某种主观精神（感觉、经验、心灵、意志、意识、观念等）作为惟一的真实存在和世界的本质。代表人物及其观点是中国古代陆王心学、英国近代贝克莱的"存在就是被感知"、波兰哲学家叔本华"世界是我的意志和表象"、奥地利哲学家马赫"世界是感觉要素的复合"等。客观唯心主义则是把某种脱离物质、脱离任何个人的精神为独立自存的客观存在，并把它作为世界本原和万物创造者。代表人物及其观点是中国古代程朱理学、古希腊哲学家柏拉图"理念"说、毕达哥拉斯的"数"论、近代德国哲学家黑格尔的"绝对精神"思想等。哲学上的唯心主义，要么是把人的某种主观精神作为惟一的真实存在和世界的本质，要么是把某种脱离物质、脱离任何个人的精神作为独立自存的客观存在，并把它作为世界本原和万物创造者，但所有的唯心主义者都主张把世界的本原归结为精神，意识第一性、物质第二性，物质是意识的产物。

由此，我们可以总体上看到：上帝创世的神话也好，历史上的有神论也好，世界上的各种宗教也好，本质上都是与唯物主义完全不同的、一种虚幻的唯心主义的"颠倒的世界观"，是错误的世界观。马克思、恩格斯在《神圣家族》中曾揶揄唯心主义者，说即使他们不愿意相信客观世界的存在，那么"爱情"也会迫使他们相信自己身外的"对象"的真实存在。

（3）哲学基本问题的理论意义和现实意义

哲学基本问题的理论意义在于：

第一，思维和存在的关系问题，是以探求世界的本质为己任的任何哲学家都不能回避的问题。它贯穿于哲学发展的始终，揭示了各种哲学流派的根本立场及其分歧之所在，从而为人们考察哲学历史发展的基本线索、划分哲学派别提供了一个根本标准。

第二，思维和存在的关系问题，是研究和解决其他哲学问题的前提和基础，并决定着哲学研究的方向。围绕世界的本质问题，哲学还要研究和探索世界的统一性、人类社会进步发展的标尺和动力、人类认识的根源、认识的真理性等一系列问题，对思维和存在关系问题的不同回答，势必成为理解上述系列问题的起点，并必然会循着原则上完全不同的途径展开。

哲学基本问题的现实意义在于：思维和存在的关系问题源于人类社会生活，又反过来成为社会实践中的基本问题。它是在实际中普遍存在并决定着人们思想和行为的出发点和方向的根本问题。

2. 马克思主义以前的唯物主义派别对世界本质的积极探索

哲学是一种历史性的思想，哲学史是一种思想性的历史。哲学和哲学史是密不可分的。下面我们从哲学史的角度简略看一看马克思主义以前的唯物主义派别对世界本质的积极探索及每一个前进的步伐，是如何为把马克思主义哲学推向更高阶段提供了可能。

（1）具体形态说

在古代，朴素唯物主义者在当时实践和认识水平的基础上，对世界的物质本原进行过论证。古代朴素唯物主义认为，万物由始基产生，始基是可以变化的，万物死亡和毁灭又归于始基。例如，古希腊第一位哲学家泰勒斯，他是唯物主义的鼻祖，认为宇宙万物发源于水，水是万物的本原。赫拉克利特则认为火是万物的本原，整个世界是一团永恒燃烧着的活火。中国古代哲学家提出了宇宙万物是由金、木、水、火、土五种元素构成的论断，即"五行说"。古代印度把地、火、水、风看成是组成世界的原是物质，即"四根说"。

在古代朴素唯物论中，古希腊的原子唯物论和中国的元气说代表着物质本原论中具体形态说的最高水平。古希腊原子唯物论的代表人物是德谟克利特，他认为，原子是万物的始基，是一切物质的本质，是一种人们看不到的微粒，这种微粒是不能再分的，这种原子在数量上无限多，性质是相同的，而形状大小不同。由于原子的形状大小和排列次序不同，才形成了世界上各种不同的事物。事物的死亡和变化是由于原子的分离好重新组合所造成的。而"虚空"是另一种客观存在，它的性质和原子不同，非常松散，原子在"虚空"中运动，原子相互碰撞，便结合在一起，形成世界上各种各样的事物。我国古代元气说的代表人物东汉的王充认为，元气是万物的原始物质。宋朝的张载认为，世界由"气"组成。明末清初的王夫之认为，自然界和人的实际内容是气，"天人之蕴，一气而已"。

古代朴素唯物论试图从客观事物本身来说明世界的物质性，坚持了唯物主义的根本方向，本质上是正确的。但是，这种观点在当时只能是一种直观的猜想，同时，它把万物归结为某种具体的物质形态，把复杂的问题简单化了。原子唯物论和元气说试图用物质内部的组成部分和结合方式等方面说明物质的外部特征，表明唯物主义对于世界的本质的认识在不断深入和发展。这一历史时期朴素的物质观，反映了人类对客观物质世界的认识尚处在初级阶段。

（2）结构层次说

在近代，欧洲的唯物主义哲学家依据自然科学的认识成果，认为世界上的一切事物都是由原子组成的，原子是世界的本原，是"宇宙之砖"。原子的特性也就是一切物质的特性，原子是不可再分的最小的物质单位，质量不变，不可转化。世界统一于物质，即统一于原子。

近代机械唯物主义之所以把原子作为世界的本原，是和近代自然科学的发展相联系的。从15世纪考试，英、法等国的资本主义逐渐产生和发展起来，促进了自然科学的发展。人们对于物质结构的认识也有了很大发展。科学家们先后发现了几十种化学元素，发现了原子，并发现了在化学反应范围内，原子作为最小单位进行化合和分解，具有一定质量，按牛顿所揭示的力学规律运动。原子具有永恒不变的根本属性，是物质结构的最深层次。自然科学上这些物质结构的理论，反映到哲学上，就形成了近代机械唯物主义的物质观。

近代形而上学唯物主义的物质观就在这样的科学成果背景下，一方面继承了古代朴素物质观的唯物论传统，坚持从物质世界本身去寻找世界对本原，其方向、路线是正确的；另一方面，在自然科学实证基础上又克服了古代朴素唯物主义自发、猜测的局限性，相比较古代朴素唯物主义的物质观，在说明世界的物质统一性和反对宗教神学、唯心主义方面，总的来说是取得了很大的进步，反映了人们对世界本原认识的进一步深化和发展。但是，由于社会历史条件和科学发展水平的局限，特别是缺乏辩证思维，使他们在解决世界物质统一性问题上存在种种的缺陷，犯了以偏概全的错误：第一，把在质上无限复杂多样的物质世界，仅仅归结为原子在量的组成上的不同，而看不到原子的层次和状态本身的质的多样性、复杂性，更看不到原子也是不可穷尽的。第二，不了解人类对物质的认识是一个永无止境的发展过程，误把人类对原子这个物质层次的认识当作对物质的最终层次的认识。第三，它不理解特殊和一般、个性和共性的辩证关系，把某种特殊的物质形态误认为物质的一般，把原子的个性错看成物质的共性。第四，它割裂了自然界和人类社会的物质统一性，在社会历史领域里陷入了唯心主义。而这些不足与缺陷，恰恰为后面唯物主义新阶段的到来、新观念的形成提供了契机。

总结：马克思主义以前的唯物主义，力图按照世界的本来面目揭示它的本原，对物质进行了有意义的探索，提出了许多正确的论点，为科学的物质观的形成做了必要的准备和积极的贡献。然而，由于受到当时社会实践和科学发展水平的限制，它们终究未能对世界的物质性做出科学的解释，未能对物质范畴做出科学的界定，是不科学的世界观。

二、马克思主义关于世界的本质问题的基本观点

基于哲学和科学的发展，马克思主义坚持唯物地、辩证地、实践地把握世界的本质，构建了新唯物主义世界观的理论内容，并运用哲学思维高度概括出了世界的物质统一性原理。

（一）世界的最终本原是具有客观实在性的物质

对物质的正确理解，是我们认识和把握世界本质和规律的前提。作为马克思主义的唯物主义世界观的基石的物质范畴，有别于以往两个发展阶段上的唯物主义物质观，实现了从朴素到科学、从肤浅到深入、从片面到比较全面的飞跃，即马克思主义的物质观是物质观念历史发展的最高级阶段、第三阶段，是对旧唯物主义物质观的突破与超越。

马克思主义继承和发扬了以往唯物主义的传统，在概括总结科学发展特别是 19 世纪以来的自然科学的重大成就的基础上，创立了科学的物质观，实现了物质理论发展史上的重大飞跃。早在 19 世纪 80 年代，恩格斯就指出："物、物质无非是各种物的总和，而这个概念就是从这一总和中抽象出来的"。[①] 这就是说，物质是各种实际存在的事物和现象所具有的共性，物质范畴就是从各种具体事物和现象的总和中抽象出来的普遍性。但这一重要论述并没有被当时绝大多数的自然科学家所接受，因此，当 19 世纪末 20 世纪初物理学的研究中出现了重大突破，发现了电子、X 射线和放射性元素时，一些受形而上学支配的物理学家认为"原子非物质化了"。唯心主义者则宣称"物质消失了"，"唯物主义被驳倒了"。为了捍卫唯物主义，回击唯心主义的进攻，列宁概括了自然科学的新成就，运用辩证思维方法对物质范畴做了明确的规定和深刻的阐述："物质是标志客观实在的哲学范畴，这种客观实在是人通过感觉感知的，它不依赖于我们的感觉而存在，为我们的感觉所复写、摄影、反映。"[②] 列宁的这一界定继承和汲取了以往唯物主义理解物质存在和

---

① 《马克思恩格斯选集》第 4 卷，人民出版社 1995 年版，第 343 页。
② 《列宁选集》第 2 卷，人民出版社 1995 年版，第 89 页。

物质概念的合理内容，实现了物质定义的科学化。

列宁的物质定义言简意赅，内涵丰富，具有重要的理论意义。

第一，坚持了唯物主义一元论，同唯心主义一元论和二元论划清了界限。马克思主义是从物质与意识的对立统一关系中把握和规定物质的，物质最本质的规定是客观实在性，这就指明了物质对于意识的独立性、根源性，以及意识对于物质的依赖性、派生性。因为意识不过是物质的反映，不能离开物质而独立存在，所以意识不可能成为世界的另一种本原。

第二，坚持了能动的反映论和可知论，批判了不可知论。物质这一客观存在是可以认识的对象，由于科学技术条件的限制，目前世界上还有很多事物未被人类认识，但这并不意味着它们不可认识。未知世界与已知世界都是客观存在的，随着实践和科学的发展，人们对未知世界的认识将会不断扩展和深化。世界上只有尚未认识之物，没有不可认识之物。

第三，体现了唯物论和辩证法的统一，克服了形而上学唯物主义的缺陷。马克思主义的物质观认为，客观实在性是物质的唯一特性，既肯定了哲学物质范畴同自然科学物质结构理论的联系，又把它们区别开来。从个性中看到共性，从相对中找到绝对，从暂时中发现永恒。

这是马克思主义物质观体现的唯物辩证法。

第四，体现了唯物主义自然观与唯物主义历史观的统一，为彻底的唯物主义奠定了理论基础。马克思主义的物质观揭示了自然和社会的物质性，建立了统一说明自然历史过程的唯物主义原则，实现了唯物主义自然观和历史观的辩证统一。

总结：在马克思主义哲学的视野里，唯心主义是错误的世界观，旧唯物主义是不科学的世界观。马克思主义哲学坚持世界本原问题上的唯物主义路线，又依据实践和科学的发展，把这一路线推向前进，把唯物论与辩证法、自然观上的唯物论与历史观上的唯物论有机地结合起来，科学地界定了物质这一哲学范畴，构建了新唯物主义世界观的理论内容。

（二）物质世界的最高产物是人的意识

恩格斯说，意识是地球上最"美丽的花朵"，这是对人的意识作用的生动描绘。那么，能够让它开花吐蕊的前提、基础是什么呢？

1. 意识的起源：是自然界长期发展的产物，是社会历史发展的产物

意识不是从来就有的，而是自然界长期发展的产物，科学研究证明，银河系大约有 150 亿年的历史，地球年龄大约有 45 亿年以上。在很长一段时间内，地球上只存在无生命的物质，没有生命，更没有人类，因而也没有意识。只有在 30 亿年以前，地球上才出现了生命，经过几十亿年的进化发展，才产生了人，考古发现，人是在 300 万年以前才诞生的，有了人，才有了人的意识。意识的产生经历了长期的复杂的辩证发展过程，具体说来，物质从其自身的发展中产生出能够思维的生物，经历了一个漫长而复杂的历史过程。在这个过程中，有三个决定性的环节：即由无生命物质所具有的反应特性到低等生物的刺激感应性；由低等生物的刺激感应性到高级动物的感觉和心理；由一般动物的感觉和心理发展到人的意识。

一切物质形态都具有自己的反映特性，这是"物质的本性"的最普遍的表现之一。无生命物质的反应特性，是指物质在外界因素的作用和影响下所发生的机械的、物理的、化学的反映，其特点是改变自身的存在状态或转化为它物。这是一切物质形态都具有的反映特性，是向高级反映形式过渡的基础和起点。随着无机物向有机体的演化和生命的出现，便产生了低等生物的反映形式，即刺激感应性。所谓刺激感应性是指生物对外界环境的作用和影响所产生的一种应答机能，这种机能使生物具有趋利避害的选择性，表现了低等生物不同程度的主动性。生物的刺激感应性包含着感觉的萌芽。在此基础上通过漫长的自然选择过程，就由低等生物中逐渐产生出能够适应复杂多变环境的动物乃至高等动物，出现了动物的感觉和心理。高等动物经过漫长的进化，在距今 300 万年前，其大脑皮层达到了动物演化发展阶段的最高峰，具有了在动物阶段最高级的分析能力。之后，随着类人猿向人类的转化，产生了更加完善而复杂的人脑。与此相适应，也实现了由动物的心理过渡到人的意识这样一次意义更加伟大的飞跃。

人的意识是由动物心理发展而来的，但纯粹的动物心理并不会自发地产生意识。"意识一开始就是社会的产物，而且，只要人们还存在着，它就仍然是这种产物。"意识作为社会的产物，其根源在于劳动。劳动在意识的产生和发展过程中起着决定作用。劳动为意识的产生提供了客观需要与可能，劳动产生了作为思维外壳的语言，劳动创造了人类意识的特殊物质器官——人脑，劳动丰富了意识的内容，促进了意识的发展。因而，意识不仅是物质世界长期发展的产物，而且是社会的产物。

2. 意识的本质：是人脑的机能和属性，是客观世界的主观映象

意识是物质的产物，但不是物质本身。它是一种精神现象，而这种精神现象又不是凭空产生的，它需要物质基础。人脑是意识的物质器官，而非通常所说的大脑。因为现代科学证明，人的大脑与动物的大脑在重量上、构造上、机能上都有根本的不同。人脑的特别之处在于：它是由多达1100亿个神经细胞组成的蛛网密集、交叉缠结、极为复杂和精细的神经巨网络系统，仅分布在大脑皮层的神经细胞就有150亿至300亿个之多。人脑的神经网络具有"等级式"的结构。它们分工合作，各司其职。人的大脑皮层是整个意识活动的中心。皮层有200个功能区，分别对感官传入的信息进行分析和综合。外界因素作用于人的感觉器官而引起的各种刺激，沿着神经纤维传达到大脑皮层专属的不同职能的各个区域，在这个基础上形成复杂的意识过程。人脑是高度复杂而严密的物质体系，离开了人脑神经活动的生理过程，就不可能有意识存在。事实上，人脑与人脑之间的差别也愈来愈被人们所认知与发现。早些年曾听说，世界上拥有人脑最多的研究机构在英国的某家医院，供其解剖和研究的人脑多达2000多。而令笔者极度震惊的则是2014年初亲眼观看的一档节目叫《最强大脑》。这个节目叫《最强大脑》，就是要找到全中国脑力最强的选手。而脑力这个词比传统认识的智商还要广，包含智力、心理、经验、知识、技能等多方面。光智力这一项，就包括七大方面，如观察力、记忆力、想象力、分析判断能力、思维能力、应变能力等。在《最强大脑》节目中，我看到的都是一个个的普通人，但却一个个都具有普通人没有的脑力天赋和脑力才能，比如深度视觉，空间感知，照相式记忆等等。难怪牛津大学教授科林·布莱克摩尔在《思想机器》中说"人类的大脑是宇宙间最复杂的机器。"美国汉诺威保险公司总裁比尔·奥伯莱恩说"世界上最大的未开发疆域，是我们两耳之间的空间。"所以，同学们，人脑真的具有巨大的未开发潜力啊！爱护你的大脑吧，它是你激扬人生的重要器官；珍惜你的大脑吧，它是你生命中的宝贵财富；开发你的大脑吧，它是你有所突破的独特资源！美国著名未来学家阿尔温·托夫勒在《权利的转移》一书中甚至从社会经济发展角度讲到，人类获取资源的最重要方式已然从农业社会——土地和体力是经济发展的第一要素，过渡到传统工业社会——资金和设备是经济发展的主要因素，又逐步转化为高科技的知识经济时代——人的知识、智力、技能和具有创新精神、创新能力的人才是经济发展运作的关键要素，这就是著名的"3M"说，在muscles、money、mind中，mind成了世界发展的新趋势、新标志、新力量。

人脑是思维的器官，但不是思维的源泉。意识是人脑的机能，但光有人脑还不能产生意识。人脑好比一个加工厂，原材料和半成品只能来源于客观世界。人们只有在实践中同外在的客观世界打交道，使人脑和其他反映器官同客观世界发生联系，才会产生意识。正如马克思所说："观念的东西不外是移入人的头脑并在人的头脑中改造过的物质的东西而已。"意识活动是主观形式与客观内容的统一。由于意识的形式是主观的，它对客观存在的反映必然带有特定主体的主观色彩，因而只能是近似的反映，有时甚至是歪曲的反映。然而任何一种反映，都是对于客观世界的反映；任何一种意识，即使是最荒唐的意识，也总具有它的客观原形。

3.意识的作用：在物质决定意识的前提下，意识一经产生就对物质具有能动的反作用

意识的能动作用是人的意识所特有的积极反映世界与改造世界的能力和活动。主要表现在：第一，意识活动具有目的性和计划性；第二，意识活动具有创造性；第三，意识具有指导实践改造客观世界的作用；第四，意识具有调控人的行为和生理活动的作用。

正确发挥意识能动性（或叫主观能动性），必须注意研究主观能动性和尊重客观规律的辩证关系。这是个原理，它聚集着马克思主义的唯物主义立场与观点。

主观能动性是人们主动的认识世界和改造世界的能力。客观规律是物质本身固有的、本质的必然联系。客观规律和主观能动性既是对立的，又是统一的，它们相互依存并相互转化。客观规律和主观能动性相互依存有两层含义：一方面，主观能动性依赖于客观规律性；另一方面，规律是客观的，是不依人的意志为转移的，人们既不能创造规律也不能消灭规律，但是，它并不排斥和否定人的主观能动性，因为客观规律可以被人们的意识所认识、所利用。客观规律和主观能动性是相互转化的，包括客观规律向主观能动性的转化和主观能动性向客观规律的转化，也就是主体利用客观规律改造客观世界的过程。

人们要想在认识世界和改造世界的过程中获得预想的效果，必须处理好主观能动性和尊重客观规律的关系。首先，尊重客观规律是发挥主观能动性的前提。人们只有在认识和掌握客观规律的基础上，才能达到认识世界和改造世界的目的。事实证明，尊重客观规律，坚持从实际出发、实事求是，使主观符合客观，人们对客观规律的认识越深刻、越全面，就越能取得认识世界、改造世界的积极成果。其次，在尊重客观规律的基础上充分发挥主观能动性。实践是客观规律与主观能动性相统一的基础，人们可以通过自觉的实践活动认识规律和利用规律。最后，需要注意的是：意识的能动作用有两种不同的性质和结果。一种是促进事物的发展，一种是阻碍事物的发展。正确反映客观事物及其规律的意识，能指导人们采取正确的行动，对事物的发展起积极的推动作用；错误的思想、意识，会引导人们采取错误的行动，对事物的发展起消极的阻碍作用。因此，仅仅承认意识的能动作用还不够，还必须正确地发挥意识的能动作用。正确发挥意识能动作用，应注意以下三点：其一是从实际出发，努力认识和把握事物的发展规律；其二是实践是发挥人的主观能动作用的基本途径。意识能动作用的实现必须通过社会实践。离开实践，人的意识既不能认识世界，也不能改造世界；其三是主观能动作用的发挥，还依赖于一定的物质条件和技术手段。

总结：物质决定意识，物质对意识的决定作用表现在意识的起源、本质和作用上；意识对物质具有反作用，这种反作用就是意识的能动作用。正确认识和把握物质与意识的辩证关系，需要处理好主观能动性和客观规律性的关系。

（三）人类把握物质世界的中介环节是实践

相比较从前的一切唯物主义，马克思主义更注重将客观存在的事物纳入人的主体的各种实践活动之中去理解，并认为只有这样理解事物及其客观性才是具有现实意义的。因而，马克思主义的唯物主义又被称为"实践的唯物主义"，实践的观点渗透和体现在马克思主义的整个体系之中，而主体人则被赋予了这种使命——人对世界的实践把握。掌握马克思主义科学的实践观，特别是明确了实践在物质世界中的地位和作用，我们就能够更加深刻地理解马克思主义在世界本质问题上的基本观点。

1. 实践：社会性的物质活动

实践是人类能动地改造世界的社会性的物质活动。

实践有三个特点，即：一是直接现实性特点（实践是客观物质活动，是以感性事物为对象的现实的物质活动，同人的主观认识活动、精神性活动相区别）；二是自觉能动性特点（实践是人类有意识的活动，体现了人的自觉能动性。只有这种人的自觉的、能动的活动才具有真正的实践的意义）、三是社会历史性（人是社会的人，人的实践的社会性决定了它的历史性，从而实践是社会的历史的活动）。

人类实践主要有三个基本形式，即物质生产实践、社会政治实践、科学文化实践。其中，物质生产实践是处理人和自然关系的实践活动，是人们创造并运用生产工具，改造自然，以获取物质生活资料的活动。在实践的这三种基本形式中，物质生产实践始终处于基础地位，对其他实践形式起着主导的作用。而无论何种形式的实践都内在的包含着人与自然、人与社会、人与自我意识的关系，包含着物质、能量的变换，活动、信息的交换，思维、观念的转换。

随着社会的快速发展，当代人类实践出现了新的变化，呈现出许多新的发展特点，实践活动的范围越来越广泛而深入。一个突出的表现就是，现代信息技术的发展使得当代社会开始产生一种新的实践形式，即虚拟实践。虚拟实践是伴随信息化和网络化发展而产生的，其实质是主体和客体之间通过数字化中介系统在虚拟空间进行的双向对象化的活动，主要活跃于网络世界，具有交互性、开放性、间接性等特点。虚拟实践的出现为人的发展提供了多样的自由空间，极大地提升了人的活动的自主性、创造性，对人类社会生活产生了重大影响，同时也带来许多新的问题。必须看到，虚拟实践是实践活动的派生形式，具有相对独立性。

2. 实践：人的存在方式

一是从人类的产生看，劳动实践创造了人，并形成了人特有的本质，因而，人本身就是一种实践的存在。

二是从人类的生存看，人类依赖自然界才能生存和发展，但自然界不会自动为人类供给，人类改造自然对象的实践活动就成了人的生命之根和立命之本，因而，实践是人类生存的前提。

三是从人类的活动看，实践集中表现了人的本质的社会性。马克思主义认为，人的本质在其现实性上是一切社会关系的总和，而现实的社会关系是在实践中形成的，因而是实践使人成了"社会存在物"，使人类的本质力量在活动中得到充分的体现。

3. 实践：社会生活的本质

社会生活在本质上是实践的。构成社会的人是从事实践活动的人，推动社会运动的力量是千百万人的社会实践活动。离开了人的参与，离开了人的实践活动，就不会有人类历史，就不会有社会的发展。社会生活的全部内容就是不断进行的社会实践。人类在社会生活一切领域的活动都属于实践。

社会生活的实践性有三个方面的主要表现，即：

一是，实践是社会关系形成的基础。实践内在地包含着人与自然的关系、人与人的关系以及人与意识的关系。这些关系又构成了基本的社会关系，即物质的社会关系和思想的社会关系。实践以浓缩的形式包含着全部社会关系。

二是，实践形成了社会生活的基本领域。实践的三种基本形式既相互区别又相互作用，构成了社会生活的基本内容，即社会经济生活、社会政治生活和社会文化生活。在整个社会生活过程中，物质生产实践具有基础和决定作用，物质生产实践所引起的人与自然之间的物质能量交换构成社会存在和发展的基础。物质生活的生产方式制约着整个社会经济生活、政治生活和精神生活的过程。

三是，实践构成了社会发展的动力。社会发展主要是社会关系的变化以及社会结构的变迁。社会发展的动力不在社会外部，而在于社会的内部矛盾性。生产力和生产关系的矛盾、经济基础和上层建筑的矛盾是社会的基本矛盾，是社会发展的根本动力。而社会基本矛盾和其他社会矛盾都是在人类实践活动中形成和展开的，物质资料的生产方式是社会发展的决定力量。因此，社会发展不过是人的实践活动在时间中的展开。

总结：马克思主义在回答世界的本质过程中，不仅注重对物质范畴的科学规定，而且注重从物质与意识的关系中探究，更加难能可贵的是非常注重从人对外部世界的改造本身实践去探究这个中介环节的物质性根源。

（四）世界的物质统一性原理

世界的统一性问题，是回答世界上的万事万物有没有统一性，即有没有共同的本质或本原的问题。爱因斯坦曾在1901年在给友人的信中发出心灵深处的呼唤："从那些看来同直接可见的真理十分不同的各种复杂的现象中认识到它们的统一性，那是一种壮丽的感觉。"[①] 他是把探求物理世界的统一性作为自己终生的目标，并取得了辉煌的成就。马克思恩格斯则是从哲学的视角、从唯物主义的原则出发、从科学的世界观的高度探究了整个世界的统一性，并取得了举世瞩目的璀璨成果。

马克思主义认为，物质是世界的本原，世界统一于物质。

世界的物质统一性首先体现在，意识统一于物质。从意识的起源上看，意识是物质世界长期发展的产物，是物质世界中的一种特殊存在；从意识的本质上看，意识是人脑这种特殊的物质器官的机能，是客观存在的主观映像；

① 许良英等编译：《爱因斯坦文集》第三卷，商务印书馆1979年第1版，第347—348页。

从意识的作用上看，意识能动性的发挥必须以尊重物质世界的客观规律为前提。因此，意识统一于物质，在统一的物质世界之外，没有任何非物质的存在或非物质的活动。

世界的物质统一性还体现在，人类社会也统一于物质。人类社会是否具有物质性，是在马克思主义产生之前长期没有得到正确解决的问题。马克思主义以前的旧唯物主义在自然观上是唯物主义的，但在社会历史领域中，旧唯物主义不理解人的实践活动本身是一种客观存在，不理解物质生产实践在社会生活中的地位和作用，而是把历史过程看成是人的主观意志的产物，因而得出社会意识决定社会存在的错误结论，成了不彻底的"半截子"唯物主义。马克思主义将唯物主义真正贯彻到社会历史领域，认为物质资料生产方式是人类社会存在和发展的基础，实践性是社会生活的本质，人类社会统一于物质。人类社会的物质性主要表现在：

第一，人类社会是物质世界的组成部分。人是物质世界发展到一定阶段的产物，人从自然界分化出来，并不意味着脱离了物质世界。人的生命形态和生命活动仍然是物质的，人赖以生存的全部生活资料也只能取之于物质世界，离开了一定的物质自然环境，人类社会就不可能存在和发展。

第二，人类获取生活资料的活动是物质性的活动。人类获取物质生活资料的实践活动虽然有意识做指导，但仍然是以物质力量改造物质力量的活动，如果仅仅停留在意识或思想的范围内，人类是无法获取物质生活资料的。

第三，人类社会存在和发展的基础是物质资料的生产方式。生产方式是生产力和生产关系的总和。生产力是人类改造自然的物质力量，生产关系是在物质生产过程中形成的不以人的意志为转移的物质关系。物质资料的生产方式构成了人类社会存在和发展的基础，集中体现着人类社会的物质性。

三、正确回答世界的本质问题的意义

正确回答世界的本质问题，不仅有重要的理论意义，而且有深远的现实意义。

（一）理论意义

1. 物质范畴为唯物主义科学世界观奠定了坚实的基石

物质范畴的重大理论意义在于，承认世界如此存在，它是自己生成、自己运动、自我转化、自我发展、生生不息、运动不已的存在，世界的本原是物质；它不是寻找一个凌驾于物质现象和意识现象之上的一个更一般的理论原则去概括物质现象和意识现象，它也不需要运用世界之外的任何力量说明世界，而是从物质与意识的相互作用中揭示世界的本质特征，世界的本质是物质的；它确认，自然界是长期演化的，人类是自然界长期发展的产物，人类社会也是人与自然相互作用的实践生成物。所以，要说明和变革这个世界，就要从这个世界本身出发，才是唯一正确的途径，实践这一社会性的物质活动就是人们把握世界的根本方式。

2. 世界的物质统一性原理为马克思主义奠定了坚实的基石

马克思主义揭示了世界是一个包罗万象的存在的整体，包括自然存在和社会存在，不仅物质具有客观实在性、自然存在具有物质性，而且人类实践具有客观实在性、社会存在也具有物质性，从而克服了旧唯物主义的局限性，正确解决了社会存在与社会意识的关系问题，使得社会历史现象得到了唯物主义的科学解释，辩证唯物主义与历史唯物主义有机统一。因而，世界的物质统一性原理是马克思主义的基石。

（二）实践意义

1. 一切从实际出发，是世界的物质统一性原理在现实生活中和实际工作中的生动体现，是在坚持和发展中国特色社会主义伟大实践中想问题、办事情的根本立足点

习近平总书记指出，世界物质统一性原理是辩证唯物主义最基本、最核心的观点，是马克思主义哲学的基石，遵循这一原理，最重要的就是坚持一切从客观实际出发，而不是从主观愿望出发。当代中国最大的实际就是我国仍处于并将长期处于社会主义初级阶段，这是我们认识当下、规划未来、制定政策、推进事业的客观基点，不能脱离这个基点，否则就会犯错误，甚至犯颠覆性的错误；同时，还要注意客观实际不是一成不变，而是不断发展变化的，必须准确把握我国不同发展阶段的新变化新特点，使主观世界更好地符合客观实际，从实际出发制定工作的方针政策。在深刻把握世情国情党情变化的基础上，党的十九大庄严宣告中国特色社会主义进入了新时代。这一重大政治判断，就是我们党在改革开放以来中国特色社会主义发生一系列历史性变革、取得一系列历史性成就这一"客观实际"基础上提出来的。

坚持世界物质统一性原理，最根本的要求是做到实事求是。没有调查就没有发言权，没有正确的调查同样没有发言权。为了更好地了解把握客观实际，必须深入实践、深入群众进行全面的系统的、从历史到现状的调查研究，把客观存在的事实搞清楚，把事物的本质、内部和外部联系弄明白，从中认识规律，找出解决问题的办法。这样才能做到情况明、决心大、办法对。这是制定方针政策、找到改革发展有效办法的根本前提。①

在推进新时代中国特色社会主义事业的过程中，我们要从我国社会主义初级阶段的最大国情出发，既看到我国仍处于并将长期处于社会主义初级阶段的基本国情没有变，也要看到我国社会的主要矛盾发生了变化，已经转化为人民日益增长的美好生活需要和不平衡不充分的发展之间的矛盾，从而使社会主义初级阶段的长期过程中又呈现出更加具体的阶段性特征。

2. 尊重客观规律与发挥人的主观能动性相统一的原则为人们对世界的实践把握提供了科学指南

尊重客观规律与发挥人的主观能动性相统一的原则是在肯定物质对意识决定作用的前提下，充分看到人的意识的自觉能动性，充分发挥人的主观能动性的内在要求。正如习近平总书记所指出，辩证唯物主义虽然强调世界的统一性在于它的物质性，但并不否认意识对物质的反作用，而是认为这种反作用有时是十分巨大的。辩证唯物主义是"能动"的唯物主义，强调人不是消极被动地适应自然界和社会，而是能动地认识自然界和社会，而且能动地利用客观规律改造世界。这就要求我们在实践中认识客观规律，并以这种规律性的认识能动地改造世界。

在现实生活和实际工作中，需要注意发挥能动性有正确和错误之分。在主观能动性与客观规律性关系问题上，必须防止两种错误倾向：一是夸大主体能动作用，忽视客观实际，单凭主观想象、热情、意志、愿望办事，超越客观规律性所容许的范围；二是主观指导落后于客观形势的发展，消极悲观，无所作为。

在社会历史领域，主观能动性与客观规律性的辩证关系具体表现为社会历史趋向与主体选择的关系。社会历史趋向指的是社会历史规律的客观性和必然性，主体选择指的是历史主体在社会发展中的能动性和选择性。社会历史规律的客观性和必然性规定了人的活动要受规律性的制约，但与此同时，又不能否定人作为历史主体的能动性和选择性。在社会发展的每一个具体阶段上，都存在着各种不同的客观趋势和可能性，而人则需要确定自己对待它

---

① 《求是》编辑部：《学好用好马克思主义哲学这个看家本领》，《求是》，2019年第1期。

们的态度并做出选择。选择的方向、目标和方式是否正确，只能由实践来检验。坚持和发展中国特色社会主义道路，体现了社会历史趋向与主体选择的辩证统一。发展道路要与社会生产力水平相适应，不能脱离基本国情，这是社会历史趋向；发展道路不能违背人民群众的利益和愿望，不能脱离各国的政治条件和历史文化传统，这是主体选择。实践证明：中国特色社会主义道路是我国实现社会主义现代化、创造人民美好生活、实现中华民族伟大复兴的必由之路。中国特色社会主义道路是符合社会历史趋向的正确的主体选择。

§3 教学小结

马克思主义哲学在"世界的本质问题"上对于唯物主义的坚持与发展，为马克思主义科学理论体系的建立奠定了坚实的理论基础，提供了科学的世界观与方法论，并同唯心论、宗教神学划清了界限，给予其彻底的批判。

马克思主义哲学如同人类隐形的翅膀，它作为一套科学理论栖隐在世界上各个国家、各种国情、各类社会之中，默默预示和指导着人类社会的活动。它的范畴、原理及其规律都是高度抽象、概括的，却适用于对一切现象的剖析。懂得马克思主义哲学的人如同被明灯点亮了内心世界，整个心灵都会处于永恒的光明之中。中国共产党正是在马克思主义明灯指引下，始终坚持一切从实际出发，在社会主义革命、建设、改革中一步一步踏出铿锵、取得胜利、走向辉煌。相信：擎马克思主义明灯指引，青年学生必能鲲鹏展翅，自觉为新时代中国特色社会主义的建设、为实现中华民族伟大复兴的中国梦贡献青春、智慧和力量。

§4 作业及思考题

1. 试论马克思主义的物质观及其现代意义。
2. 讨论人工智能飞速发展的条件下，如何认识物质与意识的关系？

§5 阅读参考文献

1. 马克思：《关于费尔巴哈的提纲》，《马克思恩格斯选集》第 1 卷，人民出版社 1995 年版。

2. 恩格斯：《反杜林论》第一编《哲学》，《马克思恩格斯文集》第 9 卷，人民出版社 2009 年版。

3. 列宁：《唯物主义和经验批判主义》，《列宁选集》第二卷，人民出版社 1995 年版。

4. 毛泽东：《反对本本主义》，《毛泽东选集》第 1 卷，人民出版社 1991 年版。

5. 邓小平：《解放思想 实事求是 团结一致向前看》，《邓小平文选》第 2 卷，人民出版社 1994 年版。

6. 习近平：《辩证唯物主义是中国共产党人的世界观和方法论》，《求是》，2019 年第 1 期。

（本专题撰稿人 严宗泽）

专题三　物质世界的发展是有规律的吗

§1 教学简况

课时安排

4 学时。

教学目的和要求

一、学生能够释义唯物辩证法的总特征，例证事物联系和发展的基本环节，概括和总结唯物辩证法三大规律。

二、学生能够掌握事物矛盾运动的基本原理，不断强化问题意识，积极面对和化解前进中遇到的矛盾，形成理论联系实际、解决实际问题的能力。

三、学生能够学习掌握唯物辩证法的根本方法，不断增强辩证思维能力，运用唯物辩证法分析专业领域的问题，在改造客观世界的同时改造主观世界，努力实现理论创新和实践创新的良性互动。

教学内容

一、联系和发展的普遍性。

二、事物发展的基本规律。

三、正确认识和掌握规律具有重要意义。

讲授重点和难点

重点：对立统一规律的主要内容、量变质变规律及否定之否定规律的主要内容。

难点：运用唯物辩证法提高思维能力。

§2 教学过程

【问题导入】

人为什么不能两次踏进同一条河流？

古希腊哲学家赫拉克利特将世界的本质概括为"一切皆流，无物常住"，认为世界处于不断的运动、变化之中。在此基础上，赫拉克利特提出了许多具有朴素辩证法思想的论断，其中最为著名的就是"人不能两次踏进同一条河流"。那么，"人为什么不能两次踏进同一条河流？"在赫拉克利特看来，由于河水是流动的，当一个人第二次踏进同一条河流的时候，触及的水已经不是第一次触及的水，因为第一次触及的水已经流走了，这条河的河水已经发生变化了，因此人不能两次踏进同一条河流。

该论断说明了什么哲学道理呢？我们应该如何评价它呢？它说明赫拉克利特已经朴素地猜测到世界是运动、变化、发展的，世界宛如一条河流，永远处于流变过程，世界上的一切事物都处于不断产生和灭亡的过程。恩格斯在其名著《反杜林论》中对该论断给予了很高的评价："当我们深思熟虑地考察自然界或人类历史或我们自己的精神活动的时候，首先呈现在我们眼前的，是一幅由种种联系和相互作用无穷无尽地交织起来的画面，其中没有任何东西是不动的和不变的，而是一切都在运动、变化、产生和消逝。这种原始的、素朴的、但实质上正确的世界观是古希腊哲学的世界观，而且是由赫拉克利特第一次明白地表述出来的：一切都存在而又不存在，因为一切都在流动，都在不断地变化，不断地生成和消灭。"[1]列宁则给予赫拉克利特辩证法奠基人之一的美誉。当然，由于"古代的朴素辩证法虽然正确地把握了世界总画面的一般性质，却不足以说明构成这幅画面的各个细节；而我们要是不知道这些细节，就看不清总画面。"[2]"只有随着人类社会实践的不断发展与自然科学的昌盛，有了真正科学的唯物辩证法，一切'皆动''皆变'才被证明是自然和社会以及人们思维的普遍规律。"[3]唯物辩证法是关于世界普遍联系和永恒发展的科学，在认识世界和改造世界的过程中，我们照辩证法办事，才能科学地认识事物，正确地解决问题。因此我们要学习唯物辩证法，并且把辩证法的原则和精神变成我们自觉的行为方式。

---

① 《马克思恩格斯选集》第3卷，人民出版社1995年版，第359页。

② 《马克思恩格斯选集》第3卷，人民出版社1995年版，第359页。

③ 阳作华：《哲理与情趣》，湖北人民出版社1998年版，第60页。

本专题论述唯物辩证法的基本原理，主要阐述物质世界为什么会发展、怎样发展以及发展的规律是什么等问题，也就是解决世界的状况是怎么样的问题。

一、联系与发展的普遍性

唯物辩证法作为自然、社会、思维发展一般规律的科学，是人们认识世界和改造世界的根本方法。唯物辩证法把联系和发展看作物质世界中一切事物、现象的辩证本性，其所有的规律和范畴都是从不同侧面揭示事物的普遍联系和永恒发展的，因此我们说联系和发展是唯物辩证法的总特征。

（一）事物的普遍联系

我们经常会说"唇亡齿寒""牵一发而动全身"。那么，为什么"唇亡"会"齿寒"、"牵一发"会"动全身"呢？这就涉及唯物辩证法的第一个总特征——联系，可以说，联系是客观世界的普遍特性。我们应该如何理解联系及其特点呢？

1. 联系的含义

作为一个普遍的哲学范畴，联系是指事物内部各要素之间和事物之间相互影响、相互制约和相互作用的关系。对联系的理解，我们要超越日常经验，从哲学思维的高度概括各种具体联系的普遍性，形成哲学的联系范畴，才能真正理解联系这个唯物辩证法的总特征。

2. 联系的特点

首先，联系具有客观性。联系的客观性是说联系是客观事物本身所固有的，是不以人的主观意志为转移的，人们既不能"创造"也不能"消灭"事物之间的联系。这里，我们要清楚观念的联系是事物的客观联系在思想中的反映，观念的联系根源于事物的客观联系，人们只能在正确反映客观联系的基础上整合和利用它们。坚持联系的客观性，就要求我们要从客观事物本身固有的联系出发，按照客观事物的本来面目如实地反映它们之间的联系，反对用主观臆想的联系代替客观的真实的联系，诸如"喜鹊报喜，乌鸦叫丧"、"彗星出现会带来灾难"、手相决定人的命运、左眼跳财、右眼跳灾等。

公元前五世纪，地中海的西西里岛的锡腊库扎人和希腊雅典人交战。当雅典舰队攻进锡腊库扎的港口时，城里的人们已经打算撤退，可是，恰巧那天夜里发生月食。雅典人把月食看作不祥之兆，临时撤销进攻计划。于是，锡腊库扎人便争取到时间，调来增援部队，把雅典人的舰队全部灭掉。这件事说明，雅典人把月食看成决定自己吉凶成败的东西，这显然是一种虚幻的联系，由此导致了全军覆没的可悲下场。[①]

其次，联系具有普遍性。事物联系的普遍性有三层含义：第一，任何事物内部的不同部分和要素是相互联系的；第二，任何事物都不能孤立存在，都同其他事物处于一定的相互联系之中；第三，整个世界是相互联系的统一整体，任何事物都是统一的联系之网上的一个网结，并通过这个联系之网体现出联系的普遍性。任何事物只有在一定的联系中才能存在和发展。中国民间流传着一个笑话，说是一个人很"独"，总幻想世界上的人全部死光，只剩他一人，这样就可以享尽人间富贵。可是一觉醒来，他发现还要留一个卖烧饼的。第二天醒来，他又想到还要有种麦子的、磨面的……想来想去，他才搞明白，世界上缺了哪个具体的人都可以，但就是不能只有一个人。[②] 这个笑话告诉我们，人在社会中生活，人类社会是谁也离不开谁的，每个人的吃、穿、住、行、学习、工作、娱乐的实现都直接或间接地体现着他同其他人的千丝万缕的联系。离开了与他人的社会联系，任何人都是无法生存的，人类社会是普遍联系的世界。

最后，联系具有多样性。世界上的事物是多样的，因而事物的联系也是多样的。大体上说有直接联系与间接联系，内部联系与外部联系，本质联系与非本质联系，必然联系与偶然联系等。我们在日常生活中经常说的"错综复杂""千丝万缕""纵横交错""人固有一死，或重于泰山，或轻于鸿毛""天时不如地利，地利不如人和"等等，就是说明事物之间往往具有多样的、不同的联系。不同的联系构成事物内部和事物之间的存在状态和发展趋势，因此我们必须具体地分析事物之间的联系，不能把事物之间的联系简单化，要一切以时间、地点、条件为转移。

2014 年 12 月，习近平总书记在考察江苏时首次把"四个全面"联系起来作为一个整体战略思想提出，强调要"主动把握和积极适应经济发展新常态，协调推进全面建成小康社会、全面深化改革、全面推进依法治国、全面从严治党，推动改革开放和社会主义现代化建设迈上新台阶"。"四个全面"反映的并不是简单的事实，而是从事实的联系来把握事实，发现问题和矛盾，

① 王如平：《辩证法与人生智慧》，吉林大学出版社 2007 年版，第 9 页。
② 王伟光：《照辩证法办事》，人民出版社、中国社会科学出版社 2014 年版，第 28—29 页。

并由此探索事物的规律。比如，就经济而言，把经济总量与人均占有量联系起来、把经济存量与增量联系起来等。"四个全面"不是孤立的，它们是一个统一的整体：全面建成小康社会是总的战略目标，全面改革开放是其引擎与动力，全面依法治国是其可靠保障，全面从严治党是其根本支撑。可见，"四个全面"不是恩格斯所批判的那种唯心主义"幻想的联系"，而是根据中国国情具体实际分析提出的战略决策和战略布局，是在实现中国梦的伟大实践中凝练和提升的理论创新成果。①

总之，马克思主义关于事物普遍联系的原理，要求我们要善于分析事物的具体联系，确立整体性、开放性观念，从动态中考察事物的普遍联系。我们不能以孤立的观点去认识事物，不能以固定不变的模式去认识事物的联系，不能胡乱联系或者主观臆造联系而把风马牛不相及的事物强加给另一事物，更不能把事实材料当作证明自己观点的随心所欲的工具，否则，就会闹出"一叶障目，不见泰山""掩耳盗铃""守株待兔"等笑话，甚至引起严重后果。

（二）事物的永恒发展

世界是普遍联系的，事物的相互联系包含了事物的相互作用，而相互作用的结果使事物原有的状态和性质发生程度不同的变化，必然导致事物的运动、变化和发展。因此，联系和发展是不能分割的，联系是发展的前提和基础，没有联系就没有发展，发展是事物最深刻的联系，只有把联系和发展结合起来才可能获得对事物的全面认识。发展是唯物辩证法的另一个总特征。

1. 发展的实质

恩格斯曾对形而上学思维方式的片面性进行过深刻的分析：它"把自然界的各种事物和各种过程孤立起来，撇开宏大的总的联系去进行考察，因此，就不是从运动的状态，而是从静止的状态去考察；不是把它们看作本质上变化的东西，而是看作永恒不变的东西；不是从活的状态，而是从死的状态去考察。"②形而上学由于否认了事物之间的联系，因而也就否认了运动。唯物辩证法把运动、变化和发展结合起来表述自己的发展观。

"发展"是我们经常使用的词，在日常生活中，我们往往直观地把它理解为事物的向前推进，而这里说的"发展"，更多的是从哲学意义上讲的。为了

---

① 谭培文：《"四个全面"是唯物辩证法在当代中国实践的具体化》，《当代广西》，2015年第10期。

② 《马克思恩格斯选集》第3卷，人民出版社1995年版，第360页。

正确理解作为哲学范畴的"发展",我们有必要了解运动、变化、发展的联系与区别。唯物辩证法认为事物运动、变化和发展是反映事物动态的同一序列的范畴,也就是说是同等重要的范畴,有时还可以相互代用。在分别使用这三个概念时,它们也会各有侧重:运动主要标志事物变动不居的动态过程,侧重于说明物质的根本存在方式,包括宇宙间所发生的一切变化和过程,从简单的位置移动到复杂的思维活动都是运动的表现。运动只表明事物在普遍联系中有了改变,它表明此时的事物不同于彼时、以往的事物,但它并未表明、未揭示这种改变的程度和方向。变化则主要指运动的一般内容,即运动的多样性,侧重于揭示运动的具体过程、状态与趋势,变化表明了事物在运动中得以改变的程度,既有事物数量的变化,也有事物质的变化;既有事物的前进运动,也有事物的倒退运动。发展是一种特殊的运动、变化,但并不是任何运动、变化都是发展。发展是前进的上升的运动,不是同一事物的简单重复,不是事物单纯数量的变化,也不是事物从高级到低级的倒退的变化。发展侧重于在运动、变化的基础上进一步揭示事物运动的整体趋势和方向性。发展是指事物从一种质态转变为另一种质态,或从一种运动形式中产生另一种运动形式的过程,特别是指人类所处的现实世界中,从低级向高级、从简单向复杂、从无序向有序的上升运动。尽管伴随着发展有下降、重复、循环等各种运动形式,可发展仍是事物运动多向性中的主流。①

总之,唯物辩证法认为运动、变化和发展是同一序列的范畴,但却又是不同层次的范畴:运动是变化的内容,变化是运动的表现形式;运动比变化抽象,变化比运动具体;变化的基本趋势是发展;发展处于这个序列的最高层次,具有最为丰富多样的内容。这就是说,事物的发展,既不是事物在原有状态下的简单重复,也不是一个个变化过程的机械相加,而是新事物的产生和旧事物灭亡的,这就是发展的实质。

2. 事物发展的过程性

事物的发展是一个过程,一切事物只有经过一定的过程才能实现自身的发展。恩格斯指出:"一个伟大的基本思想,即认为世界不是既成事物的集合体,而是过程的集合体,其中各个似乎稳定的事物同它们在我们头脑中的思想映象即概念一样都处在生成和灭亡的不断变化中,在这种变化中,尽管有

---

① 吴倬:《马克思主义哲学导论》,当代中国出版社 2002 年版,第 111 页。

种种暂时的倒退，前进的发展终究会实现。"①

事物发展的过程，可以从不同的角度去理解：其一，广义与狭义的角度。从广义上来说，是整个宇宙运动、变化和发展无限性的进程；从狭义上来说，又是具体事物运动、发展、变化的具体过程的有限性的进程。就事物运动的无限性来说，整个宇宙的运动、变化和发展是无始无终的，既无来者，又无去者；而就具体事物运动的有限性来说，宇宙间的一切具体的、个别的事物的运动、变化和发展却是有始有终的，既有头又有尾。②其二，形式与内容的角度。从形式上看，是事物在时间上的持续性和空间上的广延性交替；从内容上看，是事物在运动形式、形态、结构、功能和关系上的更新。现代科学凭借科学仪器所能观察到的一切事物，都有自己兴衰变化的过程。人类的发展也是一个过程。从原始社会发展到奴隶社会，再从奴隶社会发展到封建社会、资本主义社会，有的国家已进入社会主义社会，表现出人类社会发展过程的总趋势。从我国的现实看，我国正处于社会主义初级阶段。社会主义作为过程的集合体，它将经过自身的长期发展，向着共产主义迈进，这是不以人的意志为转移的历史潮流。

从唯物辩证法的过程论思想出发，我们要用动态的、全程的眼光看待事物，用发展的观点和历史的观点去观察问题和分析问题，以史为鉴，可以知兴替。2014年4月1日，习近平总书记在布鲁日欧洲学院演讲时指出："观察和认识中国，历史和现实都要看，物质和精神也都要看。中华民族5000多年文明史，中国人民近代以来170多年斗争史，中国共产党90多年奋斗史，中华人民共和国60多年发展史，改革开放30多年探索史，这些历史一脉相承，不可割裂。脱离了中国的历史，脱离了中国的文化，脱离了中国人的精神世界，脱离了当代中国的深刻变革，是难以正确认识中国的。"习近平总书记站在发展的和历史的高度，表达了中国历史发展的辩证法。

二、物质世界的发展是有规律的

在了解了世界联系和发展的两大特征后，同学们可能会产生这样一个疑问：世界上的事物运动与过程，表面上看起来给人以眼花缭乱、杂乱无章的

---

① 《马克思恩格斯选集》第4卷，人民出版社1995年版，第244页。

② 王伟光：《照辩证法办事》，人民出版社、中国社会科学出版社2014年版，第50页。

感觉，那么物质世界是杂乱无章地运行还是按照一定的基本秩序在运动、变化、发展的？这就涉及一个新的内容——规律。唯物辩证法认为，物质世界不仅是普遍联系和永恒发展的，而且其联系和发展是有规律的。规律观点既是对联系和发展观点的总结，又是对联系和发展观点的升华。① 我们认识世界就是要认识世界的发展规律，并遵循这些客观规律，自觉地改造世界。从人类的实践活动来看，无论是改造自然界还是改造人类社会，都不能摆脱客观规律的制约，而且归根到底都要以遵循客观规律为前提。

（一）世界发展的规律性

关于规律，先请同学们思考两个问题：一是青蛙冬眠春觉，大雁冬天南飞、春天北返，这些是不是规律？二是规律看得见、摸得着吗？比如我们是否可以看见万有引力规律到底长什么样子。要弄清楚这两个问题，我们就要了解规律的含义及其特点。

1. 规律的含义

什么是规律？规律有什么特点？客观世界的事物普遍地存在着联系：既有偶然的转瞬即逝的联系，也有必然的稳定的联系；既有浮在事物表面的现象的联系，也有隐藏在现象背后的本质的联系……但并非客观存在的这些联系都能称之为规律。规律这一范畴，揭示的就是事物运动发展中的本质的、必然的、稳定的联系。

2. 规律的特点

第一，规律是事物的本质联系。联系有现象联系和本质联系之分，只有本质的联系才是规律。任何规律都是事物的内在根据和本质联系。例如：我们日常所见的水往低处流、苹果落地等是物体之间的现象联系，万有引力定律揭示了物体之间的本质联系；再如，我们买东西时的讨价还价属于现象，而价值规律则揭示了商品经济的本质联系。

第二，规律是事物的必然联系。规律所揭示的是事物必定如此、确定不移、不可改变的趋势。事物可能这样，也可能那样发展的趋势就不是规律。例如，万物有生必有死的自然规律，资本主义必然灭亡、社会主义必然胜利的社会规律，实践、认识、再实践、再认识，循环往复以至无穷的认识规律，都是从必然联系得到说明的。暂时的曲折倒退，不能改变历史前进的总趋势。

第三，规律是事物的稳定联系。任何规律是同类现象背后的共性，是丰富多彩的现象背后的稳定联系。事物联系的稳定性也就是它的重复性。就是说，无论在什么地方、什么时候，只要具备了一定的客观条件，某种规律就会重复起作用。比如，只要有生物物种存在，遗传与变异的规律就会重复地发生作用；只要有商品生产，价值规律就会重复地发生作用。

第四，规律是客观的。客观性是规律的根本特点，包括两层意思：其一是规律存在的客观性。即不管人们是否认识、是否承认，规律都以其铁的必然性在起作用，不能被创造和消灭。比如，资本主义的剩余价值规律，在马克思写出《资本论》之前就存在着，只是马克思通过科学研究揭示了这一规律。其二是规律作用的客观性。无论什么力量都不能改变符合规律的必然趋势。在认识世界和改造世界的活动中，人们的行动只有符合客观规律才能取得预期的效果，违背客观规律必然失败。例如，新陈代谢是人以及其他一切生物的普遍规律，人们只能努力延长生命，但是不可能长生不死。再如，荷兰曾以"围海造田"而闻名于世，荷兰国土的五分之一是造出来的。后来，荷兰人因违反自然客观规律而造地遭到了大自然的报复：大面积的滩涂和沼泽被抽干水，形成了陆地，使该地区和附近地下水位明显下降；部分河流入海口出现了泥沙淤积现象；饮用水源受到威胁……为此，荷兰政府在20世纪90年代初通过了一项大规模的"回归大自然计划"，忍痛毁地，使之重新变成森林、沼泽、湖泊。规律的客观性表明，人们不能藐视规律，更不能创造和消灭规律，我们要反对唯心主义否认规律客观性的错误观点。

现在我们可以回答前面提出的两个问题了：青蛙冬眠春觉，大雁冬天南飞、春天北返，这些是现象间的联系而非本质的联系，即表明在季节交替、气温变化的作用下，大雁和青蛙有规律地进行活动的现象，不是规律本身。规律不是外露于事物表面，而是隐藏在事物现象之中并通过现象表现出来，因此，规律看不见，摸不着，它不能为我们的感官直接感知，规律的神妙就在于"不见其事而见其功"。但是，人们可以透过现象发现、认识规律。我们可以看到万有引力规律的种种表现——"苹果落地""水往低处流""行星环绕恒星运转"等，但我们看不见万有引力规律到底是个什么样子。

（二）物质世界发展的基本规律

世界上的万事万物都有自己不同的规律，根据发挥作用的范围可以把规律划分为一般规律、特殊规律、个别规律，根据根本内容可以把规律划分为自然规律、社会规律和思维规律。唯物辩证法所阐明的规律是一般规律（也叫普遍规律），其基本规律有三条：对立统一规律、质量互变规律和否定之否定规律。这三个基本规律相互之间形成了一个具有内在逻辑的整体，从不同侧面揭示了世界联系和发展的本质：对立统一规律揭示事物发展的动力和源泉，从根本上回答了事物为什么会发展的问题；质量互变规律揭示事物发展的状态和形式，从根本上回答了事物如何发展的问题；否定之否定规律揭示事物发展的趋势和道路，从根本上回答了事物向什么样的方向发展以及沿着什么样的道路发展的问题。其中，对立统一规律是唯物辩证法的实质和核心。

1. 对立统一规律是事物发展的根本规律

（1）矛盾的含义

矛盾是反映事物内部和事物之间对立统一关系的哲学范畴。例如，我们通常所说的上与下、福与祸、得与失、弃与取、善与恶、美与丑、供给与需求、吸引与排斥、竞争与合作等等，都是对立统一，都是矛盾。再如，药品具有治疗疾病的作用，但又都具有一定的毒副作用，是治疗作用和毒副作用的统一体，这就是矛盾。

要区分辩证矛盾和逻辑矛盾。哲学上讲的"矛盾"与形式逻辑中讲的"矛盾"不是同一个概念，要把二者严格区分开来。形式逻辑中讲的矛盾即逻辑矛盾，是思维中的自相矛盾，表现为表述时（如讲话、写文章）的前后不一致、自相冲突，是人们思维不合逻辑、违反逻辑规则造成的，是思维混乱的一种表现。逻辑矛盾是主观的，是应当从思维中排除的。通常人们所说的"出尔反尔""前言不搭后语""自己打自己嘴巴"都是对逻辑矛盾的形象说明。辩证法中讲的"矛盾"即辩证矛盾是客观事物本身所固有的，是不能否认和排除的。承认辩证矛盾是辩证法的前提和出发点，允许逻辑矛盾则是诡辩论的特征，二者是截然对立的。

（2）矛盾的两个基本属性——同一性和斗争性

矛盾具有同一性和斗争性两个基本属性。任何矛盾都是由既相互对立又相互统一的双方构成的。对立和统一分别体现了矛盾的两种基本属性。矛盾的对立属性又称斗争性，矛盾的统一属性又称同一性。

矛盾的同一性是指矛盾双方相互依存、相互贯通的性质和趋势。它有两个方面的含义：一是矛盾着的对立面相互依存，互为存在的前提，并共处于一个统一体中。也就是说，矛盾的一方必须以另一方为媒介，失去了一方的存在与发展，与其对立的另一方也就不能存在与发展了。对此，列宁曾经有过生动的比喻："父亲是儿子的另方，儿子又是父亲的另方，而每一方都是作为另方的另方而存在；同时每一个规定只在它同另一个的关系中存在着；它的存在是持续的存在。"① 可见，矛盾双方的相互依存可以用"唇亡齿寒"的关系来形容。二是矛盾着的对立面之间相互贯通，在一定条件下相互转化。即矛盾双方相互渗透、相互包含，"你中有我，我中有你"，并且存在着由此达彼的桥梁，存在着相互转化的趋势。"塞翁失马"的典故就说明了在一定条件下福祸是可以相互转化的。

矛盾的斗争性是矛盾着的对立面之间相互排斥、相互分离的性质和趋势。这里，我们要格外注意的是，矛盾的斗争性是一个具有广泛含义的哲学范畴，由于矛盾的性质不同，矛盾的斗争形式也不同，对于多种多样的斗争形式，可以区分为对抗性（如敌对势力之间的对抗和冲突）和非对抗性（如人民内部不同意见的争论）两种基本形式。我们不能把矛盾的斗争性只理解为激烈的冲突和对抗，尤其要看到作为哲学范畴的斗争与作为政治生活用语的斗争既有联系又有区别，不能把二者混淆。

在了解了矛盾的同一性和斗争性是矛盾的两种相反的属性后，同学们自然会想到这样一个问题——矛盾的同一性和斗争性的关系如何？二者是相互联结、相辅相成的，没有斗争性就没有同一性，斗争性寓于同一性之中，没有同一性也没有斗争性。在事物的矛盾中，矛盾的斗争性是无条件的、绝对的，矛盾的同一性是有条件的、相对的。矛盾斗争性的绝对性体现了物质运动的绝对性，矛盾同一性的相对性体现了物质静止的相对性。无条件的、绝对的斗争性与有条件的、相对的同一性相结合，构成事物的矛盾运动，推动事物的发展。矛盾的同一性和斗争性的关系告诉我们，矛盾双方的同一性是包含着差别和对立的具体的同一性，而不是绝对的自身等同；矛盾双方的斗争是在矛盾统一体内部的斗争，差别和对立是事物内在的差别和对立。简言之，同一是对立中的同一，对立是同一中的对立，因此我们要在对立中把握同一，在同一中把握对立，即要做到在"异"中求"同"，在"同"中求"异"，这样才能促进事物的发展。要避免只见同一不见对立或只见对立不见同一的形而上学错误。比如，在处理我国与资本主义国家关系的问题上，我们不能因社会制度和意识形态的不同，就不与之来往。我们要善于寻找与资本主义国家利益的共同点，加强在政治、经济、文化等方面的交流与合作。当然，我们还要保持自己的独立性，不断丰富中国特色社会主义的实践特色、

---

① 《列宁全集》第 55 卷，人民出版社 1990 年版，第 213 页。

理论特色、民族特色和时代特色。

那么，矛盾的同一性和矛盾的斗争性在事物发展中的各自的作用如何呢？矛盾的同一性在事物发展中的作用表现在：第一，同一性是事物存在和发展的前提；第二，同一性使矛盾双方相互吸取有利于自身的因素，在相互作用中各自得到发展；第三，同一性规定着事物转化的可能和发展的趋势。矛盾的斗争性在事物发展中的作用表现在：第一，矛盾双方的斗争促进矛盾双方力量的变化，为对立面的转化、事物的质变创造条件。第二，矛盾双方的斗争，促成旧的矛盾统一体破裂和新的矛盾统一体产生，从而使旧事物发展为新事物。

这里，需要提醒同学们，在不同条件下，矛盾的同一性和矛盾的斗争性所处的地位会有所不同：在一定条件下，矛盾的斗争性可能处于主要的方面，而在另外的条件下，矛盾的同一性又可能处于主要的方面。但是不论哪一方处于主要方面，它们必须结合起来才能起到作用，有条件的相对的同一性和无条件的绝对的斗争性的结合，构成事物的矛盾运动，推动事物的发展。正是在这个意义上，我们说矛盾是事物发展的源泉和动力。如果说矛盾的斗争性为事物的发展开辟前进道路的话，那么矛盾的同一性则使事物的发展回复到它的正确轨道之上。因此，那种认为只有矛盾的斗争性才是推动事物发展的内在动力，而同一性则是维护旧事物的保守力量的观点，则是完全错误的。[①]

运用矛盾的同一性和矛盾的斗争性的原理指导实践，还要正确把握和谐对事物发展的作用。从哲学上讲，和谐是矛盾的一种特殊表现形式，体现着矛盾双方的相互依存、相互促进、共同发展。在矛盾的统一体或对立面中，既包含了同一性的属性，也包含了斗争性的属性。因此，矛盾的同一性和斗争性在本质上就是指事物自身内部存在的一种不可分割的内在关联，但不管是同一性还是斗争性都存在于矛盾的统一性之中，都必须服从和服务于事物的和谐发展。因此，矛盾同一性和斗争性的这种辩证关系本身就体现了一种有机融合的和谐本性。[②]和谐的本质就在于协调多种因素的差异，发挥各种要素的效应，优势推动事物的发展。

（3）事物矛盾问题的精髓——矛盾普遍性与矛盾特殊性的辩证关系

矛盾普遍性含义是：矛盾存在于一切事物中，存在于一切事物发展过程

---

① 韩美群：《论马克思唯物辩证法的和谐内蕴》，《哲学研究》，2014年第4期。
② 韩美群：《论马克思唯物辩证法的和谐内蕴》，《哲学研究》，2014年第4期。

的始终，旧的矛盾解决了，新的矛盾又产生。事物始终在矛盾中运动。矛盾无处不在、无时不有，是对矛盾普遍性的简明表述。

矛盾普遍存在，但不同事物的矛盾又是具体的、特殊的。矛盾的特殊性有三种情形：一是不同事物的矛盾各有其特点，这种不同的矛盾构成了一事物区别于他事物的特殊本质。世界上事物之所以千差万别，就是由于它们所包含的矛盾各有其特殊性。我们为什么能够听出给我们打电话的人是谁呢？就是因为他的声音有特殊性。二是同一事物的矛盾在不同发展过程和发展阶段各有不同特点。正是这种特殊性，才把事物的发展分为若干过程或阶段。习近平总书记提出的"经济新常态"就是对我国经济社会发展步入新阶段的新定位，反映了我国经济社会在新阶段呈现出来的新特点，为我们党在新的历史条件下制定正确的路线方针政策提供了客观依据。三是构成事物的诸多矛盾以及每一矛盾的不同方面各有不同的性质、地位和作用。在现实生活中，比较复杂的事物都是由诸多矛盾构成的系统，在矛盾群中存在着根本矛盾和非根本矛盾、主要矛盾和次要矛盾，在每一矛盾中又有矛盾的主要方面和次要方面。矛盾特殊性要求我们具体问题具体分析，反对一刀切、简单化。如实地分析矛盾的特殊性，是正确认识事物的基础，也是找到解决矛盾正确方法的关键。所以，具体问题具体分析是马克思主义的活的灵魂。古诗句"梅须逊雪三分白，雪却输梅一段香"，讲的就是每个事物都有自己的特殊性，各有所长，各有所短。离开了对于矛盾特殊性的具体分析，人们就无法正确认识事物。

矛盾普遍性与矛盾特殊性是辩证统一的关系。矛盾的普遍性即矛盾的共性，矛盾的特殊性即矛盾的个性。矛盾的共性是无条件的、绝对的，矛盾的个性是有条件的、相对的。任何现实存在的事物都是共性和个性的有机统一，共性寓于个性之中，没有离开个性的共性，也没有离开共性的个性。

矛盾普遍性和特殊性辩证关系的原理具有重要的方法论意义。一是矛盾的共性和个性、绝对和相对的道理，是关于事物矛盾问题的精髓，是正确理解矛盾学说的关键，是我们研究和解决矛盾问题的基本指导线索。二是矛盾普遍性和特殊性辩证关系的原理为我们提供了科学的认识方法。就人的认识过程来说，总是从具体事物的特殊矛盾开始，进而总结出对事物一般的、共性的、本质的认识，然后又用一般的、共性的、本质的认识去研究新的个别的、特殊的事物，从而补充、丰富和发展自己的认知体系。人的认识的一般规律就是由认识个别上升到认识一般，再由一般到个别的辩证发展过程。三是矛盾普遍性和特殊性辩证关系的原理是马克思主义的普遍真理同各国的具体实际相结合的哲学基础，也是建设中国特色社会主义的哲学基础。正如习近平总书记在布鲁日欧洲学院演讲时所说："世界是多向度发展的，世界历史更不是单线式前进的。中国不能全盘照搬别国的政治制度和发展模式，否则的话不仅会水土不服，而且会带来灾难性后果。2000多年前中国人就认识到了这个道理：'橘生淮南则为橘，生于淮北则为枳，叶徒相似，其实味不同。所以然者何？水土异也。'"21世纪，人类社会的变化将更加剧烈而深刻，新情况、新问题层出不穷，因此，掌握矛盾普遍性与特殊性辩证关系的原理，把马克思主义同本国实际和时代发展相结合，与时俱进，开拓新境界，提出新思路，是我们面临的重大课题。

"四个全面"就生动体现了矛盾普遍性和特殊性原理在中国实践的具体统一。"四个全面"是普遍，四个当中的每个全面是特殊；每一个全面是普遍，每一个全面中的各个方面又是特殊。比如，全面实现小康社会，就空间的全面性而言，相对于每一民族、地区、群体、阶层，应该是一个民族、地区、群体、阶层也不能少，这是普遍。但是，不同民族、地区等的基础不同，他们的实现过程、时间速度等有可能完全不同，这就是个别；就内容的全面性而言，必须是"五位一体"整体推进，这是普遍，但是不同内容的推进过程又是特殊。因而在"四个全面"的推进与实施过程中，"四个全面"对于中央、对于全局是普遍，而对于地方和不同的行业又是特殊和个别。可见，尽管中国当前面临的矛盾纷繁复杂，但是，只要抓住了事物矛盾问题的精髓，就能够形成统揽全局的科学决策。①

（4）根本的认识方法——矛盾分析方法

问题是事物矛盾的表现形式。对待矛盾的正确态度是直面矛盾，增强问题意识、坚持问题导向，在解决矛盾的过程中推动事物发展。矛盾分析方法在唯物辩证法的方法论体系中居于核心的地位，是根本的认识方法。毛泽东指出："辩证法的宇宙观，主要地就是教导人们要善于去观察和分析各种事物的矛盾的运动，并根据这种分析，指出解决矛盾的方法。"②矛盾分析法的重要作用，是由对立统一规律在辩证法中的地位决定的。具体而言，掌握矛盾分析方法应做到以下两点：

---

① 谭培文：《"四个全面"是唯物辩证法在当代中国实践的具体化》，《当代广西》，2015年第10期。
② 《毛泽东选集》第1卷，人民出版社1995年版，第304页。

一是按照事物的矛盾本性思考问题，通过具体研究矛盾双方之间既对立又统一的关系来引出矛盾分析方法，掌握矛盾分析法所包含的广泛而深刻的内容。例如，具体问题具体分析的方法，在对立中把握同一与在同一中把握对立的方法等，都是矛盾分析法的具体体现。

二是借鉴中国传统哲学矛盾观中的一些分析方法。如"举一反三""洞悉症结""物生有两，相反相成""一分为二，合而为一""和而不同，执两用中""和实生物，同则不继"等。这些思想都体现出矛盾分析方法的重要意义。

这里，有同学可能会提出这样的问题：矛盾有好坏之分吗？有人一提到矛盾就认为是坏事，认为"有矛盾不好，没有矛盾才好"；或者简单地把矛盾分为"好矛盾"和"坏矛盾"，认为"有的矛盾是好矛盾，有的矛盾是坏矛盾"。实际上，矛盾没有"好"与"坏"之分，也不能认为有矛盾就是坏事，无矛盾才是好事。矛盾无所谓好坏，矛盾转化了、解决了就是好事，矛盾得不到解决才是坏事。[1] 因为矛盾是客观普遍存在的，无时不有，无处不在，与我们如影随形。因此我们要敢于直面人生中各种矛盾，乐观地接受它的洗礼和陶冶，做生活的强者。

同学们，当今世界矛盾丛生，各种问题层出不穷，大到地区争端、贸易摩擦、债务危机、生态危机等世界重大问题，小到就业、婚姻恋爱等个人问题，实质上都是各种不同的矛盾。解决问题就是解决矛盾，能否使矛盾顺利解决反映了人们的智慧。若我们在生活、学习和工作中不能正视矛盾，不善于运用矛盾分析方法很好地解决矛盾，那我们的生活将十分痛苦，也就很难创造出美好的人生。

2. 事物发展过程中的量变和质变及其相互转化

事物的联系和发展都采取量变和质变两种状态和形式。对立统一规律说明事物由于其自身内在矛盾在发展过程中必然转化为自己的对立面，而这种向对立面的转化又表现为两种基本的状态——量变和质变。事物的发展总是由量变到质变，又由质变到量变的过程。质变和量变的相互交替使事物不断地向前发展。

（1）质、量、度的含义

世界上的万千事物令我们目不暇接，那么我们如何去认识了一个事物，

---

① 王伟光：《照辩证法办事》，人民出版社、中国社会科学出版社2014年版，第85页。

并把它同其他的事物区别开来的呢？通过认识事物的质。质是一事物区别于其他事物的内在规定性。每个事物之所以是该事物而非他物是因为其所包含的特定质的规定性，世界上的事物之所以千差万别也是由于他们各自内部所固有的质规定性所决定的。例如，豌豆与西瓜、中学生与大学生、企业与高校、政治与经济等，他们之所以相互区别就在于有各自不同的质。诸葛亮在《便宜十六策》中说："鱼目似珠，愚者宝之；狐貉似犬，愚者蓄之。"愚蠢的人把鱼的眼睛当成珍珠而看作宝贝、把狐貉当成犬来进行喂养，就是没有看到鱼目与珍珠之间、狐貉与犬之间具有不同的质。一个事物一旦失去了其自身的规定性，也就不再是它自己了。日常生活中我们常用的"变质"一词在一定程度上也反映了这点。认识事物的质的规定性是我们认识事物的客观基础和实践的起点。

我们通过认识事物的质可以把不同质的事物区分开来，那么对同质的事物我们又如何区分和认识呢？通过认识事物的量。量是事物的规模、程度、速度等可以用数量关系表示的规定性。事物的量是多方面的，如，人有身高、体重、年龄、文化程度等量的规定性；一间教室具有长、宽、高等量的规定性；水有体积、质量、温度等量的规定性；一个国家有面积、人口、国内生产总值等量的规定性。对事物量的认识是对事物认识的深化和精确化，没有对事物的量的认识，就没有对事物的科学认识。

任何事物都同时具有质和量两个方面，都是质和量的统一体。体现质和量统一的是度。度是保持事物质的稳定性的数量界限，即事物的限度、幅度和范围。度表示某种质所依赖的量的活动范围，深刻体现了质与量之间相互依赖、相互制约的辩证关系。度的两端叫关节点或临界点，超出了度的范围，一物就转化为他物。度这一哲学范畴启示我们，在认识和处理问题时要掌握适度的原则。我们平常所说的掌握火候，注意分寸就是指要求人们把握好尺度。只有认识度，才能做到"胸中有数""胸有成竹"，胸中无数的结果就是犯错误。现实生活中的"过"与"不及"都是没有掌握好事物的度的表现，是我们要避免的。

（2）量变和质变的辩证关系

借助于质、量、度，我们可以对事物进行静态的分析。但是若要对事物进行动态考察，就要分析事物的量变和质变。事物的联系和发展都采取量变和质变两种形式和状态。量变是事物数量的增减和次序的变动，是保持事物的质的相对稳定性的不显著变化，体现了事物渐进过程的连续性。量变不是事物根本性质的变化，我们日常生活中常见的平衡、静止、统一、稳定等，都是事物在量变过程中呈现出来的状态。质变是事物性质的根本变化，是事物由一种质态向另一种质态的飞跃，体现了事物渐进过程和连续性的中断。我们日常生活中常见的平衡的破坏、稳定的打破、统一物的分解等，都是事物在质变过程中呈现出来的状态。区分量变和质变的根本标志是看事物的变化是否超出度的范围。

量变和质变的辩证关系是：第一，量变是质变的必要准备。任何质变都不会突如其来地发生，而是要经过量变的不断积累，达到一定程度才会发生。"千里之行，始于足下""冰冻三尺，非一日之寒""宝剑锋从磨砺出，梅花香自苦寒来"等阐明了没有量变的积累，质变就不会发生的道理。第二，质变是量变的必然结果。任何事物的单纯的量变都不会持续下去，量变达到一定程度，必然引起质变。俗语"压死骆驼的最后一棵稻草"，说明了达到一定程度的量的积累必然会引起质变的道理。第三，量变和质变是相互渗透的。量变和质变的相互渗透有两种情形，一方面在总的量变过程中有阶段性和局部性的部分质变。例如，蚕的一生，经历了从卵、幼虫、蛹到成虫的发展过程。每一次变化都是阶段性的部分质变。另一方面在质变过程中也有旧质在量上的收缩和新质在量上的扩张。比如樟脑从固态逐渐升华为气态的过程，就是一个旧质在量上收缩和新质在量上扩张，最后完成整体质变的过程。量变和质变是相互依存、相互贯通的，量变引起质变，在新质的基础上，事物又开始新的量变，如此交替循环，形成事物质量互变的规律性。质量互变规律体现了事物发展的渐进性和飞跃性的统一。

量变和质变的辩证关系，对我们有两个方面的启发意义。首先，任何人要成就一番事业，都要注重量的积累，脚踏实地创造质变的条件。急功近利，拔苗助长，只能事与愿违。"学习如春起之苗，不见其增，日有所长；辍学如磨刀之石，不见其损，年有所亏。"这副对联就启示我们学习需要平时的积累。其次，当量的积累达到一定程度时，就应抓住时机，促成质变，推动事物跃上新的台阶。如果犹豫不决，就会痛失发展的良机。毛泽东的诗句"宜将剩勇追穷寇，不可沽名学霸王"，就是告诫人们要抓机遇促质变。

3. 事物发展过程中的肯定和否定及其相互转化

"事物发展的道路是曲折的，前途是光明的"，这句话同学们不仅熟悉而且还会经常挂在嘴边。不过，大家知道它的根源是什么吗？它根源于事物本身所具有的否定之否定规律。该规律揭示了事物发展的趋势和道理，指出事物的发展是前进性和曲折性的统一。

（1）肯定因素与否定因素的含义

唯物辩证法认为，任何事物都不是绝对自身同一的，否则就没有了变化和发展，事物内部都存在着肯定因素和否定因素。肯定因素是维持现存事物存在的因素，否定因素是促使现存事物灭亡的因素。

（2）辩证否定观的基本内容

世界上的任何事物都不是永恒的，总是要被否定的，否定是事物发展的推动力量。对此，马克思有精辟的论述："辩证法在对现存事物的肯定的理解中同时包含对现存事物的否定的理解，即对现存事物的必然灭亡的理解；辩证法对每一种既成的形式都是从不断的运动中，因而也是从它的暂时性方面去理解；辩证法不崇拜任何东西，按其本质来说，它是批判的和革命的。"①

辩证否定观的基本内容是：第一，否定是事物的自我否定，是事物内部矛盾运动的结果。比如，社会主义否定资本主义，就是因为资本主义社会本身存在着生产的社会化和生产资料资本主义私有制之间的矛盾。第二，否定是事物发展的环节。只有否定，才有发展；只有通过否定，才有新事物的产生。第三，否定是新旧事物联系的环节。新事物是在旧事物的母腹中孕育和生长起来的，与旧事物有着天然的割不断的联系。第四，辩证否定的实质是"扬弃"，即新事物对旧事物既批判又继承，既克服其消极因素又保留其积极因素。

在理解辩证否定观时，要特别注意克服的意义。"辩证的否定就是要克服旧事物，保留是在克服的基础上实现的。否定中包含的肯定绝不是对旧事物、旧矛盾统一体整体的肯定、保留，而是对旧事物、旧矛盾统一体中合理因素的肯定、保留；即使是对合理因素的保留，也不是原封不动地把它挪到新事物中，而是通过改造把它们容纳到新事物中。"②

坚持辩证的否定观有重要意义，它要求我们在观察和思考事物时要采取科学的态度和方法，不能不加分析地肯定一切或者否定一切，而要具体分析肯定什么、否定什么、肯定多少以及否定多少。2014年9月24日，在纪念孔子诞辰2565周年国际学术研讨会暨国际儒学联合会第五届会员大会开幕会上，习近平总书记明确指出了对待外国文化和传统文化的正确态度："不同

① 《马克思恩格斯选集》第2卷，人民出版社1995年版，第112页。
② 杨耕：《杨耕自选集》，学习出版社2012年版，第289页。

国家、民族的思想文化各有千秋，只有姹紫嫣红之别，而无高低优劣之分。每个国家、每个民族不分强弱、不分大小，其思想文化都应该得到承认和尊重。……传统文化在其形成和发展过程中，不可避免会受到当时人们的认识水平、时代条件、社会制度的局限性的制约和影响，因而也不可避免会存在陈旧过时或已成为糟粕性的东西。这就要求人们在学习、研究、应用传统文化时坚持古为今用、推陈出新，结合新的实践和时代要求进行正确取舍，而不能一股脑儿都拿到今天来照套照用。要坚持古为今用、以古鉴今，坚持有鉴别的对待、有扬弃的继承，而不能搞厚古薄今、以古非今，努力实现传统文化的创造性转化、创新性发展"。这告诉我们在对待我国历史文化遗产和外国文化的问题上，坚持的正确态度是：对我国历史文化遗产应该批判地继承，取其精华，去其糟粕，使其"古为中用""推陈出新"，反对复古主义和历史虚无主义；对外国文化应该有选择的吸收，吸取其先进、科学、有益的成分，拒绝落后、谬误、有害的成分，反对崇洋媚外和盲目排外。

（3）否定之否定规律揭示了事物发展的前进性与曲折性的统一

事物的辩证发展过程经过第一次否定，使矛盾得到初步解决，而处于否定阶段的事物仍然具有片面性，还要经过再次否定，即否定之否定，实现对立面的统一，使矛盾得到根本解决。事物的辩证发展就是经过两次否定、三个阶段，形成一个周期。事物的发展呈现出波浪式前进或螺旋式上升的总趋势。

否定之否定规律揭示了事物发展的前进性与曲折性的统一。所谓前进性是指事物发展的总趋势是前进的、向上的，所谓曲折性是指事物发展的道路不是直线上升的运动，其中有暂时的停顿和倒退。该规律对于人们正确认识事物发展的曲折性和前进性，具有重要的指导意义：我们就不能奢望什么事情都是一帆风顺的，要善于洞察事物发展中的各种可能性，充分估计其困难和曲折，经得起困难和挫折的考验，坚定信心，知难而上，开辟前进的道路。社会的进步是这样，人生的道路也是如此，人生只有经历了曲折的打磨，才能闪耀出夺目的光芒，"不经一番寒彻骨，那得梅花扑鼻香。"

三、正确认识和掌握规律具有重要意义

规律的根本特性客观性表明，人们不能藐视规律，更不能创造和消灭规律，不顾规律和违背规律，只能把事情办糟。那么，我们在规律面前还能做

什么呢？除了服从规律外，我们还有别的选择吗？诚然，人们在实践活动中要达到预想的目的，就一定要使自己的思想符合客观事物的发展规律，如果不符合，就会在实践中失败。虽然规律并不"直接呈现"在人们面前，但这绝不是说人们在客观规律面前是完全消极被动无所作为的。人们在实践中，通过大量的外部现象，可以认识或发现客观规律，并利用这种认识指导实践，达到认识世界和改造世界的目的。

（一）在认识和掌握客观规律的基础上，才能达到认识世界的目的

人们对客观规律的认识越全面、越深刻，就越能取得认识世界的积极成果。比如，人们可以根据事物的规律，推断事物在过去某个阶段的状态，或者事物呈现出的某种状态发生在过去的某个时间。这里有一个经典的案例供同学们欣赏和思考。12世纪末叶，俄罗斯伊戈尔王公和波洛威茨人在顿河一带发生的一场激战。战役爆发时正碰上日食，伊戈尔的大军被黑影笼罩，在古代尤其是战场上，这是不祥的象征，后来伊戈尔果然大败。这次战役发生在哪一年呢？根据史书的不同记载，有的历史学家认为是1183年，有的历史学家则认为是1185年。直到天文学家从一首诗中找到答案：伊戈尔站在顿涅茨河畔，他看到自己的部队仿佛被黑暗笼罩。他抬头望那明亮的太阳，只见太阳变成了一弯月牙，月牙的两角中好像装着炽热的炭。漆黑的天空中星星开始闪烁，人们感到头晕目眩。同学们都知道，这首诗描绘的天文现象是日食。根据地球与月亮的运转规律，天文学家能把过去看到日食的时间和地点计算出来，还能把未来看到日食的时间和地点推算出来。天文学家算出，1185年5月1日下午3时25分，顿涅茨河一带发生过日食，这次战役肯定发生在1185年而不是1183年。这个例子就生动地说明了认识和掌握规律对认识世界的重要意义。

这里，需要提醒同学们的是，事物往往是同时服从多个规律而不是一个规律，因此要想获得对事物比较全面的认识，就需要认识和掌握事物服从的多个规律。比如，要想真正认清社会的本质，就需要把握政治规律、经济规律、文化规律、军事规律、教育规律等诸多方面的规律。再如，要想理解整个社会历史，就要把握生产力与生产关系矛盾运动的规律这把钥匙。

（二）在认识和掌握客观规律的基础上，才能达到改造世界的目的

首先，按规律起作用的条件，人们可以创造一定条件使规律发生作用或不发生作用，以便事物朝着有利于人类的方向发展。例如，人在认识到鲜花、

蔬菜的生长发育规律后，在任何一个季节都可以创造出本应该在其他季节生长的鲜花、蔬菜的生长条件，因此我们现在随时可以在任何一个季节购买到四季的鲜花、吃到四季的蔬菜。

其次，按规律办事，才能使我们在改造世界的社会实践中提高行动的自觉性和目的性，避免盲目性，取得预期的效果。人的活动是有意识的活动，然而有意识的活动不一定就是改造世界的自觉活动，只有按照规律去改造世界的活动才是真正的自觉活动。例如，自加入世贸组织以来，中国每年都要遭受多起国外贸易救济调查案件。一定程度上讲，贸易摩擦多发高发是中国成为第一货物贸易大国和第二大经济体后的一种伴生现象。那么，中国该如何在对外贸易中提高自觉性和目的性呢？对立统一规律可以给我们以启发：加入世贸组织后，一方面，中国在世界经济发展中的地位举足轻重，对外出口大幅增长，与世界经济建立起紧密联系，这体现了矛盾同一性对事物发展的作用；另一方面，伴随着对外贸易规模的扩大，中国面临的贸易摩擦也逐渐增多，中国要秉持互利共赢的原则，针对不同情况采取多种方式，务实、有效地做好贸易摩擦应对工作，运用世贸组织的规则保护自身利益，这体现了矛盾斗争性对事物发展的作用。因此，随着中国成为第一货物贸易大国和第二大经济体，中国产品遭遇国外贸易救济调查案件的数量将会继续保持高位，也就是说中国在对外贸易中遇到的矛盾会很多。[①] 对此，为了提高在对外贸易中的自觉性和目的性，中国的正确态度是：要正视矛盾，不要害怕和抗拒矛盾，如是才能在矛盾中把握自身突破和发展的机遇。反之，若采取封闭、逃避的态度，绕着矛盾走，就会丧失发展的机遇。可见，如果善于运用对立统一规律，就会使我国在对外贸易中少走弯路，事半功倍。

（三）在认识和掌握客观规律的基础上，才能达到预见和把握事物发展方向的目的

规律决定着事物发展的方向和前途，因此人们可以根据事物的规律，合理预见和把握事物未来的发展方向。在马克思主义经典作家中，运用规律预见和把握未来的案例随处可见。例如，马克思恩格斯根据对以往社会历史发展的分析和总结，提出了社会发展形态由低级到高级的更替规律，并在此基础上预见了社会主义和共产主义的产生，尽管他们有生之年并未能目睹这一预见成为现实，但是社会主义在世界已经成为现实，从而也就证明了这一预

---

① 改编自李仁平：《中国贸易遭三重"挤对"》，《中华工商时报》，2015 年 1 月 30 日。

见的科学性。[①] 再如，关于无产阶级革命的发生，马克思恩格斯曾经从自由竞争的资本主义时代条件出发，分析了当时英国、法国、德国等主要资本主义国家的政治、经济和阶级力量对比的情况，预见无产阶级革命至少将在几个主要的资本主义国家内同时发生。但是到 19 世纪末 20 世纪初，自由资本主义发展到帝国主义阶段，资本主义世界的政治经济情况发生了新的变化，资本主义各国经济政治发展不平衡的状况进一步加剧和尖锐化。列宁认真总结了当时变化了的新情况，依据资本主义进入到帝国主义阶段经济政治发展不平衡规律，预见帝国主义时代的无产阶级社会主义革命，将是由一国或数国首先胜利，然后波浪式地发展为全世界的胜利。列宁根据这个预见，在革命形势成熟的条件下，领导了俄国十月革命，建立了世界上第一个社会主义国家。可见，认识规律对预见和把握事物发展方向具有重要意义。当然，由于事物发展是一个过程，其中充满了不确定性，因此对指向未来的预见往往具有一定的难度，这就更促使人们不断地探寻事物的发展规律。人们对客观规律尤其是历史发展的规律认识越深刻、越正确，才越能把握时代的脉搏和契机，也才能真正成为历史的主人。

§3 教学小结

本专题从"唯物辩证法的总特征""物质世界的发展是有规律的""认识规律对现实生活的重要的指导意义"这三大方面讲述了唯物辩证法的主要内容。在本专题的学习中，要充分理解事物普遍联系和永恒发展的原理及其方法论意义，理解规律的含义及其特点，掌握对立统一规律、质量互变规律和否定之否定规律的主要内容，弄清认识规律对现实生活的重要的指导意义。唯物辩证法作为自然、社会、思维发展一般规律的科学，是人们认识世界和改造世界的根本方法，在实现中国梦的新时代，我们更应该学好用好辩证法。

§4 作业及思考题

1. 如何理解联系的客观性和普遍性？
2. 联系中国特色社会主义的成功实践，说明矛盾普遍性与矛盾特殊性辩

---

① 乐平：《历史维度中的马克思主义哲学》，中国商务出版社 2005 年版，第 127 页。

证关系原理的重要意义。

3. 结合自己专业学习的实际，谈谈在追求中国梦的过程中，大学生应该如何认识和把握规律。

4. 结合唯物辩证法的基本观点谈谈你对"四个全面"的认识和理解。

§5 阅读参考文献

1. 本书编写组：《马克思主义基本原理概论》（2013 年修订版），高等教育出版社 2013 年版。

2. 恩格斯：《反杜林论》（欧根·杜林先生在科学中实行的变革）第一编哲学，《马克思恩格斯选集》第 3 卷，人民出版社 1995 年版。

3. 恩格斯：《自然辩证法》（节选），《马克思恩格斯选集》第 4 卷，人民出版社 1995 年版。

4. 列宁：《谈谈辩证法问题》，《列宁选集》第 2 卷，人民出版社 1995 年版。

5. 列宁：《辩证法的要素》，《列宁选集》第 2 卷，人民出版社 1995 年版。

6. 毛泽东：《矛盾论》，《毛泽东选集》第 1 卷，人民出版社 1991 年版。

7. 《习近平谈治国理政》，外文出版社 2014 年版。

8. 习近平：《之江新语》，浙江人民出版社 2007 年版。

9. 王如平：《辩证法与人生智慧》，吉林大学出版社 2007 年版。

10. 逢锦聚：《〈马克思主义基本原理概论〉学生辅学读本》（第四版），高等教育出版社 2014 年版。

11. 王伟光：《照辩证法办事》，人民出版社、中国社会科学出版社 2014 年版。

12. 杨耕：《杨耕自选集》，学习出版社 2012 年版。

（本专题撰稿人 陈雪英）

专题四 人类是怎样认识世界的

§1 教学简况

课时安排

2 学时。

教学目的和要求

一、学生能够理解实践的本质、基本结构和基本类型。

二、学生能够理解并运用实践在认识中的决定作用原理分析问题。

三、学生能够理解认识的本质及感性认识和理性认识的辩证关系。

四、学生能够运用认识总规律原理分析问题。

五、学生能够形成崇尚实践、知行合一的情感和价值。

教学内容

一、实践的本质、基本结构和基本类型。

二、实践是认识的基础。

三、认识的本质。

四、感性认识和理性认识的辩证关系。

五、认识的过程。

六、实践与认识的辩证运动及其规律。

讲授重点和难点

重点：实践是认识的基础、实践与认识的辩证运动及其规律。

难点：认识的本质。

§2 教学过程

【问题导入】

习近平总书记是第一位出生和成长在新中国的中国共产党总书记。他有过曲折的少年时代，有过奋斗的青年时代。从农村大队党支部书记到党的总书记，从普通公民到国家主席，从普通军官到军委主席，他在党和国家各个领导层级都干过。从西北到华北，再到东南沿海地区，中国的西部、中部、东部地区都待过，农民、大学生、军人、干部他都当过。这样丰富多彩的经历，这些重要岗位的历练，这些长时间的经验积累，对他担当重任、继往开来是不可或缺、至关重要的。

回顾七年的知青生活，习近平说："七年上山下乡的艰苦生活对我的锻炼很大。最大的收获有两点：一是让我懂得了什么叫实际，什么叫实事求是，什么叫群众，这是让我获益终生的东西。二是培养了我的自信心。①

……

上山下乡的经历对我的影响是相当深的，使我形成了脚踏实地，自强不息的品格。脚踏在大地上，置身于人民群众中，会使人感到非常踏实，很有力量；基层的艰苦生活，能够磨炼一个人的意志。而后无论遇到什么困难，只要想起在那艰难困苦的条件下还能干事，就有一股遇到任何事情都勇于挑战的勇气，什么事情都不信邪，都能处变不惊，克难而进。"

请思考：

1. 习近平对"实际""实事求是""群众"的认识是怎样得到的？

2. 人类是怎样认识世界的？认识的本质和发展规律是什么？

这些问题涉及的就是哲学中认识论的内容。所谓认识论，就是研究人类认识的本质、来源及其发展规律的哲学理论，它是哲学体系中的一个重要组成部分。马克思主义不但揭示了客观世界发展的一般规律，而且在批判继承前人认识论成果的基础上，把实践观点引入认识论，把辩证法运用于反映论，创立了能动的革命的反映论，第一次科学地解决了认识的产生和发展规律问题，实现了人类认识史上的伟大变革，为我们认识世界、改造世界提供了科学的理论指导。本专题主要研究三个问题：1. 实践是认识的基础；2. 认识的

---

① 中央党校采访实录编辑室：《习近平的七年知青岁月》，中共中央党校出版社 2017 年版，出版说明；《习近平自述：七年上山下乡对我锻炼很大》，《人民日报》，2014 年 11 月 29 日。

本质；3.实践与认识的辩证运动及其规律。

一、实践是认识的基础

人的认识是如何产生的？实践观点是马克思主义认识论的首要的和基本的观点。毛泽东："人的正确思想是从哪里来的？是从天上掉下来的吗？不是。是自己头脑中固有的吗？不是。人的正确思想，只能从社会实践中来。"① 为了正确理解认识的基础和来源，必须首先考察人类的实践活动。

（一）科学的实践观

马克思、恩格斯以前的中外哲学家都使用过实践的概念，并作过很多论述。在中国古代哲学中，实践被称为"践行""实行"或"行"，与"知"相对应，但主要是指道德伦理行为。如，"博学之，审问之，慎思之，明辨之，笃行之。"（《礼记·中庸》）意思是说：要广博地学习，要对学问详细地询问，要慎重地思考，要明白地辨别，要切实地力行。在西方哲学史上，一些思想家认为实践是理性自主的道德活动（康德），或者认为实践是主观改造客观的创造性的精神活动（黑格尔）。费尔巴哈把实践与物质性的活动联系起来，但他所理解的实践仅仅限于日常生活活动，并将实践等同于生物适应环境的活动。总之，他们都没有科学地理解人类实践的本质，没有看到实践在人类认识和整个社会生活中的决定意义。

马克思科学阐明了人类实践的本质及其在认识世界和改造世界中作用，创立了科学的实践观。他在《关于费尔巴哈的提纲》这个集中阐述科学实践观的重要文献中，阐明了实践是感性的、对象性的物质活动，提出全部社会生活在本质上是实践的。毛泽东在《实践论》中也阐释了实践的内涵、本质及其在认识中的决定作用。

经典论述：

"从前的一切唯物主义（包括费尔巴哈的唯物主义）的主要缺点是：对对象、现实、感性，只是从客体的或者直观的形式去理解，而不是把它们当作感性的人的活动，当作实践来理解，不是从主体方面去理解。因此，和唯物主义相反，能动的方面却被唯心主义抽象地发展了，当然唯心主义是不知道

---

① 《毛泽东文集》第8卷，人民出版社1999年版，第320页。

现实的感性的活动本身的。"①

"马克思以前的唯物论，离开人的社会性，离开人的历史发展，去观察认识问题，因此不能了解认识对社会实践的依赖关系，即认识对生产和阶级斗争的依赖关系。"②

实践是人类能动地改造世界的社会性的物质活动，具有直接现实性、自觉能动性和社会历史性三个基本特征。

人类的实践活动是以改造客观世界为目的的客观过程，从实践活动的机制看，实践是主体与客体之间借助一定的中介发生相互作用的过程。实践的主体、客体和中介是实践活动的三项基本要素，三者的有机统一构成实践的基本结构。

实践主体是指具有一定的主体能力、从事社会实践和认识活动的人，是实践活动中自主性和能动性的因素，担负着设定实践目的、操作实践中介、改造实践客体的任务。实践主体有个体主体、群体主体和人类主体三种基本形态。

实践客体是实践活动所指向的对象。实践客体与客观存在的事物不完全等同，客观事物只有在被纳入主体的实践范围之内，为主体实践活动所指向并与主体相互作用时才成为现实的实践客体。亘古以来，地球上的人类都会看到月球，并产生了嫦娥奔月等关于月球的神话传说，但是对月球却认识不多。直到1969年7月20日美国宇航员阿姆斯特朗第一次踏上月球，并取回了月岩样本，月球才进入到人的实践范围。

实践中介是指各种形式的工具、手段以及运用、操作这些工具的程序和方法。实践的中介系统可分为两个子系统：一是作为人的肢体延长、体能放大的物质性工具系统，如各种机器系统和动力能源系统。火车、电脑、雷达分别是对人的腿、脑、眼功能的延长和放大。二是语言符号工具系统。语言符号是主体思维活动进行的现实形式，也是人们社会交往得以进行的中介。正是依靠这种中介系统，实践主体和客体才能够相互联系和相互作用。

实践的主体和客体相互作用的关系，包括实践关系、认识关系和价值关系，其中实践关系是最根本的关系。辩证唯物主义认识论认为，主体和客体的关系不仅仅是认识和被认识的关系，而且首先是改造和被改造的关系；主

---

① 《马克思恩格斯文集》第1卷，人民出版社2009年版，第499页。
② 《毛泽东选集》第1卷，人民出版社1991年版，第282页。

体反映客体的过程，首先是主体改造、变革客体的过程。所谓认识过程，就是人们在改造对象的实践中反映对象的过程。主体的这种认识、改造客体的过程，从根本上说，是为了满足自己的需要，获得一定的价值。从这个意义上说，主体和客体之间是一种创造者与被创造者的关系。其中，主体在主客体相互作用中处于主导和中心地位。主体在实践活动中，不断地打破客体的限制，超越现实客体，发展自己的能力和需求，同时也使客体得到进一步发展和完善。

（二）实践在认识中的决定作用

辩证唯物主义认为，在实践和认识之间，实践是认识的基础，实践在认识活动中起着决定性的作用。"实践的观点是辩证唯物论的认识论的第一的和基本的观点。"[1]

案例1：屠呦呦致信新华社记者："中国传统医药献给人类的礼物"是怎么发现的？[2]

20世纪60年代，在氯喹抗疟失效、人类饱受疟疾之害的情况下，我接受了"523"办公室的抗疟研究任务。我首先收集整理中医药典籍、走访名老中医，汇集了640余种治疗疟疾的中药单秘验方。这些方药指引了我们团队后来的中草药的提取分离研究。在青蒿提取物实验药效不稳定的困境中，东晋葛洪《肘后备急方》有关青蒿截疟的记载启迪了我们的研究思路，我们改进了提取工艺，富集了青蒿的抗疟成分，并最终于1972年发现了青蒿素。

历史的机缘让我有幸参与了抗疟药物的研发，青蒿素的发现是人类征服疟疾进程中的一小步，也是中国传统医药献给人类的一份礼物。研究过程中的艰辛无须多说，更值得一提的是，当年全国"523"团队对于国家使命的责任与担当，正是这一精神力量，才有了奋斗与奉献，才有了团结与协作，才有了创新与发展，才使得青蒿素联合疗法挽救了众多疟疾患者的生命。

中医药学是一个丰富的宝库，从神农尝百草开始，中医药传承几千年，先辈们为我们揭示了植物、动物甚至矿产等自然资源与人类健康的关系和秘密；中医药凝聚了中国人几千年来防病治病和养生保健的智慧。青蒿素的发现只是发掘中医药宝库的一种模式，继承与发扬中医药有多种模式和途径，

---

① 《毛泽东选集》第1卷，人民出版社1991年版，第284页。
② 屠呦呦：《致新华社的一封信》，http://www.xinhuanet.com//2017-06/27/c_1121219498.htm。

需要中医药工作者努力探索，创新前进。作为中医药科学工作者，我感谢各位对中医药进展的关注和报道，这顺应了中医药的现代发展趋势！

感谢社会各界对中国科研工作的关注、鼓励和支持。也许很多朋友并不了解，疟疾对于世界公共卫生依然是个严重挑战，时至 2016 年，全球约半数人口，包括 91 个国家和地区的人口仍在遭遇疟疾的威胁。2016 年全球疟疾患者约 2.12 亿，非洲地区 5 岁以下儿童患者的死亡率依然居高不下。世界卫生组织已经提出消除疟疾的宏伟战略目标。为此，我们青蒿素研究中心将竭尽全力，继续为人类的健康事业，为中医药的壮大和发展而努力。

请思考：

1. "中国传统医药献给人类的礼物"是如何被发现的？

2. 在青蒿素的发现过程中，实践起到什么样的作用？

实践是认识的基础，它对认识的决定作用主要表现在以下四个方面：

第一，实践是认识的来源。"问渠那得清如许，为有源头活水来。"实践是认识的源头活水。如果没有实践中产生的对治疗疟疾的需要，就不会启动研制抗疟新药的研制，没有在收集整理中国传统医学 640 多个抗疟验方和千百次的实验，就难以完成对青蒿素的提取。认识的内容是在实践活动的基础上的产生和发展的。人们只有通过实践实际地改造和变革对象，才能准确地把握对象的属性、本质和规律，形成正确的认识。正如习近平所说："时代是思想之母，实践是理论之源。"[①] 习近平新时代中国特色社会主义思想正是在十八大以来中国特色社会主义实践中产生的，并给实践以指导。离开了实践的认识是不可能产生的。一切真知都是从直接经验发源的，任何知识都不能离开直接经验。但是，这并不意味着事事都必须去直接经验，"吾生也有涯，而知也无涯"，人的多数知识还是来自间接经验，是从书本和传授中的得来的。"纸上得来终觉浅，绝知此事要躬行。"从根本上说，实践是认识的源头活水。要想成就一番事业，不仅要努力学习汲取人类智慧成果，还要潜心实践，"读万卷书，行万里路"。人的一切认识都是从直接经验发源的，而直接经验则是人们亲身实践的产物。当然这不是说每一个人的认识都必须全靠直接经验。那种贬低书本知识、轻视教育工作、拒绝向前人和他人学习的做法，是非常错误的。但是必须明确，对人的认识来说，间接经验只是"流"而不

---

① 习近平：《决胜全面建成小康社会 夺取新时代中国特色社会主义伟大胜利——在中国共产党第十九次全国代表大会上的报告》，人民出版社 2017 年版，第 26 页。

是"源"。从根本上说,实践是认识的唯一来源。

第二,实践是认识发展的动力。实践的需要推动认识的产生和发展,推动人类的科学发现和技术发明,推动人类的思想进步和理论创新。恩格斯说:"社会一旦有技术上的需要,这种需要就会比十所大学更能把科学推向前进。"① 古代水利工程、建筑、航海、战争等的需要,催生了古代的天文学、数学、和力学等自然科学,人类对抗疟疾的需要,催生了抗疟药物的研制和青蒿素的发现,对增产粮食的需求,激励袁隆平杂交水稻的研发。实践的需要推动认识在深度和广度上不断发展之根本。此外,实践是认识发展的动力,还表现为实践为认识的发展提供了手段和条件,如经验资料、实验仪器和工具。更为重要的一点是,实践改造了人的主观世界,锻炼提高了人的认识能力。

第三,实践是认识的目的。人们通过实践获得认识,不是"猎奇"或"雅兴",不是为认识而认识,其最终目的是为实践服务,指导实践,以满足人们生活和生产的需要。目的通常是指行为主体根据自身的需要,借助意识、观念的中介,预先设想的行为目标和结果。自然科学的不断创新,目的是投送技术的更大发展,创造更丰富的物质财富,给人类带来更多的福祉。在自然科学研究中,有些基础性科学的研究往往不能带来直接的应用效益,应该看到,这些科学探究是人类认识世界的重要组成部分。著名华裔科学家丁肇中在一次演讲中说:科学很大一个作用是满足人的好奇心,这是人和动物的最大区别。110 多年前,物理学第一个和第二个获得诺贝尔奖的,是发现了电子和 X 光的科学家,那时候很多人问它有什么用,20 世纪 30 年代后电子和 X 光被广泛应用于医学;20 世纪 40 年代最尖端科学是空间物理,现在也被广泛用在导航等方面,往往现在我们所用的东西都是以前被认为是"花钱最多最没有经济效益的"。从发现到应用一般需要很长一段时间,而现在 AMS 项目是在发现的过程,很难推测将来会有哪些应用。② 人文社会科学的不断创新,目的是认识社会,认识人类自身,改造社会,建设精神文明,创造精神财富,促进人的自由而全面的发展。

第四,实践是检验认识的真理性的唯一标准。这是实践在认识中基础地位的又一重要表现。真理不是自封的。"判断认识或理论之是否真理,不是依

---

① 《马克思恩格斯文集》第 10 卷,人民出版社 2009 年版,第 668 页。

② 丁肇中:《距离发现暗物质只剩最后一项证据》,http://news.youth.cn/gn/201410/t20141014_5833181.htm。

主观上觉得如何而定，而是依客观上社会实践的结果如何而定。真理的标准只能是社会的实践。"① 也就是说，认识是否具有真理性，既不能从认识本身得到证实，也不能从认识对象懂得到回答，只能在实践中才能得到验证。

二、认识的本质

认识是主体在实践基础上对客体的能动反映，这是辩证唯物主义认识论对认识本质的科学回答。深刻把握认识的本质，必须弄清各种哲学派别在这个问题上的不同观点。

（一）唯物主义和唯心主义对认识本质的不同回答

在认识的本质问题上，存在着两条根本对立的认识路线：一条是坚持从物到感觉和思想的唯物主义路线，另一条是坚持从思想和感觉到物的唯心主义路线。

唯物主义认识路线坚持反映论的立场，认为认识是主体对客体的反映，人的一切知识都是从后天接触实际中得来的。中国古代先贤孔子虽然说："生而知之者上也；学而知之者次也"（《论语·季氏》），但认为自己属于通过学习才能获得知识的人。荀子认为，没有什么"生而知之"，而是"求之而后得"，认为人的知识和才能都是后天学习积累而成的，而"非天性也"（《荀子·儒效》）。

唯心主义认识路线否认认识是人脑对客观世界的反映，认为认识是先于物质、先于人的实践经验。其中，主观唯心主义认为人的认识是主观自生的，是生而知之的，是心灵的自由创造物。客观唯心主义认为人的认识是上帝的启示或某种客观精神的产物。古希腊哲学家柏拉图认为存在一个独立于现实世界的"理念世界"人的知识就源于对其中"理念"的认识和回忆。虽然各派唯心主义的说法和表现形式有所不同，但本质上并没有差别，都否认认识是人脑对客观世界的反映，反对唯物主义的反映论，坚持唯心主义的先验论。

案例2

观点1：认识就是回忆②

在《美诺篇》中，柏拉图假借苏格拉底之口，阐述了自己的观点："既

---

① 《毛泽东选集》第1卷，人民出版社1991年版，第284页。
② 北京大学哲学系外国哲学史教研室编译：《西方哲学原著选读》，商务印书馆1981年版，第81页。

然我们已经发现，用视觉、听觉或者其他官能感觉到一件东西的时候，可以由这个感觉在心中唤起另一个已经忘了的、与这件东西有联系的东西，不管它们相似不相似，所以我们说，要么是我们全都生下来就知道这些东西，并且终身知道，要么是那些所谓学习的人后来只不过在回忆，而学习只不过在回忆。"

观点 2：笛卡尔的天赋观念说[①]

笛卡尔认为，科学之为科学必须是由清楚明白、无可置疑的基本原理推演而来的科学体系。显然，这些清楚明白、无可置疑的基本原理不可能来源于感觉经验，只能是与生俱来天赋观念。因为感觉经验是不可靠的，不足以充当科学知识的基础。

观点 3：洛克的白板说

英国唯物主义哲学家约翰·洛克提出了"白板说"，他认为：人的心灵原就好像一块白板，上面没有任何记号、任何观念，外界事物把它们的标记、形象和名称刻在人脑这块白板上，就形成了我们的各种感觉和经验。"白板说"把人的认识看成是完全被动的过程。

（二）辩证唯物主义和旧唯物主义对认识本质的不同回答

辩证唯物主义和旧唯物主义虽然都坚持反映论，认为认识是主体对客体的反映，但是二者之间又有着性质上的区别。

旧唯物主义的认识论即形而上学唯物主义认识论，把人的认识看成是消极地、被动地反映和接受外界对象，类似于照镜子那样的活动。所以，又称为直观、消极被动的反映论。它有两个严重的缺陷：一是离开实践考察认识问题，因而不了解实践对认识的决定作用；二是不了解认识的辩证本性，离开辩证法来考察认识问题，不把认识看作是一个不断发展的过程，而认为认识是一次性完成的。这种直观的消极被动的反映论是不科学的。

辩证唯物主义的认识论在继承了旧唯物主义的反映论的合理前提的同时，又克服了它的严重缺陷。首先，辩证唯物主义的认识论把实践的观点引入了认识论，科学地规定了认识的主体和客体及其相互关系，认为主体与客体的关系首先是一种改造与被改造的关系，在此基础上才产生了它们之间的反映与被反映的关系。就是说，主体是为了实现一定认识目的而自觉地、主动地在改造世界的过程中反映世界的，人对世界的反映能力也是随着实践的发展

---

① 张志伟主编：《西方哲学史》，中国人民大学出版社 2002 年版，第 363 页。

而历史的变化发展着的。这个过程实际上是一个客体主体化和主体客体化的双向互动过程，是一个认识主体能动地创造的过程。其次，辩证唯物主义把辩证法应用于反映论，应用于考察认识的发展过程，科学地揭示了认识过程中多方面的辩证关系。例如，主观和客观、认识和实践、感性和理性、真理的绝对性和相对性、真理和价值等方面的关系，把认识看成一个由不知到知、由浅入深的充满矛盾的能动的认识过程，因而，它全面地揭示了认识过程的辩证性质。

这种以实践观点和辩证观点为特征的反映论，既坚持了认识论的唯物论，又体现了认识论的辩证法，对认识的本质做出了科学的规定。

辩证唯物主义认识论认为，认识是主体在实践基础上对客体的能动反映。这种能动的反映具有两个方面的特点：一方面，反映具有摹写性，即人的认识作为对客观事物的反映，必然要以客观事物为原型，它总是力图在思维中再现客观事物的状态、属性、关系、本质和规律。反映的摹写性决定了反映的客观性。另一方面，反映具有创造性。反映的摹写性绝不是对对象的直观描摹或照镜子式的原物映现。如果把人对于对象的反映过程看作是一种信息活动过程，那么，在这个过程中，不仅有对于认识对象信息的接受，而且还有对于认识对象信息的分析、选择、运演、重组、整合、建构和虚拟。

正因为如此，人不仅能够反映事物的现象，而且还能进一步揭示事物的内在本质和规律；不仅能够反映事物的现在，而且还能进一步揭示事物的过去和未来；不仅能够反映现实中的事物，而且还能塑造出现实中并不存在的事物。正如列宁所说，人的意识不仅能够反映世界，而且能够创造世界。这说明，反映具有创造性的特点。创造性从根本上把人的反映与动物的感觉和心理活动区别开来，它是反映的能动性的基本标志。

三、实践与认识的辩证运动及其规律

案例 3：星辉月映探苍穹：第谷和开普勒的故事[①]

在德国天文学家开普勒行星运动三大规律发现之前，他的老师第谷曾花费了 30 年功夫，用了许多种天文测量器，精密地观测行星位置，积累了大

---

① 管成学、赵骥民：《星辉月映探苍穹：第谷和开普勒的故事》，吉林科学技术出版社2012 年版。

量的材料。但遗憾的是，第谷不善于进行理论分析，未能从自己已经获得的大量材料中发现和概括出行星运动的规律，只认为行星绕太阳转，太阳绕地球转。

1600年，第谷请年轻的开普勒做自己的助手。开普勒与第谷不同，他对科学观察不太感兴趣，但善于做理论分析和概括。他充分利用第谷已有的资料，进行了细致的研究。他先对火星的资料进行计算，然后推而广之，于1609年得出了行星运动轨道定律（第一定律）和面积定律（第二定律）。开普勒继续寻找出行星运动周期和轨道大小之间的数量关系。他以日地平均距离（天文单位）为距离单位，以地球绕太阳运动周期（一年）为时间单位，将六大行星的一些数据列成了一张比较表。通过这张表进行加、减、乘、除、开方、平方等各种计算和分析，终于发现了行星运动的周期定律（第三定律）。行星运动的三大定律的发现，是第谷的精确观察和开普勒深入分析的有机结合所产生的成果。如果没有开普勒，第谷的辛勤积累的观测材料也许会成为一堆废纸；反之，如果没有第谷积累的大量观测资料，开普勒的成就也是根本不可能取得的。

此案例生动地说明了感性认识与理性认识的辩证关系。第谷擅长观察却拙于分析概括；开普勒具有很强的分析概括能力，却对实际的天文观察不感兴趣。如果第谷没有开普勒这个助手，他大量的观测资料就是一些感性认识，具体而丰富，却无法把握事物的本质；如果开普勒没有遇到第谷辛勤积累的资料，他的分析概括能力也无用武之地。以此生动地说明了感性认识有待于上升为理性认识，而理性认识是对感性认识的概括和抽象。

认识运动是一个辩证发展过程：从实践到认识；从认识到实践；实践、认识、再实践、再认识，认识运动不断反复和无限发展。

（一）从实践到认识

认识运动的辩证过程，首先是从实践到认识的过程。这个过程主要表现为在实践基础上由感性认识能动地飞跃到理性认识，这是认识运动的第一次飞跃。感性认识和理性认识是人对客观世界的两种不同水平的反映形式，也是认识过程的两个不同阶段。

感性认识是人们在实践基础上，由感觉器官直接感受到的关于事物的现象、事物的外部联系、事物的各个方面的认识。它包括感觉、知觉和表象三种形式。从感觉、知觉到表象，是由个别的特性到完整的形象，由当时感知到印象的直接保留和事后回忆的认识过程，这里已经包含着认识由部分到全体，由直接到间接的趋势。但总体说来，感性认识仍然是"生动的直观"，是认识的初级阶段，直接性是其突出特点。感性认识是用具体的、生动的形象直接反映外部世界，以事物的现象即外部联系为内容，还没有深入到对事物本质的认识。所以，感性认识具有不深刻的局限性，必须进一步上升到理性认识。

理性认识是指人们借助抽象思维，在概括整理大量感性材料的基础上，达到关于事物的本质、全体、内部联系和事物自身规律性的认识。理性认识包括概念、判断、推理三种形式。概念是对同类事物共同的一般特性和本质属性的概括和反映，是思维的细胞，也是最基本的思维形式，如家庭、社会、国家、民族等就是一些基本的概念。判断是展开了的概念，是对事物之间的联系和关系的反映，是对事物是什么或不是什么、是否具有某种属性的判明和断定。推理在形式上表现为判断与判断之间的联系，它是从事物的联系或关系中由已知合乎逻辑地推出未知的反映形式。从概念到判断再到推理，是理性认识由低级到高级的发展。人们在社会实践中形成概念、做出判断、进行推理，表现为一系列的抽象概括、分析和综合，所以这个阶段就是"抽象的思维"阶段。理性认识是认识的高级阶段，具有抽象性、间接性的特点。它以反映事物的本质为内容，因而是深刻的。

感性认识和理性认识有着密不可分的辩证联系。首先，理性认识依赖于感性认识，理性认识必须以感性认识为基础。坚持理性认识对感性认识的依赖关系，就是坚持了认识论的唯物论。其次，感性认识有待于发展和深化为理性认识。只有使感性认识上升到理性认识，才能把握住事物的本质，满足实践的需要。坚持了这一点，就是坚持了认识论的辩证法。再次，感性认识和理性认识相互渗透，相互包含，二者的区分是相对的，人们不应当也不可能把它们截然分开。

辩证唯物主义认为，感性认识和理性认识是辩证统一的，统一的基础是实践。无论是感性认识还是理性认识，都是在实践中产生的；由感性认识到理性认识的过渡，也是在实践的基础上实现的。如果割裂二者的辩证统一关系，就会走向唯理论和经验论。在实际工作中就会犯类似唯理论和经验论的教条主义和经验主义的错误。

从感性认识向理性认识的过渡，必须具备两个基本条件：第一，要勇于实践，深入调查，获取十分丰富和合乎实际的感性材料。这是正确实现由感性认识上升到理性认识的基础。第二，必须经过理性思考的作用，将丰富的感性材料加以去粗取精、去伪存真、由此及彼、由表及里地制作加工，才能将感性认识上升为理性认识。也就是说，必须运用辩证思维的科学方法，才能获得真正的认识。

在认识的辩证运动过程中，我们既要注重理性因素的作用，同时也不可忽视非理性因素的重要作用。非理性因素主要是指认识主体的情感、意志、欲望、动机、信念、习惯、本能等意识形式。人的认识过程是理性因素和非理性因素协同起作用的结果。非理性因素对于人的认识活动和人的认识能力的发挥具有激活、驱动和控制作用。例如，美好的心境、坚忍的意志、饱满的热情、坚定的信念等往往能调动主体的精神力量，去努力实现认识的目标。有些非理性因素对认识起着消极作用。应该以正确的理性认识去指导和调控非理性因素的作用。

（二）从认识到实践

从认识到实践，是认识过程的第二次能动的飞跃，是更为重要的飞跃，意义更为重大，其重要性和必要性在于以下两个方面：其一，认识世界的目的是为了改造世界。马克思："哲学家们只是用不同的方式解释世界，而问题在于改变世界。"[①] 在马克思主义看来，理论是重要的，理论是行动的指南，没有革命的理论就没有革命的行动，没有正确的理论就没有正确的行动。理论的终极意义在于能够指导行动。如果把正确的理论束之高阁，夸夸其谈而不加以实行和运用，那么再好的理论也是没有意义的。理性认识回到实践的过程，既是理论指导实践的过程，又是理论实现自身的过程。

其二，认识的真理性只有在实践中才能得到检验和发展。理性认识是否正确，在从感性认识到理性认识的第一次飞跃中，是没有得到证实也不可能得到证实的。只有将已经获得的理论回到实践中去，通过实践的检验，正确的理论才能得到证实，错误的理论才能被发现、纠正或推翻，并在指导实践的过程中，使自身得到发展。如果没有这个过程，对事物的认识就没有完成。

实现由理论向实践的飞跃，需要经过一定的中介环节，包括确定实践目的，即为了什么而实践；形成实践理念，即实践的理想蓝图是什么；制定实践方案，即把实践理念具体化为计划、措施和手段；进行中间试验，即现在小范围内进行试点，取得经验后再逐步推广，以及运用科学的实践方法等。

---

① 《马克思恩格斯文集》第 1 卷，人民出版社 2009 年版，第 506 页。

最后，理论要回到实践中去，还必须为群众所掌握。人民群众是实践的主体，理论只有为群众所掌握才能化为改造社会、改造自然的物质力量。中国特色社会主义的发展应该是什么样子？习近平在党的十九大报告中进一步"创新、协调、绿色、开放、共享"的新发展理念，请同学们思考一下如何把新发展理念同自己的生活学习结合起来，变为实际的行动。

（三）认识运动的总规律

毛泽东强调："一个正确的认识，往往需要经过由物质到精神，由精神到物质，即由实践到认识，有认识到实践这样多次的反复，才能够完成。"[①] 如此"实践、认识、再实践、再认识，循环往复以至无穷，而实践和认识之每一循环的内容，都比较地进到了高一级的程度"。[②] 这就是认识辩证运动发展的基本过程，也是认识运动的总规律，表明认识是一个反复循环和无限发展的过程。

"实践、认识、再实践、再认识"作为认识发展的总过程，不只是实践到认识和认识到实践两次飞跃的综合，而且表现了认识过程的反复性和无限性。认识过程的反复性和无限性是指人们的认识过程既不是封闭式的循环，也不是直线式的前进，而是螺旋式的曲折上升运动。这个运动，从形式上看，表现为认识和实践的反复循环；从内容上看，实践和认识之每一循环，都比较地进到了高一级的程度。正是认识运动中实践和认识的这种循环往复和无限发展，体现了认识的本质和一般发展规律。

案例4：北京联合大学的城市型应用型大学发展之路 [③]

北京联合大学的前身是1978年北京市依托清华大学、北京大学等创办的36所大学分校。1985年2月11—12日，经教育部批准，北京联合大学成立，谭元堃同志授命担任北京联合大学首任校长，开启了探索联大发展之路。联大怎样在高校林立的北京生存下来，发展起来，办出特色，是联大人孜孜以求的根本问题。我们从联大历任老校长的言辞中可以清晰地把握我校"城市型应用型大学"的办学定位的发展脉络。

谭元堃（1985.02—1987.10任职）："北京联合大学建立后，根据北京市专门人才需求预测，从实际出发，对各学院的专业设置，在调查研究和反复

---

① 《毛泽东文集》第8卷，人民出版社1999年版，第321页。
② 《毛泽东选集》第1卷，人民出版社1991年版，第296—297页。
③ 摘编自《北京联合大学校史》。

论证的基础上，作了统一规划和较大幅度的调整。我们认为，这是改革的核心，基础工作的基础。就是说，要从过去大学分校时期大学能办什么办什么，转变到北京建设需要什么办什么。"——《地方高等教育改革的一种探索》，为《北京联合大学高教研究》创刊撰写的代发刊词，1987 年 3 月

李恩元（1987.10—1990.12 任职）："北京联合大学 1985 年初成立以来，进行了一系列教育改革。从适应北京社会、经济发展的需要出发，大幅度调整了专业设置，着重发展应用学科、新的综合学科和第三产业有关的学科，培养应用型人才，……"——《北京联合大学》校刊第 8 期，1987 年 11 月

李煌果（1990.12—1994.03 任职）："北京联合大学整个教育工作必须适应北京市地区的社会主义建设需要。专业的设置、人才的培养规格及其各方面的质量都应符合社会主义建设事业的需要。作为市属院校特别要注意满足和适应北京地区对高级人才的需要。我们的科类全不全，层次是否合理，都要以此为根据。"——在全校教学工作会上的讲话，1990 年 12 月

李月光（1994.03—1999.03 任职）："在专业设置上，坚持根据社会需要设置专业；在培养模式上，注重实践教学，强化学生的实践能力和创新能力；在师资队伍上，走专兼结合的路子，重视'双师型'教师队伍的建设，重视发挥有实践经验的兼职教师的作用；在与社会关系上，积极发展行业、企业依托，与行业、企业建立密切的双向受益的关系"。——在北京联合大学党政领导班子述职报告会上的讲话，1998 年 5 月

熊家华（1999.03—2001.03 任职）："面向二十一世纪，北京联合大学的发展目标是：'立足北京，面向社会主义现代化建设第一线，坚持培养德智体等全面发展、适应经济建设与社会发展需要的应用型人才的办学方向……'"——在中共北京联合大学第二次党代会上的工作报告，1999 年 4 月

张妙弟（2001.03—2007.04 任职）：北京联合大学在建校之初就确定了应用性教育的办学方向，并持续地开展了对相关问题的探索与实践。时至今日，随着北京市的经济建设和社会发展，学校进一步明确了"建设应用性、开放性、综合性、地方性新型大学"的目标定位，坚定了"发展应用性教育，培养应用性人才，建设应用性大学"的类型定位。——《发展应用性教育，建设应用性大学》刊登于《北京教育》，2004 年 7 月

柳贡慧（2007.04—2011.08 任职）：这么些年来我们选择应用型办学道路是正确的，高水平有特色应用型大学的目标是能够实现的，我们现在仍处在应用型大学建设的初级阶段，走建设应用型大学道路要毫不动摇，争取五

到十年内，把北京联合大学建设成高水平、有特色的应用型大学。——联办通报〔2011〕第3期，2011年1月

卢振洋（2012.8—2016.12任职）："在'十三五'期间，我们在原来'应用型'大学的基础上加入了'城市型'，'城市型'实际是服务对象的定位，'应用型'是学校办学的定位。应用型大学是要以变应变，要根据所处的环境、所处的时代，根据不同的社会需求调整自我状态，适应社会需求。在大众创业、万众创新的形势下，在高等教育全球化，特别是北京'四个中心'的新功能定位等大背景下，'创新'将成为学校'建设首都人民满意的城市型、应用型大学'的重要切入点和突破口。"——联办通报〔2016〕第23期，2016年11月

展望：我校"十三五"规划

两型大学：城市型、应用型；三大战略：学术立校、人才强校、开放兴校；四个体系：人才培养体系、科学研究体系、师资队伍体系、服务区域发展体系；五条路径：校地融合、产教融合、科教融合、学专融合、心智融合；六个保障＋七项提升工程。

改革开放的40年也是我校发展的40年。40年来，我校走出了一条城市型、应用型大学的发展之路。历任老校长在社会发展的大环境中、在学校发展的实践中，逐渐凝练出学校发展的目标定位。从"能办什么办什么，转变到北京建设需要什么办什么"；从"培养应用型人才"目标的提出到在专业设置、培养模式、师资队伍与社会关系等方面的细致谋划；从"高水平、有特色的应用型大学"目标提出到学校"十三五"规划对发展目标、发展战略、发展体系、发展路径等方面的清晰表述，联大在艰苦的探索中，逐渐形成了城市型应用型大学的发展思想体系，体现了认识发展的反复性和无限性。

认识运动的反复性是指对具体的事物的认识，由于受主客观条件的限制，由实践到认识由认识到实践这样的循环进行多次才能实现预想的目的，预定的思想、理论、计划和方案在实践中变为事实，或大体变为事实。譬如人们对原子结构的认识，在从1808年至今的200多年里就经历了由实验到认识，从再实验到再认识的多次循环，才形成了比较正确深刻的认识。当然还不能说这个认识现在完成了，还要进行循环。

人的认识活动不但受到科学技术条件的限制，而且受到客观过程的发展及表现程度的限制。客观事物的本质和特性的充分暴露有一个过程，因而人们对它的认识也就有一个过程。人们的立场、观点、方法、性格特征等主体

因素，也影响和限制着人们正确全面地认识事物。美国大发明家爱迪生，试验了1600多种材料，经历了8000多次的失败，才找到了合适的电灯灯丝。由此可见，一个正确认识的获得并不是简单的，而是非常复杂艰巨的。

认识的无限性是指实践和认识运动过程的向前推移、向前发展的。人们的实践是向前推移、向前发展的，人们的认识运动也应跟着推移和发展。由实践到认识，由认识到实践的循环会无限的进行下去，人类认识世界的任务永远不会完结，人对世界的认识会越来越深化全面。人只能无穷地接近对整个世界的认识，但不能完成对整个世界的认识。对于整个世界人永远有尚未认识的东西存在。世界就像一个无限美好的东西在永远吸引着人去追求它，但永远也追不到。正如习近平指出的，"实践没有止境，理论创新也没有止境。世界每时每刻都在发生变化，中国也每时每刻都在发生变化，我们必须在理论上跟上时代"。①客观现实世界的变化运动永远不会完结，人们在实践中对于真理的认识也就永远没有完结。因此，要"不断认识规律，不断推进理论创新、实践创新、制度创新、文化创新以及其他各方面创新"。②

（四）掌握认识运动规律的重要意义

实践与认识的辩证运动呈现的实践到认识、认识到实践，循环往复以致无穷的认识规律，对我们的认识和实践活动提供了重要的方法论指导。

1. 坚持主观和客观、认识和实践的具体的历史的统一。所谓具体的统一指主观认识要同一定时间、地点、条件下的客观实践相符合；所谓历史的统一指主观认识要同历史发展阶段的客观实践相适应。这就是今天说的与时俱进。因此，在实践生活中人们的认识应和具体的变化发展着的客观实际相符合。既反对左的东西，又反对右的东西。这个马克思主义的道理同中国传统哲学中的"时中"观念是一致的。

2. 反对一切离开具体历史的"左"的或右的错误思想。主观认识要随着事物具体过程的推移而转变。如果主观认识思想落后于实际，就容易犯"右"的保守的错误；如果主观认识思想超越实际，就容易犯"左"的冒进错误。

3. 实践与认识辩证运动的规律是党的群众路线的认识方法、领导方法和工作方法的重要哲学基础。党的群众路线是"从群众中来，到群众中去"，就

① 习近平：《决胜全面建成小康社会 夺取新时代中国特色社会主义伟大胜利——在中国共产党第十九次全国代表大会上的报告》，人民出版社2017年版，第26页。
② 习近平：《决胜全面建成小康社会 夺取新时代中国特色社会主义伟大胜利——在中国共产党第十九次全国代表大会上的报告》，人民出版社2017年版，第26页。

是将群众的意见（分散的无系统的意见）集中起来（经过研究，化为集中的系统的意见），又到群众中去做宣传解释，化为群众的意见，使群众坚持下去，见之于行动。这样不断反复。这一群众路线的工作方法、领导方法同认识论的从实践到认识，又从认识到实践认识运动过程原理完全一致的。群众是实践的主体，从群众中来就是从实践中来，到群众中去，就是认识、意见又回到实践中去。因而认识论和群众路线是一致的。从这里也可以看到认识理论和历史观的一致性。

§3 教学小结

本专题从科学的实践观谈起，阐述了实践在认识中的决定性作用。继而在对比唯心主义和唯物主义、辩证唯物主义和旧唯物主义对认识本质的不同理解中，掌握认识的本质是主体在实践基础上对客体的能动反映。人类的认识和实践的辩证运动呈现出实践、认识、再实践、再认识，循环往复以致无穷的总规律。这就是以实践观点为基础的辩证唯物主义认识论的基本内容。

通过本专题的学习，我们要以辩证唯物主义认识论为武器，进一步确立马克思主义思想路线，正确认识世界和改造世界，努力做到主观与客观、知与行的具体、历史的统一。

§4 作业及思考题

1.结合毛泽东的《实践论》，谈谈如何理解实践与认识的辩证关系。

2.结合新中国成立70周年社会主义建设目标的形成历程，谈谈你对认识发展总规律的理解。

§5 阅读参考文献

1.马克思：《关于费尔巴哈的提纲》，《马克思恩格斯文集》第1卷，人民出版社2009年版。

2.恩格斯：《路德维希·费尔巴哈和德国古典哲学的终结》，《马克思恩格斯文集》第4卷，人民出版社2009年版。

3.列宁：《唯物主义和经验批判主义》（节选）第2章，1、4、5、6，《列宁选集》第 2 卷，人民出版社 1995 年版。

4. 毛泽东:《实践论》,《毛泽东选集》第 1 卷，人民出版社 1991 年版。

5. 邓小平:《解放思想，实事求是，团结一致向前看》,《邓小平文选》第 2 卷，人民出版社 1994 年版。

6. 习近平:《在哲学社会科学工作座谈会上的讲话》，人民出版社 2016 年版。

（本专题撰稿人　常百灵）

专题五　如何在实践中坚持真理与价值的辩证统一

§1 教学简况

课时安排

2 学时。

教学目的和要求

一、学生能够复述并解释真理的客观性、绝对性和相对性、价值的含义和基本特性。

二、学生能够论证实践是检验真理的唯一标准，学习分析如何在实践中坚持真理和价值的辩证统一，能够分析当代中国各类价值现象，解释社会主义核心价值观的意义，确立正确的价值观。

教学内容

一、真理及其检验标准。

二、价值及其评价。

三、坚持真理与价值的辩证统一。

讲授重点和难点

重点：真理的客观性、绝对性和相对性。

难点：真理与价值的辩证统一。

§2 教学过程

【问题导入】 为什么会发生真理标准问题的讨论？

同学们，当我们现在享受改革开放的巨大成果的时候，大家是否知道，在 40 年前，也就是 20 世纪 70 年代末，在中国大地上发生了一次轰轰烈烈的马克思列宁主义、毛泽东思想教育和思想解放运动，这就是真理标准的大讨论。这次讨论，为随之而来的拨乱反正和改革开放伟大事业做了理论上的准备。下面我们简单了解一下以下这四个方面。

1."文革"的结束。1976年10月"文化大革命"结束，那时的中国已是百病丛生，积弊如山。民主与法制被肆意践踏，经济建设到了崩溃的边缘，科学文化工作受到严重摧残，科技水平同先进国家的差距进一步拉大。所有事实证明："文化大革命"是一场给党、国家和各族人民带来严重灾难的大内乱，要扭转十年内乱造成的严重局势，就需要彻底否定"文化大革命"。切实解决上述诸多"文革"的遗留问题，成为当时摆在全党、全国人民面前的一个紧迫任务。

2."两个凡是"的提出。就在这样的历史背景下，出现了"两个凡是"，即"凡是毛主席做出的决策，我们都坚决维护，凡是毛主席的指示，我们都始终不渝地遵循"。"两个凡是"完全是"文革"时期所谓"毛泽东的话句句是真理"的翻版，是十足的教条主义。这实际上就是要将原有的一套东西，包括理论、路线、方针、政策等等，原封不动地坚持下去，不但维护了过去的个人崇拜，而且制造了新的个人崇拜，阻止人们解放思想，实事求是地总结历史教训。如果这样，历史就不能前进。

3.真理标准的讨论。1977年底，中共中央党校1000多名高、中级学员研究"文化大革命"以来党的历史问题。1978年5月10日，主持中央党校日常工作的副校长胡耀邦在党校创办的理论刊物《理论动态》上发表文章，论及实践是检验真理的标准问题，在党内和社会上引起了很大反响。真理标准问题的讨论，直指"两个凡是"，让大家的思想豁然开朗：原来判断是非的标准、判断真理的标准是实践，而不是"两个凡是"。这样一个思想大解放，为我国迈向改革开放新时期做了思想准备。此后，真理标准问题的讨论进一步引向深入。

4.两大成果的形成。关于真理标准问题讨论的最大成果体现在两个方面，一是为党的马克思主义思想路线的重新确立和发展开辟了道路。这场讨论，冲破个人崇拜和"两个凡是"的思想樊篱，为重新确立实事求是的思想路线提供了理论基础和思想前提。二是为我国改革开放和社会主义现代化建设奠定了基础。可以说改革开放40年来我们在理论和实践上的每一步前进，都是我们党和各族人民坚持"解放思想，实事求是"思想路线的结果。没有真理标准问题讨论和"解放思想，实事求是"思想路线的重新确立，就没有建设中国特色社会主义的历史进程，就没有40年来我国改革开放社会主义现代化建设举世瞩目的伟大成就。

同学们，真理标准的讨论何以产生如此巨大的效果？什么是真理？真理有哪些特性？为什么说只有实践才是检验认识是否具有真理性的唯一标准？在实践中如何坚持真理原则和价值原则的统一？本专题，我们对这些问题一一进行回答。

一、真理及其检验标准

关于真理，尤其是真理的标准问题，是哲学史上长期争论不休的问题。要真正从哲学层面上理解这一论断，有必要对什么是真理做进一步的阐述和界定。之所以这样提出问题，是因为确定了什么是真理，也就确定了什么是真理的标准，什么是检验真理的标准。

（一）真理的含义及特点

1. 真理的含义

真理是人们对客观事物及其规律的正确反映。马克思主义认为，真理是标志主观与客观相符合的哲学范畴，是对客观事物及其规律的正确反映。这种反映是否正确，不是主观的判定或臆测，而必须经过实践的检验。

真理问题作为哲学研究史上一个古老而不朽的问题，在哲学史上曾经有过许多分歧和争论。古希腊时期，赫拉克利特、德谟克利特与巴门尼德、柏拉图在真理问题上的争论，其实质就是前者强调客观性，忽视主观性，而后者强调主观性，忽视客观性。亚里士多德针对他们的争论，本想将二者统一起来，但受制于当时的认识水平尤其是辩证思维的发展水平，对主观性和客观性作了不恰当的理解，导致他不仅没有将二者真正统一起来，反而在真理问题上动摇于唯物主义和唯心主义之间。近代经验论和唯理论，在真理问题上，仍然没有将主观性和客观性科学地统一起来。由此才造成康德既反对唯理论的独断论，又反对经验论的怀疑论，提出普遍必然的客观有效性是一切科学真理的基本条件，形成主观主义和不可知论的真理观。黑格尔的真理观虽然是辩证的，但却是"头脚倒置"的。所以，马克思主义哲学产生以前，许多哲学家一方面对真理进行了积极的探索，提出了不少真知灼见，另一方面又总是无法解决主观性与客观性的科学统一问题。

马克思恩格斯在批判地继承前人研究成果时，发现争论都起源于他们没有找到主观性与客观性统一的基石——社会实践。为此，他们积极地将社会实践引入真理论中，使真理内涵中的主观性发生了根本的变化，合理地解决了主观性与客观性统一起来的基石问题，使马克思主义的真理论，成为一种科学的真理观。

由此可见，只有将客观性与主观性合理地统一起来，才能对真理的含义及其本质属性做出科学的解释。

案例：其他哲学派别的真理观

（1）托马斯·阿奎那的"双重真理论"

托马斯·阿奎那是13世纪意大利多米尼克修会修道士，欧洲中世纪最重要的经院哲学家。他提出并论证了著名的"双重真理论"。托马斯·阿奎那把真理划分为世俗真理和神学真理，肯定神学真理高于世俗真理，信仰高于理性。他说："为了使人类得救，必须知道一些超出理智之外的上帝启示的道理——至于人用理智来讨论上帝的真理，也必须用上帝的启示来指导。凡用理智讨论上帝所得的真理，这只能有少数人可得到，而且费时很多，还不免带着许多错误。但是，这种真理的认识，关系到全人类在上帝那里得到拯救，所以为了使人类的拯救来得更合适、更准确，必须用上帝启示的道理来指导。因此，除了用人的理智所得的哲学理论外，还必须有上帝启示的神圣道理。"[①]托马斯·阿奎那认为，人的自然理性可以是真理，但是往往出错，而且只能认识较低级的事物。关于上帝的更高的真理，只能来自上帝启示，依靠对神的信仰。他进一步认为，神学探究的对象高于理性探究的外部世界；神学的原理是凭借启示直接由神而来的，不需要凭借其他科学；神学的确定性来自神的光照，不会犯错误，而其他科学的确定性来自人的理性，可能犯错误。

（2）实用主义真理观

实用主义最有特色的就是它的真理观。实用主义认为，人的认识、思维是经验的一种方式，是人的适应行为和反应的机能，它并不是对客观世界的主观映像。认识不是要探寻什么客观真理，而是为了求得令人满意的适应环境的效果，使生活愉快、安宁和满足。实用主义哲学的主要代表人物、美国哲学家、心理学家威廉·詹姆士提出，人的认识并无"先存的原型"，真理不是客观事物的"摹本"，只是经验与经验之间的一种关系。詹姆士认为，一

---

① 北京大学哲学系外国哲学史教研室编译：《西方哲学原著选读》（上），商务印书馆1981年版。

种观念只要能把新、旧经验联系起来，给人带来具体的利益和满意的效果就是真理。理论的真理性不是我们心灵与原型的实在之间的关系，它只是心灵之内的事情。如果有一个概念，我们能用它很顺利地从一部分经验转移到另一部分经验，将事物完满地联系起来，很稳妥工作起来，而且能够简化劳动，节省劳动，那么这个概念就是真的。詹姆士否认真理的客观性，他认为纯粹的客观真理是哪里也找不到的。他认为真理是从经验中产生，并随时随刻代表我们各个人的最有利的反应。因而，真理也是随环境和个人利益的变化而随时变化的。詹姆士指出，我们今天只能按照能得到的真理去生活，并且准备明天把它叫作是假的。

实用主义哲学的另一个主要代表人物、美国哲学家约翰·杜威认为，思想、理论等等只是一些有待证明的假定，是人们行为的工具，可以由人们根据对自己是否方便、省力而任意选择的。杜威认为，所有的概念、学说、系统，不管它们怎样精致，怎样坚实，都必须视为假设，它们都是工具。与其他一切工具一样，他们的价值不在它们自身，而在于它们所造成结果中显示出来的效果。杜威认为这种"工具"不具有客观实际的意义。

思考讨论：这两种观点对于真理客观性是如何认识的？请从马克思主义真理观的角度对他们加以辨析。

案例点评：这两种观点是与马克思主义哲学不同的哲学派别对于真理客观性的看法。基督教神学家、经院哲学家托马斯·阿奎那把真理分为神学真理与世俗真理，肯定神学真理高于世俗真理，认为神学真理来自上帝的启示，尽管他也认为神学真理的内容是不可更改的，但实际上否定了真理的客观性。实用主义特别是其代表人物威廉·詹姆士和约翰·杜威，把真理视为一种经验或者工具，就这种经验或者工具而言，重要的不是是否反映客观事物及其本质，而是是否能够给人带来满意的效果。这样，也就否定了真理的客观性。不过，也应当指出，实用主义真理观对于真理的价值性的认识还是具有一定启发意义的。

2. 真理的属性

（1）真理的客观性

真理的客观性是指真理的内容是对客观事物及其规律的正确反映，真理中包含着不依赖于人和人的意识的客观内容。真理具有客观性，凡真理都是客观真理，这是真理问题上的唯物论。这是因为：首先，真理的内容是客观的。真理作为一种主观的思想形式，是把不依赖于人而存在的外部客观世界作为认识对象的。真理最根本的特征就在于对客观事物的本质和规律的正确揭示，就在于与客观事物的本质和规律的一致性。其次，检验真理的标准也是客观的，实践是检验真理的唯一标准。凡是能够经得起实践的检验，得到实践的证实，主观同客观相符合的认识就是真理。

　　值得注意的是，在认识真理思想内容客观性的同时，还必须正确认识真理形式的主观性。真理形式的主观性要求人们必须意识到，真理同它所反映、认识的客观对象之间的区别和联系。在人们的认识活动中，由于主体认识角度和立场、观点、方法等的差异，人们关于同一客体的认识结果往往会有所不同，有时甚至截然相反，但是，这并不表明观点不同的每个人都拥有真理。在任何情况下，对于特定实践活动中的特定认识对象来说，只能有一种认识是与特定的认识客体的状态、本质和规律相一致的，这种认识就是真理。

　　案例：歪打正着

　　一天，张飞从曹操处赴宴归来，对刘备吹胡子瞪眼大发雷霆。孔明问其故，飞答："都道曹操为人慷慨大方，非也，他是天下第一大小气鬼。"孔明道："请将军细说一二。"飞道："我刚到曹营，他二话没说，就对我伸出双手比了个圆圈，我认为他午饭想让我吃烙饼。我摆了摆手，双臂一伸，要吃面。他又竖起右手拇指，我跟着竖起右手三指，意思是说，一碗不行要吃三碗。曹操摇了摇头，又叹了口气，我一抹身回来了。"孔明听罢大笑："将军误会了曹操，他刚才是与你打了个哑谜。"张飞瞪大眼睛看着孔明。孔明说："曹操双手画了个圆圈，意思是我要统一中原。将军双臂一展，意思是说，请问我的丈八长矛答应不？曹操竖起右手拇指，意思是我乃汉朝大丞相，挟天子以令诸侯。将军竖起右手三指，意思是刘、关、张桃园三结义，我们众人拾柴火焰高，不怕你！曹操摇了摇头，意思是说，都说张飞绣花粗中有细，果然名不虚传。此时，他也误会了将军，这场哑谜以将军的胜利而告终。"张飞听罢，释然，大笑。

　　思考讨论：结合真理客观性分析，这个案例说明了什么问题？

　　案例点评：这个案例说明由于人们的立场、观点、认识能力和水平的不同，对同一个确定的对象会产生不同的认识；但是，其中只能有一种正确的认识，即只能有一个真理。真理和谬误的界限不容混淆，真理面前人人平等。

　　（2）真理的绝对性和相对性

　　真理是客观的，这是真理问题上的唯物论。真理是一个过程。就真理的发展过程以及人们对它的认识和掌握程度来说，真理既具有绝对性，又具有相对性，它们是同一客观真理的两种属性，这是真理问题上的辩证法。任何真理都是绝对性和相对性的统一，二者相互联系、不可分割。

真理的绝对性是指真理主客观统一的确定性和发展的无限性。

真理的绝对性包括两方面的含义：一是指任何真理都标志着主观与客观之间的符合，都包含着不依赖于人和人的意识的客观内容，都同谬误有原则的界限。这一点是绝对的、无条件的。二是人类认识按其本性来说，能够正确认识无限发展着的物质世界，认识每前进一步，都是对无限发展着的物质世界的接近，这一点也是绝对的、无条件的。

真理的相对性是指人们在一定条件下对客观事物及其本质和发展规律的正确认识总是有限度的、不完善的。

真理的相对性具有两个方面的含义：一是从客观世界的整体来看，任何真理都只是对客观世界的某一阶段、某一部分的正确认识，人类已经达到的认识的广度总是有限度的，因而，认识有待扩展。这是真理在广度上的有条件性、有限性。二是就特定事物而言，任何真理都只是对客观对象一定方面、一定层次和一定程度的正确认识，认识反映事物的深度是有限度的，或是近似性的。因而，认识有待深化。这是真理在深度上的有条件性、有限性。"现在，真理是包含在认识过程本身中，包含在科学的长期的历史发展中，而科学从认识的较低阶段上升到较高阶段，愈升愈高，但是永远不能通过所谓绝对真理的发现而达到这样一点，在这一点上它再也不能前进一步，除了袖手一旁、惊愕地望着这个已经获得的绝对真理出神，就再也无事可做了。"①

真理的绝对性和相对性是辩证统一的。第一，具有绝对性的真理和具有相对性的真理是相互渗透和相互包含的。一方面，相对之中有绝对，绝对寓于相对之中；真理的相对性之中，也包含着绝对性的颗粒。另一方面，绝对之中有相对，真理的绝对性通过相对性表现出来，无数具有相对性的真理之总和构成具有绝对性的真理。第二，具有相对性的真理和具有绝对性的真理又是辩证转化的。真理永远处在由相对向绝对的转化和发展中，这是真理发展的规律。人类认识是一个不断深化的过程，是从相对性真理走向绝对性真理、接近绝对性真理的过程。任何真理性的认识都是由相对性真理向绝对性真理转化过程中的一个环节。总之，绝对性真理和相对性真理不是两个真理，

① 《路德维希·费尔巴哈和德国古典哲学的终结》，《马克思恩格斯选集》第4卷，人民出版社1972年，第212页。

而是同一个真理的两种不同属性。任何真理都具有绝对性和相对性，是绝对性和相对性的统一。

必须以辩证的态度对待一切科学真理，既反对绝对主义，又反对相对主义。在学习马克思主义理论，并把马克思主义基本原理与中国的具体实际结合起来的过程中，反对教条主义与经验主义是我们学习与工作中的一件紧要的大事。习近平同志强调，马克思主义就是我们共产党人的"真经"，"真经"没念好，总想着"西天取经"，就要贻误大事！不了解、不熟悉马克思主义基本原理，就不可能真正了解和掌握中国特色社会主义理论体系。在这个问题上，马克思主义真理的绝对性要求我们必须坚持以马克思主义为指导思想不动摇。而马克思主义真理的相对性告诉我们，马克思主义并没有穷尽对一切事物及其规律的认识，仍需要随着社会实践的发展而发展，我们必须在实践中丰富和发展马克思主义。因此，防止经验主义与教条主义的根本方法，就是要克服这种把经验认识直接对照现实具体事物的形而上学思维方式。要做到这一点，又必须深刻领会理论与实际，认识与实践关系的辩证性与复杂性。

案例：王明的教条主义

在中国共产党的历史上，王明的"左倾"教条主义、右倾错误，给共产国际和中国新民主主义革命带来了严重危害和损失。王明教条主义以形而上学方法论为指导，在分析和指导中国革命中，照搬苏联革命经验，视马克思主义和共产国际指示为不变的真理，一切按本本办，最终走向了唯心主义。

王明教条主义突出表现在：1931年底至1934年9月，王明在莫斯科期间，共产国际与中国共产党曾失去了联系，王明就一方面在苏联完全照搬共产国际的理论，宣传其教条主义思想，另一方面又遥控指挥中国革命，推行其教条主义主张。1932年8月召开的共产国际执委会第十二次会议，王明作了长篇发言，他主观地认为，中国革命胜利的条件已成熟，国民党将崩溃。到1933年11月，共产国际执委会举行第十三次全会，此时的实际情况是法西斯势力更加猖獗，东西方敌我力量对比更加明显，应制定反法西斯统一战线策略，而共产国际执委会却一味强调战胜法西斯。为此，王明无视中国革命具体变化着的实际，在本次会议上发表了《革命、战争和武装干涉与中国共产党的任务》长篇演讲，宣扬"左倾"冒险主义，主观随意夸大革命力量，低估国民党反动势力，看不到中国革命在第5次"围剿"中所遭到的失败惨剧，反而在会上断然宣布国民党进攻已经失败。这种主观武断的结果给革命造成了重大损失。

毛泽东尖锐指出，教条主义是主观主义的一种高高在上的表现形式，只作一般理解和号召，不注重调查，会走向官僚主义，是幼稚病。王明曾是中国共产党的总书记，在抗日战争时期，他的统一战线理论、党的建设理论有合理的一面，他的理论修养、勤奋精神在我们党内也是有目共睹的。也正因为如此，王明的教条主义思想在中国共产党党内统治达 4 年之久。直到 1943 年延安整风运动，王明的教条主义才被彻底纠正。

思考讨论：运用真理绝对性与相对性的辩证关系原理分析王明教条主义的问题所在。

案例点评：教条主义重视理论而脱离实际，把马克思主义当成一成不变的公式，到处生搬硬套，是绝对主义的表现；经验主义尊重经验而否定马克思主义的指导原则，散布马克思主义过时论，是相对主义的表现，两者都是理论与实际脱节的一个极端错误。任何真理都具有绝对性和相对性，是绝对性和相对性的辩证统一。

（二）真理标准的争论

确定检验和判定认识真理性的尺度、准绳，是有关真理的一个重要问题。没有正确的真理标准便不可能区分真理与谬误。众多哲学派别都没有科学地解决这个问题。唯心主义者从意识、精神本身去寻找真理的标准，用认识去检验认识，否定检验认识真理性的客观尺度。旧唯物主义者由于坚持真理的客观性，一般来说都主张检验真理有客观标准。但是，他们不懂得实践在认识中的决定作用，把客观事物作为检验认识真理的标准，因而也没有科学地解决标准问题。近代唯物主义将实践作为检验真理的唯一标准，但是，没有继续对实践做深入的研究。只有马克思主义哲学在对实践做出了科学的分析以后，将实践作为检验真理的标准，才科学地回答了检验真理的标准是什么的问题。

阅读材料：

哲学史上关于真理标准有几种基本观点：

怀疑论者对客观事物的存在和认识持否定的怀疑态度，他们否认有可能认识世界从而获得真理，属于不可知论范畴。比如古希腊的高尔吉亚曾提出的 3 个命题：①什么也不存在；②即使存在着什么，也是不可认识的；③即使是可以认识的，也不可能把认识了的传给别人。因此也就取消了真理标准的问题。

　　哲学史上多数哲学家承认世界是可知的，人可以认识真理，主张存在着检验真理的标准。但是对于这个标准是什么，却说法不一。唯心主义哲学家反对反映论，否认真理内容的客观性，主张在主观的范围之内寻找真理标准，用精神去检验认识。其中有的以主观心理状态、感觉、观念为标准，如王阳明把所谓与"良知"相等同的"天理"作为标准，贝克莱把"集体的知"说成是"实在性的证据"，逻辑实证主义者则主张"经验的实证原则"；有的则完全从功利主义出发，把知识是否满足自己需要作为真理标准，如实用主义者主张"有用即是真理"，不管它是否符合客观实际；有的从逻辑主义出发，认为只要逻辑上严密、清晰，排除了逻辑矛盾的就是真理，但是他们不能指出作为逻辑推理出发点的原理和推理方法本身的真理性如何加以检验，而把它们当作是先验的、先天自明的；还有真理标准的"约定论"观点，即主张作为逻辑体系推论前提的最简单明白的原理，其真理性是人们的信念所约定的，因此无须检验。在黑格尔的客观唯心主义辩证法中，真理是认识同"绝对精神"的"同一"，这种"同一"要通过人的合目的的活动即实践来检验。这是在唯心主义范围内对于真理标准所能提出的最深刻见解。但是他所说的实践，还不是人的客观物质活动，不过是绝对精神自我意识的一种形式。

　　唯物主义者一般都承认真理的客观性，以是否符合客观现实作为区别认识的真理性的依据。但这只是正确地回答了什么是真理的问题，还未进一步说明检验认识之是否符合于客观事实的标准是什么。在马克思主义科学地解决真理标准问题以前，唯物主义者关于这个问题曾有过一些有价值的见解。例如，狄德罗认为，只有把理论同外界事物联系起来对照考察才能明确它们的真假，只有实验才是检验的标准。费尔巴哈则认为，理论所不能解决的那些疑难，实践会给你解决。他们都具有以实践为真理标准的思想萌芽。但是由于缺乏对实践及其本质的科学了解，他们的观点仍未能真正超出旧唯物主义的机械性、直观性和历史唯心主义的范围，总体上仍是把真理标准归结于感性直观或客观事物本身。

　　中国古代对真理标准的认识，其实早在春秋时期的老子那里便有自己的看法。老子称"真理"为"道"。在其《道德经》中给出了他的看法："道可道，非常道。"老子认为，凡是可以说的清楚、相互传授的真理，便不是真正的真理，能否相互传授是真理和非真理的区别。老子的观点与古希腊的高尔吉亚"即使是可以认识的，也不可能把认识了的传给别人"一致。

（三）实践是检验真理的唯一标准

实践之所以是检验真理的唯一标准，这是由真理的本性和实践的特点所决定的。

1. 真理的本性

从真理的本性看，真理是人们对客观事物及其发展规律的正确反映，它的本性在于主观和客观相符合。检验真理，就是检验人的主观认识同客观实际是否符合以及符合的程度。

2. 实践的特点

从实践的特点看，实践是人们改造世界的客观的物质性活动，具有直接现实性的特点。如果在实践中达到了原来预想的结果，那么人的认识就被证实了，就可以称之为真理性的认识；如果失败了，并且不是由于认识之外其他原因所引起的，那就是错误的认识。

案例：纸上谈兵

战国时赵国名将赵奢的儿子赵括，从小就喜欢读兵书学兵法，谈起用兵布阵来头头是道，他父亲都难不倒他。公元前262年，秦国和赵国在长平大战，赵国老将廉颇坚守长平三年，秦国无法攻破。于是秦国施反间计，两年后赵国中计，赵王罢廉颇，命赵括为大将与秦国交战。这时，赵括的母亲见赵王，说她的儿子只能"纸上谈兵"，不谙实战，战必败，不能为大将。赵王不听，赵母请准与其子脱离关系，以避刀斧之祸。赵括在长平与秦将白起大战，中了白起的埋伏，赵括被射死，赵军四十多万全部被俘、被活埋。这即是历史上有名的"白起坑赵卒四十万"的故事。

思考讨论：从真理检验标准的角度分析，这个案例说明了什么问题？

案例点评：这个案例再一次证明了实践才是检验真理的唯一标准。实践是检验真理的唯一标准，这是由真理的本性和实践的特点所决定的。检验真理，就是检验人的主观认识同客观实际是否符合以及符合的程度。只是纸上谈兵，而在实战中大败，检验和证明了赵括作战思想的错误性。

（四）实践作为检验认识真理性的标准的确定性和不确定性

1. 确定性

实践标准的确定性是指一切认识是否具有真理性，必须经过实践的检验，只有实践能够作为检验真理的标准，此外再无别的标准。实践是检验真理的唯一标准，没有其他标准；这是无条件的，绝对的。

2. 不确定性

实践标准的不确定性是指实践是历史的、具体的，任何实践都受一定具体条件的限制，不能完全证实或驳倒当时的一切认识。每一历史阶段的具体实践都具有历史局限性，实践本身有一个发展过程，因而对真理的检验也有一个发展过程，是相对的、不确定的。

3. 实践标准的确定性与不确定性的统一

实践标准的确定性和不确定性，又称真理标准的绝对性和相对性，是辩证唯物主义关于真理标准辩证性的一对重要范畴。实践标准的确定性，即真理标准的绝对性，指认识是否具有真理性，只能由社会实践来检验，实践是检验真理的唯一标准。而只要是经过实践检验证明为真理性的认识，就具有不可推翻的性质。即使在一定条件下的实践不能证明某一认识是否具有真理性，但随着实践的发展，最终一定能判明它是否是真理。实践标准的不确定性，即真理标准的相对性，指在一定历史条件下的实践对认识的每一次检验都不具有最终完成的性质，即不能完全证实或驳倒现存的一切真理性的认识，而只能证实或驳倒当时的部分认识。由此可见，实践标准既具有确定性，又具有不确定性，是确定性与不确定性的统一。

列宁指出，"当然，在这里不要忘记：实践标准实质上决不能完全地证实或驳倒人类的任何表象。这个标准也是这样的'不确定'，以便不至于使人的知识变成'绝对'，同时它又是这样的确定，以便同唯心主义和不可知论的一切变种进行无情的斗争。"[1] 实践标准的绝对性，指的是实践的至上性和权威性，实践是主客观交错的，它具有对主观认识是否符合客观现实这一问题给予根本可靠回答的特性，人类实践的无限发展决定了实践能够最终检验认识的真理性，现在检验不了的，将来也一定能检验。同时，人类的实践又总是具体的，受时间、地点、历史条件和认识深度等多方面的限制，都有其局限性和相对性，只能在一定的范围内，从一定的方面、一定的局部和一定的层次对人类的认识做出检验，而不能不受局限地检验人类的所有认识。辩证唯物主义坚持实践标准确定性与不确定性的统一，并不是把确定性与不确定性作为非此即彼、相互排斥的两个概念。不能一提"确定性"就把它作为凝固不变、永不发展的信条；也不能一提"不确定性"就认为它不足以作为检验真理的标准。实践标准确定性与不确定性的矛盾，是在人类社会实践的历史

---

① 《列宁选集》第二卷，人民出版社 1972 年，第 142 页。

发展中不断地解决的，它决定了真理发展的辩证过程，推动真理不断从相对走向绝对。在实际工作中，辩证唯物主义关于实践标准的观点，解决了人们如何用实践来检验认识的问题，使人们的认识沿着正确的道路前进，不断地推动真理的发展。否认实践标准的确定性，就会导致相对主义、唯心主义和不可知论，使认识走向歧途；否认实践标准的相对性，就会把实践和认识绝对化、凝固化，导致形而上学，阻碍真理的发展。

二、价值及其评价

在人类满足自身生存和发展需要的实践过程中，不仅存在主观符合客观的真理问题，还存在按照主体的需要认识世界和改造世界的价值问题。

（一）价值及其特性

1. 价值

在西方哲学史上，对价值的理解存在三种观点。

客体说。价值是客体所具有的性质和属性，与主体无关，是一种先验的存在。比如英国哲学家罗素认为：好和坏都是属于对象的一些性质，与我们的意见无关，就如同圆和方都是客观的性质一样。

主体说。把价值看成是主体的欲望、兴趣和情绪倾向，等式是：某物有价值＝有人对某物发生了兴趣。

关系说。主客体之间的关系，受价值对象性质、主体需要和社会的影响。

马克思主义对价值含义的理解：作为哲学范畴，价值是指在实践基础上形成的主体和客体之间的意义关系，是客体对个人、群体乃至整个社会的生活和活动所具有的积极意义。因此，价值不是一种实体，而是主客体之间的一种关系，即客体以自身属性满足主体需要和主体需要被客体满足的效益关系。因此，一讲到价值必然涉及两个方面，一方面是主体的需要和要求，另一方面是事物即客体的某种性质、结构和属性。价值既离不开主体的需要，也离不开客体的特性，二者缺一不可。

价值离不开主体的需要。当客体能够满足主体需要时，客体对于主体就有价值，满足主体需要的程度越高价值就越大。人具有多形式和多层次的客观需要。这些需要如何划分？人们普遍接受了美国心理学家亚拉伯罕·马斯洛在 20 世纪 50 年代提出的理论。他把人的需要划分为五个层次：生理需要、安全需要、爱的需要、尊重的需要和自我实现的需要。然而，马斯洛并没有论述为什么要这样划分，他的这种划分方法并不是建立在严密的逻辑推理上，更多的是建立在自己的感性经验上，缺乏必要的理论依据，人们无法用理论根据来肯定它或否定它，只能根据实践经验和直观感觉来判断它。不难发现，这种划分方法主要是依照不同需要在人类生存和发展过程中所具有的不同外部特征参量（如重要性、持久性、广泛性和深刻性）来进行的，而这些外部特征参量的差异并不能准确地反映各种需要之间的内在逻辑联系。价值也离不开客体的特性，即客体的某种性质、结构和属性。价值既具有主体性特征，又具有客观基础。

2. 价值的基本特性

价值是一个具体的历史的概念，价值的特性主要有主体性、客观性、多维性、社会历史性四个方面的特点。

（1）主体性

价值的主体性。价值的主体性是指价值直接同主体相联系，始终以主体为中心。其一，价值关系的形成依赖于主体的存在。没有主体，就不存在价值关系；同一客体可能对不同主体具有不同的价值。其二，价值关系的形成依赖于主体的创造，使客体潜在的价值转化为现实的存在。因此，主客体之间的价值关系是主体在实践基础上确立的同客体之间的一种创造性关系。俗语："甲之蜜糖，乙之砒霜"。比如榴梿，喜欢的人极喜欢，讨厌的人又极讨厌。药物的价值是治疗疾病，它对病人有价值，对健康人则没有价值。

（2）客观性

价值的客观性是指在一定条件下客体对于主体的意义不依赖于主体的主观意识而存在。首先，主体的存在和需要具有客观性。人的需要以及需要满足的程度并不是随心所欲的，而总是为社会实践和历史发展所制约，这是理解价值客观性的关键。其次，客体的存在、属性及作用是客观的。满足人需要的对象是客观的，不是由人的主观愿望决定的，而是由客体客观存在的性质、属性等决定的。

（3）多维性

价值的多维性是指每个主体的价值关系具有多维性，同一客体因其结构和规定性是复杂的、立体的和全面的，相对于主体的不同需要会产生不同的价值。比如，衣服之于我们，有审美价值，也有实用价值。一块钻石对于主体的不同需要来说，可能构成多维的价值关系，如愉悦的审美价值、经济上的价值、科学研究的价值等。价值的多维性要求人们在创造或实现价值时，必须对某一价值物的价值做全面的考察，以决定取舍。

（4）社会历史性

价值的历史发展表现于物和人两个方面。从价值的客体满足人需要来说，价值的发展表现为物的有用性不断丰富和提高，价值对象的数量和种类不断扩大和增多，这是在实践基础上由片面到全面、由简单到复杂不断上升的过程。人类认识和利用的物质种类越来越多，价值的满足就更多样化。从价值的主体即实际发现和利用客观事物有用性的人来说，价值的发展表现为人的本质力量不断完善和自我价值不断实现的过程。人和人的需要都具有社会历史性，因此特定的客观对象在不同的社会和历史时期具有不同的价值。如雕塑《断臂维纳斯》在古希腊和文艺复兴时期被认为是艺术杰作，而在中世纪则被视为女妖；如石油、核能、太阳能、潮汐发电、互联网，从未被认识到被发现、发明和利用，都体现了价值的社会历史性特点。人类社会历史发展决定了价值的社会历史性，因此，应该用社会的和历史的眼光考察价值现象。

（二）价值评价及其特点

1. 价值评价的含义

价值评价是主体对客体的价值以及价值大小所做的评判或判断，因而也被称作价值判断。也就是我对于一个东西是否有价值，做出自己的判断。我们做事说话经常会考虑："我们这样子做这样子说有没有用？""有没有利？""值不值得？"，"有用""有利""值得"就是一种价值评价。价值评价通过揭示客体对于主体的意义，形成对客体的不同态度，如肯定或否定、喜欢或反感、美或丑、善或恶、公正或偏私等。

2. 价值评价的特点

价值评价的特点主要有以下三个方面：

第一，评价是以主客体的价值关系为认识对象的。

第二，评价结果与评价主体直接相关。

第三，评价结果的正确与否依赖于对客体状况和主体需要的认识。

价值评价的特点表明，评价并不是一种主观随意性的认识活动，而是具有客观性的认识活动。只有正确地反映了价值关系的评价才是正确的评价。实践是检验评价结果的标准。

需要指出的是，在现实生活中由于价值评价的主体是具体的，可以是个人、群体或人类，而这些不同的主体在需要或要求方面往往存在着差异或矛盾，这就决定了不同主体对同一个事物的价值评价也常常会产生差异或矛盾。

3. 价值评价的基本原则

价值评价结果有正确与错误之分，价值评价也有科学与非科学之别。科学的评价是客观公正、全面有效的评价。相反，非科学的评价是歪曲、遮蔽客观的价值关系的评价。评价作为一种价值判断活动，虽具有主观性，但并不是一种主观随意的认识活动，只有正确反映价值关系的评价才是正确的评价。

价值评价不仅要判断客体对于个人的意义，更要认识对于群体、社会和人类的意义。就此而言，价值评价要以真理为根据，要与社会历史发展的客观规律相一致，要以人民群众的需要和利益为根本，这是价值评价的根本特征，也是应当遵循的基本原则。是否有利于人类主体的生存和发展、符合社会发展趋势、推动社会历史进步，是确定特定主体实际需要的最高尺度。人民群众始终是推动社会历史进步的革命力量，人民群众的需要和利益从根本上代表着人类整体的需要和利益，与历史发展的基本要求或趋势相一致。

因此，对于任何主体而言，价值评价的根本标准只有与人民的需要和利益相一致才是正确的。习近平同志在 2016 年"七一"重要讲话中明确指出："全党同志要把人民放在心中最高位置，坚持全心全意为人民服务的根本宗旨，实现好、维护好、发展好最广大人民根本利益，把人民拥护不拥护、赞成不赞成、高兴不高兴、答应不答应作为衡量一切工作得失的根本标准。"[①]

（三）价值观与核心价值观

1. 价值观

价值观是人们关于价值本质的认识以及对人和事物的评价标准、评价原则和评价方法的观点的体系。价值观与世界观和人生观是一致的。

价值观是人们关于应该做什么和不应该做什么的基本观点，是区分好与坏、对与错、善与恶、美与丑等的总观念。价值观对人的行为起着规范和导向作用。价值观不同的人，行为的取向也会不同，甚至可能截然相反。即使从同一真理出发，也可能有不同甚至相反的行为取向。具有同样的化学知识，有的人为人类造福，有的人制造毒品危害社会。拥有科学知识并不能保证行为的正确，由于价值取向出了问题，而行为受控于价值观，所以行为也会出问题。马克思主义价值观以绝大多数人的利益为是非、善恶、美丑的评价标

---

① 《习近平谈治国理政》第 2 卷，外文出版社 2017 年版，第 40 页。

准，归根结底以社会的进步和人类的彻底解放为标准。

2. 核心价值观

对民族与国家来说，最持久、最深层的力量是全社会共同认可的核心价值观，因为它承载着一个民族、一个国家的精神追求，体现着一个社会评判是非曲直的价值标准。

社会主义核心价值观回答了在我国应该建设什么样的国家、建设什么样的社会、培育什么样的公民等重大问题。

党的十八大倡导富强、民主、文明、和谐，倡导自由、平等、公正、法治，倡导爱国、敬业、诚信、友善，积极培育和践行社会主义核心价值观。

"社会主义核心价值观是当代中国精神的集中体现，凝结着全体人民共同的价值追求。"[1] 社会主义核心价值观在培养担当民族复兴大任的时代新人、进行国民教育、精神文明创建、精神文化产品创作生产传播等方面具有强大的引领作用。

三、坚持真理和价值在实践中的辩证统一

实践中离不开真理的指导，必须在实践中坚持真理；同时，真理需要在实践中检验和发展。实践的真理尺度是指在实践中人们必须遵循正确反映客观事物本质和规律的真理。只有按照真理办事，才能在实践中取得成功。实践的价值尺度是指在实践中人们都是按照自己的尺度和需要去认识世界和改造世界。这一尺度体现了人的活动的目的性。

任何实践活动都是在这两种尺度共同制约下进行的，任何成功的实践都是真理尺度和价值尺度的统一，是合规律性和合目的性的统一。真理的价值就在于指导人类新的实践活动，从而减少实践的盲目性，使实践更加具有计划性。为了满足人类生存和发展的需要，人们必须通过实践改造外部世界。在这一过程中，不仅存在着主观符合客观的真理问题，而且存在着按照主体的需要和尺度认识和改造客观世界的价值问题。

真理和价值在实践中的辩证统一，体现在以下几个方面：

---

[1] 习近平：《决胜全面建成小康社会 夺取新时代中国特色社会主义伟大胜利——在中国共产党第十九次全国代表大会上的报告》，人民出版社 2017 年版，第 42 页。

1. 成功的实践必然是以真理和价值的辩证统一为前提的。既按科学规律办事，又满足人的需要

马克思在分析人的活动与动物的活动的区别时指出，动物只是按照它所属的那个种的尺度和需要来建造，而人却懂得按照任何一个种的尺度来进行生产，并且懂得怎样处处都把内在的尺度运用到对象上去。人的活动与动物活动的区别就在于，动物只有一个尺度，即以该物种的本能和本性去适应环境以求得生存。而人却有两个尺度，一个是真理尺度，也叫客体尺度，即对象本性和规律；一个是价值尺度，即人自己的本性、需要和规律。人高于其他动物之处就在于能够把这两个尺度自觉地结合起来。

遵循真理尺度即我们通常所说的"按科学规律办事"，遵循价值尺度即我们通常所说的"满足人的需要"。无论何种实践，只有把"按科学规律办事"和"满足人的需要"相结合，才能达到目的，获得成功。

2. 价值的形成和实现以坚持真理为前提，而真理又必然具有价值性

人们对实现价值的追求，构成了实践的动因，但价值的实现必须以对相关真理的正确把握为前提才能成功。这是因为实践中的价值目标作为一种预见性的评价认识，它的确立是以对主客体及其相互关系的真理性认识为依据的。没有这种真理性的认识，就不能形成正确的价值目标。而没有对相关真理的把握，也就不会有成功的实践。同时，任何真理都必然具有价值，这是因为真理能为实践提供科学的客体尺度和主体尺度，能为实践提供正确的价值目标。因此，一种认识只要是真理，就会或迟或早地显示出其对实践的指导作用，即显示出自身的价值。

3. 真理和价值在实践活动中相互制约、相互引导、相互促进

（1）真理和价值的相互制约表面在：一方面，价值的实现有赖于对相关真理的把握，真理的发展水平制约着价值实现的程度；另一方面，真理在实践中被验证的过程，则有赖于价值在实践中被实现的状况。价值的实现表明，在实践中所遵循的关于客观事物的本质和规律的认识是真理。

（2）真理和价值的相互引导表现在：一方面，实现价值是人们追求真理的目的，满足人们需要的价值追求引导着人们去探索相关真理，所以认识活动的指向是受价值追求的指向规定的；另一方面，真理的不断发展也引导着人们进一步提出新的价值追求，人们在哪一个领域中获得的真理越多，人们就会在哪一个领域中提出更多的价值目标，因此真理的发展同时也影响了价值发展的方向和程度。

（3）真理和价值的相互促进表现在：一方面，真理的发展促进价值的实现，也就是说，真理的发展可以促使人们更深刻、更全面地理解其生活条件和发展方向，从而使人们的价值追求更合理，更符合人类自身发展的必然性；另一方面，价值的实现又推动着真理的发展。人们对价值的追求越自觉、越合理、越深入，也就表明人们对真理的把握越全面、越深刻，同时也就越能够激发起人们探索真理的热情。

案例：《论语·先进篇》

子路、曾皙、冉有、公西华侍坐。子曰："以吾一日长乎尔，毋吾以也。居则曰：'不吾知也！'如或知尔，则何以哉？"子路率尔而对曰："千乘之国，摄乎大国之间，加之以师旅，因之以饥馑，由也为之，比及三年，可使有勇，且知方也。"夫子哂之。"求，尔何如？"对曰："方六七十，如五六十，求也为之，比及三年，可使足民。如其礼乐，以俟君子。""赤，尔何如？"对曰："非曰能之，愿学焉。宗庙之事，如会同，端章甫，愿为小相焉。""点，尔何如？"鼓瑟希，铿尔，舍瑟而作，对曰："异乎三子者之撰。"子曰："何伤乎？亦各言其志也。"曰："莫春者，春服既成，冠者五六人，童子六七人，浴乎沂，风乎舞雩，咏而归。"夫子喟然叹曰："吾与点也！"三子者出，曾皙后。曾皙曰："夫三子者之言何如？"子曰："亦各言其志也已矣。"曰："夫子何哂由也？"曰："为国以礼。其言不让，是故哂之。唯求则非邦也与？""安见方六七十如五六十而非邦也者？""唯赤则非邦也与？""宗庙会同，非诸侯而何？赤也为之小，孰能为之大？"

案例讨论： 翻译这段话，并且谈谈你从中得到了什么启发？

案例点评： 这段话讲述了孔子和自己的三个弟子谈论人生理想的场景。子路、冉有、公西华三个人都是在描绘一种具体的从政目标，包括治理国家、宗庙祭祀等等，而曾子则描述了春日里，人们洗洗澡，跳跳舞，吹吹风的轻松时刻。初看起来，这简直就是一次普通的春游活动。但是仔细分析可知曾子当然不仅仅是描述一次春游，而是描述他理想中的幸福社会，是在礼乐之治下的升平景象，颇有些成于乐的气象。而这样的理想社会也正是孔子所希望的，因此孔子会点头赞叹，"吾与点也"。孔子理想中的社会，人人自由而快乐，真与善相统一相融合，达到了最美最纯的境界。这其实就是真理和价值的完美统一，求真与向善的追求的完美结合。

（二）新时代中国特色社会主义伟大实践，充分体现了真理尺度和价值尺度的辩证统一

新时代中国特色社会主义的伟大实践，充分体现了真理尺度与价值尺度的辩证统一。习近平同志指出："中国共产党人的理想信念，建立在马克思主义科学真理的基础之上，建立在马克思主义揭示的人类社会发展规律的基础之上，建立在为最广大人民谋利益的崇高价值的基础之上。我们坚定，是因为我们追求的是真理。我们坚定，是因为我们遵循的是规律。我们坚定，是因为我们代表的是最广大人民根本利益。"①

总之，在实践中，真理既是制约实践的客观尺度，又是实践追求的价值目标之一，即通过实践获取关于外部世界的科学认识；而价值则是实践追求的根本目标，同时又是制约实践的主体尺度，真理和价值在实践基础上是辩证统一的。

§3 教学小结

本专题主要内容需要了解真理和价值的含义，熟悉真理的三个特性即客观性、绝对性和相对性，着重理解真理的绝对性和相对性，掌握真理与价值的关系，联系现实生活理解实践是检验真理的唯一标准，成功的实践是真理尺度和价值尺度的统一，学会如何在实践中实现求真与向善的完美统一、培育和践行社会主义核心价值观。

§4 作业及思考题

1. 为什么说真理既是绝对的又是相对的？把握这一观点对于坚持和发展马克思主义有什么重要意义？

2. 当代大学生应当如何树立正确的价值观，培育和践行社会主义核心价值观？

3. 在中国共产党90多年的成长历程中，特别是改革开放40年来，党的理论得到不断发展和完善。结合所学知识说明，党的指导思想的丰富和发展体现了哪些认识论的原理？

---

① 《习近平谈治国理政》第2卷，外文出版社2017年版，第50页。

§5 阅读参考文献

1.《马克思恩格斯选集》，人民出版社 1972 年版。

2.《列宁选集》，人民出版社 1972 年版。

3.《毛泽东选集》，人民出版社 1991 年版。

4.《邓小平文选》，人民出版社 1994 年版。

5.《习近平谈治国理政》，外文出版社 2014 年版。

6.《习近平谈治国理政》（第二卷），外文出版社 2017 年版。

7. 北京大学哲学系外国哲学史教研室编译：《西方哲学原著选读》（上），商务印书馆 1981 年版。

8. 杨伯峻：《论语译注》，中华书局 1980 年版。

9. 韩震：《社会主义核心价值体系研究》，人民出版社 2007 年版。

（本专题撰稿人　曲艳　罗慧）

专题六　社会历史观的基本问题是什么

§1 教学简况

课时安排

2 学时。

教学目的和要求

一、学生能够理解唯物史观和唯心史观的区别。

二、学生能够运用社会存在与社会意识的辩证关系分析问题。

三、学生能够理解物质生产方式在社会存在和发展中作用。

四、学生能够理解社会意识的相对独立性。

教学内容

一、两种根本对立的历史观。

二、社会存在与社会意识的概念及辩证关系。

三、物质生产方式在社会存在和发展中的作用。

四、社会意识的相对独立性。

讲授重点和难点

重点：社会存在与社会意识的辩证关系；社会意识的相对独立性。

难点：如何认识两种根本对立的历史观。

§2 教学过程

【问题导入】

《临江仙·滚滚长江东逝水》所想到的

请同学们先来欣赏一首词：滚滚长江东逝水，浪花淘尽英雄。是非成败转头空。青山依旧在，几度夕阳红。白发渔樵江渚上，惯看秋月春风。一壶浊酒喜相逢。古今多少事，都付笑谈中。

《临江仙·滚滚长江东逝水》是明代文学家杨慎所作《廿一史弹词》第三段《说秦汉》的开场词，后毛宗岗父子评刻《三国演义》时将其放在卷首。老版电视剧《三国演义》将其作为主题歌歌词的开首两句令人想到杜甫的"无边落木萧萧下，不尽长江滚滚来"和苏轼的"大江东去，浪淘尽千古风流人物"，以一去不返的江水比喻历史的进程，用后浪推前浪来比喻英雄叱咤风云的丰功伟绩。然而这一切终将被历史的长河带走。"是非成败转头空"是对上两句历史现象的总结。"青山依旧在，几度夕阳红"，青山和夕阳象征着自然界和宇宙的亘古悠长，尽管历代兴亡盛衰、循环往复，但青山和夕阳都不会随之改变。

请大家思考：在人类历史发展进程中，什么起决定作用？人类历史发展有没有规律可循？

一、站在什么立场看待人类社会历史是一个首要问题

（一）社会存在和社会意识的关系问题是社会历史观的基本问题

社会历史观是人们对社会历史总的看法和最根本的观点。社会存在和社会意识的关系是哲学基本问题的展开和表现。社会历史观的基本问题的实质内容是指社会存在和社会意识何者为第一性，何者为第二性，谁决定谁的问题，谁是社会的本质。对社会历史观的基本问题的不同回答，是划分唯物史观和唯心史观的惟一标准。凡是认为社会存在是第一性的，社会存在决定社会意识，而社会意识是第二性的，它是对社会存在的反映，这就是历史唯物主义；如果认为社会意识是第一性的，社会存在是第二性的，社会存在由社会意识所决定的形形色色的历史理论和学说，则构成历史唯心主义阵营。

（二）马克思主义以前的历史观

1.唯心史观长期占据统治地位：中国的封建社会中"君权神授"和"天命观念"统治着人们的思想。曾经有像管仲那样的思想家提出"仓廪实而知礼节，衣食足而知荣辱"的思想，但只是零散的、个别的观点。中世纪欧洲，人们对社会历史的看法深受神学社会历史观的影响，即认为人类历史是按照神的意志和目的而展开。欧洲文艺复兴之后，法国和英国的资产阶级思想家反对用"神的意志"来解释国家的起源，用人权否定神权，但他们的出发点

是认为存在着不变的"人类天性"。意大利的维柯和德国的赫尔德在历史哲学中探讨了作为人类活动产物的社会历史,但他们认为是因为存在着一种自然的必然性而使人类社会有一个阶段过渡到另一个阶段,还没有达到科学思想的高度。黑格尔是历史哲学的集大成者。他把自然和社会描写为一个统一的发展过程,并力图解释支配这个过程的内在规律,探讨了在表面上似乎是偶然性支配的社会历史背后的必然性联系。但他只是用世界精神的异化和复归代替现实的联系,并未发现真实的、客观的联系,历史在他那里被唯心主义地神秘化了。可以说,历史上一切唯心主义历史观都是这样那样地以精神、意志、观念来解释社会历史的发展。

2.唯心史观之所以在马克思主义产生以前长期占据统治地位,而且在今天仍然有着一定的市场,主要有三方面的根源:

第一,社会历史根源。社会发展的客观过程及其规律的充分暴露,在很大程度上取决于生产发展的状况。在资本主义大生产出现以前,奴隶社会和封建社会生产发展缓慢,规模狭小,限制了人们对社会历史的认识,使人们难以透过纷繁复杂的社会现象看到历史发展的共同性、普遍规律性的东西。

第二,阶级根源。当人类进入阶级社会之后,由于体力和脑力劳动的分离,剥削阶级垄断了精神文化活动,他们总是夸大精神的作用,贬低物质生产、鄙视体力劳动,抹杀人民群众在历史上的决定作用,竭力鼓吹英雄人物创造历史的唯心史观,为维护和巩固自己的统治地位与剥削制度的合理性、永恒性做辩护和论证。

第三,认识根源。认识根源讲的是人们在认识中犯错误的可能性和原因。社会历史现象与自然现象的最重要的区别,在于它是人的活动过程的产物,而人的活动都是受一定的意识和思想支配的。因此,人们就很容易形成一种倾向,从思想意识方面和动机上来寻找行动的原因。同时,社会的具体历史事件和历史人物的产生又有许多偶然因素。在人们的日常经验中,社会首脑人物制定国家的政策和法律,发起和领导历史运动,他们对整个社会发展的作用巨大,甚至英雄人物的个人性格和品质特征,也会经过社会组织的放大而对历史过程起重大作用。这个特点容易造成一种错觉,好像社会历史的发展决定于人的尤其是大人物的主观意识。有些人往往把人的意识,特别是把个别英雄人物的意识片面地加以夸大为是社会历史发展的决定力量,这样就导致唯心主义的结论。

3.历史唯心主义的主要缺陷:认为社会意识是第一性的,是社会历史发展的决定力量，这是产生历史唯心主义一切缺陷的总根源。列宁曾指出，在马克思主义哲学产生以前，一切历史理论有两个主要缺陷：第一，至多是考察了人们历史活动的思想动机，而没有考察产生这些动机背后的物质原因，即社会的经济根源，没有揭示社会现象背后的客观规律；第二，至多是考察了杰出人物、领袖人物或其他个别重要人物在历史变迁中的作用，恰恰没有说明人民群众的活动及其意义。

二、马克思恩格斯对社会历史观的基本问题的科学解决

（一）社会存在是人类社会的物质基础

社会存在也称社会物质生活条件，是社会生活的物质方面，主要是指物质资料的生产及生产方式，也包括地理环境和人口因素。地理环境是人类社会生存和发展的永恒的、必要的条件，而且它作为劳动对象也不断进入人们的物质生产领域。同时，人口因素也是重要的社会物质生活条件，对社会发展起着制约和影响的作用。人是社会生产和社会生活的主体，人口状况、数量、素质、结构等对社会存在和发展具有重要作用。然而，无论是地理环境还是人口因素，都不能脱离社会生产而发生作用，都不能决定社会的性质和社会形态的更替。人类社会要存在和发展下去，必须依赖一定的物质生活条件，这些物质生活条件统称为社会存在。社会存在包括地理环境、人口因素和物质资料的生产方式。它们各自在社会发展中起什么作用呢？其中，地理环境和人口因素是人类社会存在和发展的物质前提，而物质资料的生产方式则是社会存在和发展的决定力量和根本基础。

1. 地理环境及其在社会发展中的作用

（1）地理环境的含义。地理环境是指人类生存和发展所依赖的各种自然条件的总和，包括气候、土壤、地形地貌、矿藏和动植物分布等等。为了更加系统地了解和掌握地理环境这一概念，我们可以把它进一步概括为大气圈、水圈、岩石圈三大构成。

（2）地理环境的作用。地理环境是人类赖以生存的场所，离开适合人类生存的地理环境，人类就无法生存。人类对地理环境的依赖主要表现在以下两个方面：

第一，地理环境为人类提供生活资料和社会生产资料的来源。这些资源可以分为三类：

①生态资源（又称恒定资源），如太阳辐射、气温、水分等，它们不依人类意志为转移。这类资源具有明显的地区性，如能因地制宜，发挥所长，合理利用，可以长久使用。

②生物资源。如森林、草原、鸟兽鱼虫等动植物以及菌类和土壤。此类资源具有再生机能，如能合理地加以使用，并给以科学管理和抚育，不仅能生生不已，而且可以根据人类意志，有计划地繁殖扩大。

③矿物资源，包括煤，铁，石油，天然气等各种矿藏。此类资源储量有限，基本上属于非再生资源，一定要有计划地合理采用。如果胡乱开发和浪费，将造成矿藏能源危机，危害人类的生产和生活，后患无穷。

第二，地理环境给不同地区和国家的经济发展带来特色。地理环境影响社会生产部门的分布和发展方向，并通过生产而影响社会的发展速度。不同国家在生产门类、布局上的差别以及经济发展中的不平衡，往往同其所处的地理环境有着不可忽视的联系。最后，地理环境还制约着一个国家生产发展的潜力和前景。地理环境对于社会的存在和发展的重要意义是不容忽视的。历史唯物主义历来重视自然环境的作用，并对它做出实事求是的科学分析。但是，决不能把自然环境对社会发展的影响作用夸大为决定作用。否则，就会陷入资产阶级的地理环境决定论的泥坑。地理环境决定论认为，人和动植物的发展一样，都是受地理环境决定的，人类的体质和心理状态、人口和种族的分布、文化水平的高低、经济的盛衰、国家的命运、社会的前途等等都受到地理环境的支配。这种观点的创始人、著名的法国启蒙学者孟德斯鸠认为，气候是决定因素，"气候的权力强于一切权力。"酷热有害于力量和勇气，寒冷赋予人类头脑和身体以某种力量，使人们能够从事持久、艰巨、伟大而勇敢的行动，因此，"热带民族的懦弱往往使他们陷于奴隶地位，而寒带民族的强悍则使他们保持自由的地位。所有这些都是自然原因造成的"。这一理论无疑把社会还原成了人"身外的自然"，照此解释，一些民族受到剥削和压迫，完全是自然条件造成的。显然这是在为侵略者和压迫者制造合理依据，从根本上并未走出唯心史观的范围。

（3）地理环境作用的性质：地理环境是社会存在的必要前提，对社会发展有一定的影响作用，但对社会发展不起决定作用，起决定作用的是物质资料的生产方式。这主要有以下三个原因：

第一，地理环境不能决定社会制度的性质和社会制度的更替。例如，地理环境相同的国家，社会制度的性质可能不同；地理环境不同的国家，社会制度的性质又可能相同。再如，地理环境较好的国家，社会制度可能处于较低的阶段；而地理环境较差的国家，社会制度则可能处于较高的阶段。

第二，地理环境在社会发展中的作用受社会因素、主要受生产力和生产关系的制约。地理环境对社会发展的作用，总是通过生产力的发展水平表现出来。社会生产力发展水平越高，对自然条件的利用程度也就越大；社会生产越发展，就会在越来越大的程度上开发新的自然资源领域，扩大人类和自然之间越来越多的联系。

第三，地理环境只有通过生产过程或生产方式才能对人类历史发生作用。地理环境中的各种要素，如矿藏、湖泊、河流等等，只有进入生产过程，成为劳动资料或劳动对象时，才能在社会生产中，亦即在人类历史中发生作用。超出生产过程和生产方式之外，地理环境就无法在人类社会发展中起作用，地理环境不能直接决定人类的社会生活过程，直接决定人类社会生活过程的是生产方式。不论地理环境多么不同的国家，只要生产方式相同，社会生活过程就大体相同；反之，不管地理环境多么相同的国家，只要生产方式不同，社会生活过程就明显不同。地理环境不变，社会生产方式变了，社会生活过程就会改变。

2. 人口因素及其在社会发展中的作用

（1）人口因素的含义。人口因素也是社会存在和发展的必要前提。人口因素指的是人口的数量、质量、构成、分布密度和增长速度等。

（2）人口因素的作用：

第一，一定数量的人口是社会物质生产的必要前提。人类要生存下去，就必须进行物质资料的生产，而人口是物质生产的自然基础。社会是由人构成的，没有一定数量的最低限度的人口，就不可能有物质生产，当然也就没有人类社会的存在和发展。这一点在原始社会表现得最为明显。在原始社会，人类和自然抗争的能力十分低下。在这种情况下，人类要生存下去，就必须以群体的联合力量和集体行动来弥补个体劳动能力和自卫能力的不足，所以必须在一定数量人口的基础上，才能进行社会的物质生产，才能形成人类社会。

第二，人口状况能够加速或延缓社会的发展。在社会发展的不同时期，人口数量、质量、密度、构成和增长速度上的差异，对物质生产和社会发展有不同的影响。在人类历史上曾经出现过这样的时期，在人口数量多、密度大的地区，物质生产和科学文化的发展较快，社会较为繁荣；而在地广人稀、劳动力不足的地区，物质生产和科学文化的发展较慢，社会不够繁荣。随着生产力的发展和科学技术的进步，物质生产水平的提高主要依靠科学技术进步来提高劳动生产率，这时对人口数量的需求就相对减少，因而要求对人口增长的速度适当加以限制。如果人口数量过多、密度过高、增长过快，就会在衣、食、住、行、教育、卫生各方面压迫生产力，影响积累以及物质生产发展的规模和速度，给社会造成沉重负担。另一方面，随着生产力的发展和科学技术水平的提高，对人口质量的需求越来越高，因而优生优育，不断改善、优化人口的职业构成、教育构成、技术熟练程度的构成以及年龄和性别构成等，越来越成为生产发展和社会进步中起重要作用的因素。由此可见，既不能抽象地说人口数量越多、密度越大、增长越快越好，也不能反过来说人口数量越少、密度越小、增长越慢越好。只有与物质生产相适应的人口状况，才最有利于促进社会的发展。这说明，人口因素是影响社会发展的一个重要因素，但人口因素不能决定社会制度的性质和社会制度的更替。因为人口本身的生产和再生产不是由单纯的自然规律决定的，而是由社会规律决定的，由生产方式决定的。

（3）人口因素作用的性质

尽管人口因素对社会发展起着有利或不利、加速或延缓的重要作用，人口的加速增长对资源和环境形成巨大压力，但它同样不是社会发展的决定因素。因为第一，人口因素只是社会存在发展的自然前提，只有同社会所能提供的生产资料相结合、处于社会实践中的人才成为社会的主体，才能对社会产生影响。第二，人口的数量和增长状况，甚至密度大小，均不能说明一个国家社会制度的性质，也不能成为引起社会制度变革的根本原因。第三，人口本身的生产和再生产也不是由单纯的自然规律决定的，而是由社会规律决定的。生产力的进步、婚姻制度的演变和文明的发展，使人本身的繁衍成为一种历史的现象。世界人口加速增长的现象，绝不是单纯由抽象的生物学规律决定的，更重要的是经济、政治和文化等诸多因素共同作用的结果。缓解和消除人口剧增的压力，也只有通过社会途径才能实现。

3. 物质资料生产方式是社会历史发展的决定力量

（1）什么是物质资料生产方式？物质资料生产方式是人的本质的对象化、物化，是生产劳动的样式，是生产力和生产关系的统一，是社会历史的基础和决定力量。这个界定分别从生产方式的形成、性质、内容、地位和作用诸方面说明了生产方式范畴。从生产方式的形成看，它是人的本质的对象化物化，这说明它有主体性和客观性双重特征；生产方式的内容是生产力和生产关系的统一；生产方式的地位和作用是，它是人类社会的基础和决定力量。

（2）为什么说物质资料生产方式是人类历史发展的决定力量？

①生产方式是人类社会赖以产生和存在的基础，是一切其他社会活动的首要前提。在人类社会的全部活动中，生产劳动是最基本的实践形式，首先要由生产者提供吃、穿、住等物质生活资料，人们才能从事经济、政治、科学、艺术等活动，否则人们的一切活动无法进行，社会难以维持。人的生存依赖于劳动，劳动要能进行依赖于一定的社会形式，这种社会形式就是生产方式。没有生产方式这种社会形式劳动就不成其为劳动，也无法生产出人所需要的东西。因而生产方式是社会赖以存在的基础。

②生产方式决定社会的结构、性质和面貌。有什么样的生产方式，就有什么样的社会结构，生产方式决定着社会的性质和面貌。人们在社会上的地位和相互关系，以及与此相应的意识形态，也直接反映于他们的生产关系。概言之，一个社会的基本制度、阶级结构以及政治、法律、道德观点，归根到底决定于社会的生产方式。

③生产方式的变化决定整个社会历史的变化，决定社会形态的更替。社会生产是不断发展的，生产的变化引起生产方式也必然发生变化，那么社会形态也跟着发生改变，社会由此进到高一级的程度。可见生产方式推动人类社会由低级和高级发展的决定性力量。

地理环境、人口因素、物质资料生产方式在社会存在和发展中的作用充分表明，社会是一种同自然界密切联系、又有别于自然界的特殊物质存在形式，社会发展是一种由生产活动引起的不依人的意志为转移的自然史过程，是不以人们的意志为转移的客观存在。人类社会和自然界一样，不是凝固不变的，而是处于经常发展变化的矛盾运动过程中；人类社会和自然界一样，都有自身内在的由低级向高级发展的客观规律性。马克思主义关于社会发展客观性的思想要求我们，在认识和改造社会的过程中，应采取唯物辩证的态度，如实地反映社会发展的客观要求和历史过程，在遵循社会发展规律的基础上自觉地改造社会、创造历史。

（二）社会意识是社会精神生活过程

社会生活中不光是有社会存在或社会经济，还有社会意识。生产力、物质生活虽然在人和社会生活中处于基础性的地位，但不应因此而忽略社会意识、思想、精神生活在人和社会生活中的地位和作用。大家现在都认识到了科学在社会发展中的重要作用，说它是第一生产力，但别忘记了科学是非物质性的、意识性的东西。美国未来学家托夫勒把现代社会比作一列火车，火车头是技术、火车头中燃料就是科学。马克斯·韦伯甚至认为，宗教（清教）是西方近代社会发展的驱动力。这些观点虽然把问题绝对化了，但都强调了社会意识在社会生活和历史发展中的重要性。因此，我们在讲了社会存在问题后，要讲一下社会意识。这样才能全面整体地认识社会的本质和规律。

社会意识是社会生活的精神方面，是社会存在的反映。社会意识具有复杂的结构。从社会意识内部看，社会意识中包括个体意识和群体意识，社会心理和社会意识形式、意识形态和非意识形态等成分。这些不同成分之间有较稳定的联系方式，即结构。这种结构决定着社会意识的反映和反作用功能。

1. 个体意识和群体意识

个体意识和群体意识是从社会意识的主体角度来划分社会意识构成要素的。主体分为个体主体和群体主体，因而社会意识相应地就可分为个体意识和群体意识。每一个个人都有不同于其他个人的思想感情、精神世界多多少少都有自己的特点或特殊性。个体意识概念主要是反映这种特殊性的。所谓个体意识，是社会中的个人的意识，它是个人独特的社会经历与社会地位的反映，是个人实践的产物。这是从个体意识的主体、基础上对个体意识的界定。个体意识的特点是独特性和复杂性。所谓独特性也就是差异性、特殊性、个别性。就是说每个人都有同其他人不同的精神世界，有不同的生活体验生命感受。平常我们说"人心不同，各如其面"，指的就是个人意识的独特性。兵马俑的每个面孔都不同，表情各异，这是个人意识独特性的体现。即便是在大一统政治下，个人意识也保持着独特性。个人意识的独特性的原因是由个人意识的主体和基础的差异造成的。个人意识的复杂性是说个人意识中总是包含着种种对立的因素在里面。个人意识中既有善性又有恶性，既有人性，又有兽性，既有平庸世俗，也有高尚超越性。现实生活中"高大全"的人是没有的。个人意识的独特性和复杂性，要求我们应尊重个性、尊重差异性，要做到"万众一心"其实是不可能的，用同一种生活模式要求每个人也是不对的。

个人结成群体才能生存和发展。群体也有自己的意识。如中华民族是一群体，美国也是个群体，他们都有自己的意识。所谓群体意识，是一定的人群所结成的社会共同体（家庭、团体、行业、阶层、阶级、民族等）的共同意识。它是个人意识错综复杂的产物，是对群体共同的社会经历、社会地位和社会条件的反映,为维持群体的利益服务。不同民族有不同的文化,不同的阶级有不同的思想,不同的行业有不同的思维习惯,不同地域的人有不同的风格等等,这都是群体意识存在的体现。人们常常从自己所处的群体意识来认识和反映世界和社会存在的。例如,中国人对世界的认识往往是站在中华民族意识上来进行的。

群体意识具有整体性和层次性特点。整体性是说,群体意识不是对该群体中个人意识进行机械相加得到的,而是对这个群体本质的反映。卢梭把群体中各个个人意识机械相加的意识叫"众意",把体现该群体本质的意识叫"公意"。公意和众意是不同的。群体意识的层次性是说,群体意识有大小不同的层次,大体可分为家庭意识、宗族意识、团体意识、行业意识、派别意识、阶层意识、阶级意识、民族意识等由小到大的层次。在个人意识中层叠地存在着这些不同层次的意识。

个体意识和群体意识是既相互区别,又相互联系的。其相互联系表现为二者相互依赖、相互作用和相互转化。个体意识和群体意识的关系是部分和整体、个别和一般的关系。一方面,整体离不开部分,群体离不开个体,因而群体意识离不开个体意识。个体意识是群体意识的基础。群体意识是在对个体意识进行概括和综合基础上形成的,因而没有个体意识不会有群体意识。另一方面,部分也离不开整体,个体离不开群体,因而个人意识也离不开群体意识。离开群体意识的个体意识其实是不存在的,因为凡是意识都具有社会性。个人意识是在群体意识的基础上形成的。因而个体意识和群众意识相互依赖。移居国外的中国作家,认为只有用母语写作才能写出好的作品,用外语很难,这是因为个人意识是离不开群体意识的。

一方面,群体意识影响和作用于个体意识。每个人从生下来直到大学及大学毕业后都在接受教育,这种教育的内容大都是群体意识,所以个人从小到大一直在受群体意识的作用。另一方面,个体意识又作用和影响群体意识。个人对群体意识可以信服、认同,也可以批评、否定、创造,这都是个体意识对群体意识的作用。我们常讲的弘扬民族精神,批判封建糟粕,弘扬爱国主义等都是个体意识对群体意识的作用。

个体意识和群体意识在一定条件下可以相互转让。一方面,群体意识可以转化为个体意识。我们每个人的思想中都有很多群体意识,这些群体意识就是在长期的教育中转化而来的。另一方面,个体意识可以转化为群体意识。其一,思想家的意识被某一群体认同,意味着这位思想家的个人意识转化为群体意识了。孔子、老子、朱熹、王阳明、毛泽东、邓小平等，都是个人意识向群体意识转化的典型体现。个人意识转化为群体意识是人生价值实现的重要方面。它意味着个体有限的人生向无限的转化。中国古代文化把"立言"视为"三不朽"之一（其他两种不朽是立德、立功）。

以上三点是个体意识和群体意识统一的表现。社会意识的发展就是在个人意识和群体意识的这种对立统一中实现的。社会意识对社会存在的依赖，反映和反作用也是在这种统一中实现的。社会规律开始总是先被少数思想家反映，先成为个人意识，然后经过宣传而转化为群体意识。群体意识再去作用和转化于新一代个体意识。

2. 社会心理和社会意识形式

这是从社会意识发展水平高低角度来划分社会意识的构成要素的。社会心理是发展水平较低的社会意识，社会意识形式则是发展水平较高的社会意识。

社会心理是一种低层次、低水平的社会意识，它是在日常生活和交往中形成的一种不系统、不定型、自发的反映形式。它表现为感情、风俗、时尚、习惯、成见、审美趣味、自发的信仰和信念等。它是对社会存在的较直接的反映，其中交织着感性因素和理性因素，但以感性因素为主。说社会心理发展水平低，就是由于它是不系统、不定型、自发的是以感性形式为主的。社会心理作为人对生活环境的最直接的朴素的反映是人人都有的。社会中的大部分成员或人们在大多数情况下都是按照社会心理去生活的。为人的穿衣打扮、交往礼仪、谈话说笑、生活行动等都受一个时期社会心理的影响。

社会意识形式是高水平、高层次的社会意识。它是思想家们从社会生活中概括提炼出来的比较自觉的抽象化和形式化的思想观念系统，有明确的分工和相对稳定的形式。社会意识形式以理性因素为主，其内容主要是：政治法律思想、道德、哲学、宗教、艺术和科学等。

社会心理和社会意识形式二者既相互区别，又相互联系、相互作用。社会意识形式依赖于社会心理，以社会心理为基础。因为社会意识形式对社会存在的反映和反作用都必须通过社会心理。社会意识形式反映社会存在依赖于社会心理。社会意识形式是对社会存在的反映，但它并不是直接反映社会存在，而是通过社会心理这一中介来反映社会存在。就是说社会存在首先反映为人们的社会心理，然后思想家通过对人的社会心理进行加工制作，抽象概括，形成社会意识形式。

社会意识形式指导和影响社会心理。社会心理毕竟是低水平的社会意识，是处于混沌状态的社会意识，其中正确与错误杂陈、健康与不健康并存，积极与消极难分。这是社会心理的局限性所在。这种局限性的存在使得社会意识形式对它的指导和影响具有必要性和重要性。因此，社会意识形式必须通过传播、宣传、灌输，使之在社会中普及化，以引导群众的社会心理朝正确的、健康的、积极的方向发展。在此过程中知识分子应发挥积极作用。

3. 意识形态和非意识形态

这是从社会意识形式是否反映经济基础的角度对社会意识形式所作的划分。意识形态是指反映并服务于经济基础的社会意识形式。意识形态由于是对经济基础的反映，从而属于上层建筑范畴。在阶级社会中，意识形态是有阶级性的。意识形态由于是对经济基础的反映，从而总是同经济基础中生产资料所有者的利益内在相关的，这是意识形态的价值属性。同时意识形态为了有效地为经济基础服务，又必须正确地反映经济基础的本质和发展规律，从此意义上看，它又具有科学性。综合起来看，意识形态既具有价值属性，又具有科学属性，是科学和价值的统一。譬如马克思主义哲学是意识形态，那就是科学性和革命性的统一。意识形态的内容包括政治法律思想、道德、艺术、宗教、哲学和大部分社会科学。

非意识形态是指不构成上层建筑成分的那些社会意识成分，主要指自然科学、思维科学和社会科学中的知识系统。非意识形态在阶级社会和非阶级社会中都没有阶级性。科学之所以不同于意识形态，主要在于科学知识不同于价值观念。科学是全人类共同的精神财富。过去曾认为科学有阶级性的看法是错误的。非意识形态的内容包括科学、逻辑学、语言学以及社会科学中的知识系统等。

（三）社会存在和社会意识的辩证关系

对于社会存在和社会意识的关系，马克思指出："不是人们的意识决定人们的存在，相反是人们的社会存在决定人们的意识。"马克思主义正确回答了社会存在和社会意识的关系，创立了历史唯物主义。马克思和恩格斯克服以往哲学家仅从人们的思想动机去研究社会历史的局限，努力寻找隐藏在人们思想动机背后的物质动因，从物质资料的生产方式出发解释一切社会历史现象，否定唯心史观而创立唯物史观。

社会存在和社会意识是辩证统一的。社会存在决定社会意识，社会意识是社会存在的反映，并反作用于社会存在。社会存在是社会意识内容的客观来源，社会意识是社会物质生活过程及其条件的主观反映。社会意识在任何时候都只能是被意识到了的存在。社会意识产生的最切近的基础是人类的社会实践，实践的能动性决定了意识反映的能动性。所以，社会意识根源于社会存在，是对以实践为基础的不断发展变化的现实世界的反映。社会意识是人们社会物质交往的产物。社会意识同语言一样，是在生产中由于交往活动的需要而产生的。人类最初的意识，是"纯粹动物式的意识"，是"被意识到了的本能"。经过漫长的生产和交往的发展，伴随着脑、体劳动的分工，产生了人类最初形式的思想家、僧侣。马克思说："从这时候起，意识才能摆脱世界而去构造'纯粹的'理论、神学、哲学、道德等等。""而发展着自己的物质生产和物质交往的人们，在改变自己的这个现实的同时也改变着自己的思维和思维的产物。不是意识决定生活，而是生活决定意识。"

随着社会存在的发展，社会意识也相应地或迟或早地发生变化和发展。社会意识是具体的、历史的。每一时代的社会意识都有其独特的内容和具体特点，具有不断进步的历史趋势，但其根源却深深地埋藏于经济的事实之中。例如，在原始社会，人们只有朴素的族群公有观念，不知"私有"为何物。随着以生产资料私有制为基础的生产方式的出现和原始社会的瓦解，私有观念以及与此相联系的思想意识相应产生。可见，那种认为人从来就有"自私意识"的观点是没有根据的。

总之，社会意识以理论、观念、心理等形式反映社会存在。这是社会意识对社会存在的依赖性。但社会意识又有其相对独立性，即它在反映社会存在的同时，还有自己特有的发展形势和规律。主要表现在：

首先，社会意识与社会存在发展的不完全同步性和不平衡性。进步的社会意识可以在一定程度上预见、推断未来，指导人们的实践活动；落后于社会存在的社会意识则阻碍社会的发展。另外，历史上也有这样的情况，社会经济发展水平较高的国家或地区，社会意识形式的发展水平未必都是最高的；某些经济水平相对落后的国家，其社会意识的某些方面有可能领先于经济发达的国家或地区。

其次，社会意识内部各种形式之间相互影响且各具有其历史的继承性。社会生活的内在联系及其统一性，决定了社会意识诸形式之间也必然是相互影响、相互作用的。同时，社会意识诸形式均有自成系统、前后相继的历史链条，因而具有历史继承性，有其发展的特殊规律。

最后，社会意识对社会存在的能动的反作用。这是社会意识相对独立性的突出表现。任何社会意识都不会凭空出现，只能是适应一定社会物质生活发展的要求而产生的，因而它必然具有满足这些需求的功能和价值，在一定条件下转化为物质力量并作用于社会存在、影响历史的发展。先进的社会意识，反映了社会发展的客观规律，对社会发展起着积极的促进作用；落后的社会意识不符合社会发展的规律，对社会发展起着阻碍的作用。

社会意识的能动作用是通过指导人们的实践活动实现的。思想本身并不能实现什么，要实现思想就要诉诸实践。而社会实践的主体是人民群众。因此，一种社会意识发挥作用的程度及范围大小、时间久暂，同它实际掌握群众的深度和广度密切联系在一起。掌握群众越多，往往发挥作用就越大；反之亦然。

正确而充分地发挥社会意识的能动作用，有赖于社会文化建设特别是先进文化的建设。文化是人类社会特有的现象。文化之中蕴涵着人类的智慧、价值追求和审美情趣。举凡适应先进生产力发展要求、代表人民群众的长远利益、顺应人类文明发展趋势的文化都能起到促进社会进步和发展的作用。在人类历史发展中，先进文化是有效地解决人类社会生存和发展中各种矛盾的精神武器；在现代，文化与经济和政治相互交融，在综合国力竞争中的地位和作用越来越突出。在当代中国，加强文化建设，充分发挥先进社会意识的能动作用，就要发展和建设中国特色社会主义文化，为人类文明进步做出更大贡献。

社会存在与社会意识辩证关系的原理具有重要意义。它在人类思想史上第一次正确解决了社会历史观的基本问题，是社会历史观革命性变革的基础。"人们的意识决定于人们的存在而不是相反，这个原理看来很简单，但是仔细考察一下也会立即发现，这个原理的最初结论就给一切唯心主义，甚至给最隐蔽的唯心主义当头一棒。关于一切历史的东西的全部传统的和习惯的观点都被这个原理否定了。"

唯物史观对历史观基本问题的科学回答，宣告了唯心史观的彻底破产。依据这一原理，马克思主义从社会生活的各种领域划分出经济领域，从一切社会关系中划分出生产关系，并把它当作决定其余一切关系的基本的原始的关系，进而将一切社会关系做结于生产关系，将生产关系归结于由生产力决定并反作用于生产力的高度来认识，将社会形态的发展看作自然历史过程，破天荒地破解了"历史之谜"，从而揭示了人类社会发展的规律。

§3 教学小结

唯物史观是马克思恩格斯两个伟大发现之一，它同另一个伟大发现即剩余价值学说一起，奠定了科学社会主义的理论基础。社会存在与社会意识的关系问题，是社会历史观的基本问题，也是人类实践的根本问题。以科学实践观为基础的社会存在与社会意识辩证关系原理、物质生产方式决定社会发展的原理，是正确认识和把握社会发展规律的基础。

§4 作业及思考题

1. 如何认识两种根本对立的历史观？
2. 社会存在和社会意识的辩证关系是什么？

§5 阅读参考文献

1.《马克思恩格斯选集》第 1 卷，人民出版社 1995 年版。
2.《马克思恩格斯选集》第 2 卷，人民出版社 1995 年版。
3.《马克思恩格斯选集》第 4 卷，人民出版社 1995 年版。

（本专题撰稿人 乔春霞）

专题七 人类社会是如何向前发展的

§1 教学简况

课时安排：

2 学时。

教学目的和要求

一、学生能够解释生产力与生产关系的概念和要素。

二、学生能够解释经济基础与上层建筑的概念和要素。

三、学生能够解释社会基本矛盾及其在历史发展中的作用。

四、学生能够分析阶级斗争和社会革命在阶级社会发展中的作用。

五、学生能够分析改革在社会发展中的作用。

六、学生能够分析科学技术在社会发展中的作用。

教学内容

一、生产力、生产关系的含义及要素。

二、经济基础、上层建筑的含义及要素。

三、生产力与生产关系的矛盾运动规律。

四、经济基础与上层建筑的矛盾运动规律。

五、社会基本矛盾及其在历史发展中的作用。

六、阶级斗争和社会革命在阶级社会发展中的作用。

七、改革在社会发展中的作用。

八、科学技术在社会发展中的作用。

讲授重点和难点

重点：社会基本矛盾是社会发展的根本动力、科学技术在社会发展中具有重要作用。

难点：社会发展的动力系统。

§2 教学过程

【问题导入】

杞人忧天有没有道理，人类社会会不会终结？

同学们，大家都知道"杞人忧天"的成语故事。在《列子·天瑞》篇里有几句话是这样记载的："杞国偶人，忧天地崩坠，身亡所寄，废寝食者"。"杞"是周代的一个诸侯国名，在今天的河南省境内的杞县一带，说是这个地方有一个人整天为头顶的天空可能要掉下来，而为自己的身心将无所寄托而忧心忡忡、寝食难安。在传统文化视野中，人们一直把"杞人忧天"当成"庸人自扰"的代名词，取笑其愚蠢和无聊。可是同学们想想看，放在科技迅速发展的今天，地球上各种供给人类生存的粮食、能源、生态状况等在人口暴涨的压力下，是不是会发生人类没法继续在地球上生存下去的险境呢？人们还会继续去取笑类似"杞人"？

我们的传统文化可以说博大精深，同学们想想看：比"杞人忧天"更早的神话传说是什么？对，是"女娲补天"！"女娲补天"是不是一样昭示了古人对于头顶天空的一丝温暖的关怀和关注。这些传说蕴含了先民对自己目之所及而技不能达的对象的默默注视和敏锐细腻的情感触摸，我们的祖先似乎比他们的后代心怀更为宽广和具有哲学的诗意和浪漫。当然，"天"在今天就不仅仅特指原初的自然天空，而更多是与我们生存密切相关的地理环境（在生产力里是作为劳动对象这个因素存在的）和人类群体构成的社会结构"天"了，没有人类这个群体，单个的人是无法生存下去的。就连《鲁滨孙漂流记》里不也还有一条狗做人的陪伴者吗？

社会发展问题远远不是人类古代神话传说所蕴含的诗意和象征那么简单。随着生产力水平的提高、人口的迅速增加和资源的快速减少，人类社会如何不断发展和发展的动力来自何处，一直就是一个非常重要关于人类自身能否有可持续性存在的基础性问题，在马克思的历史唯物主义科学理论之前就有大家所熟知的马尔萨斯人口理论，该理论认为人口呈几何级数增长，而粮食等资源呈算数级数增长就会导致社会发生失业、疾病以及动荡、瘟疫和战争的说法，对人类社会的可持续发展产生了怀疑。20 世纪 70 年代流行一时的罗马俱乐部报告《增长的极限》中指出：若世界系统按照现在的人口和经济增长以及资源消耗、环境污染趋势继续发展下去，那么人类生存的这个星球或迟或早会达到发展的极限乃至崩溃。罗马俱乐部的报告对现代社会发展的看法是极其悲观的，他们的观点一经推出，全世界的研究专家和普通民众都陷入全球性的"杞人忧天"的情绪和理论争论中去了，到今天还余音袅袅。至此，人类社会作为一个整体的发展前景已不能对它的发展抱持很乐观的信心了。人类社会的这个"天"愈发的需要生活其中的人们以审慎和缜密的科学态度来对待它了，否则，"杞人"忧己之天崩就可能成为事实。

自近代，社会的分工精细化和生产能力的快速提高，才具备了研究社会发展动力的最基本的社会土壤，也唯有进入近代的机器大工业时代，生产力和人类在生产中结成的生产关系的巨大矛盾在人类社会的发展中显示出巨大的推动力，马克思、恩格斯曾说过资本主义一百年所创造的物质财富超过了人类以往一切时代的总和。恰好，马克思又生活在当时生产力最发达的英国，而且英国社会本身还经历了1825年人类有史以来的第一次经济危机。基于以上社会条件，马克思开始对社会结构和动力问题试图做出自己的解答，创立了历史唯物主义，最关键的是这些解答科学地回答了社会是如何发展的，动力来自何处等最基础问题。下面我们就马克思以及马克思主义的社会发展动力理论来给同学们做一下比较详细的讲解。

一、人类社会的基本矛盾及其发展规律

（一）生产力和生产关系的矛盾运动及其规律

生产力和生产关系的矛盾，也是二者既对立又统一的辩证关系，表现在如下两个大方面。

1. 生产力决定生产关系

一是，生产力的状况（性质、水平和发展的要求）决定生产关系的状况（性质和形式），即有什么样的生产力，就会有什么样的生产关系。正如马克思所指出的："手推磨产生的是封建主为首的社会，蒸汽磨产生的是工业资本家为首的社会。"

二是，生产力的发展变化决定了生产关系的发展和变革。如马克思所指出："各个人借以进行生产的社会关系，即社会生产关系，是随物质生产资料、生产力的变化和发展而变化和改变的。"

2. 生产关系对生产力具有能动的反作用

一是，当生产关系适合生产力状况时，就促进生产力的发展。生产关系适应生产力状况时，就成为生产力发展的条件和动力。在社会发展史上，每一次生产关系合乎历史趋势的变革，新建立的适应生产力状况的生产关系，都不同程度地解放了生产力，促进了生产力的发展。当然，生产关系对生产力的促进作用，并不是说它能使生产力自然而然地发展。而是说，适合生产力的生产关系，可以不同程度地调动劳动者的生产积极性，使生产资料得到更合理的配置，使科学技术得到更好的开发和应用，并使生产工具和劳动对象的作用得到更高程度的合理使用。也即新的、符合历史发展趋势的生产关系，可以促进劳动者、生产资料、科学技术、自然资源的合理结合，为生产力的发展创造更有利的条件。

二是，当生产关系不适合生产力的发展状况时，它就阻碍生产力的发展。这种阻碍作用有两种情况：一是表现为落后的生产关系不能使劳动者和生产资料很好地结合，劳动者的劳动积极性受到挫伤，科学技术不能充分开发和利用，生产工具和劳动对象不能发挥其最大功效。严重时甚至会引起社会动荡，以致发生战争。二是表现为不顾客观条件，主观随意地超越现实生产力状况而建立的生产关系，也阻碍生产力的发展。这种生产关系会严重挫伤劳动者的积极性和创造性，使劳动资料和劳动对象的作用都不能充分发挥和利用。

在生产力和生产关系之间的辩证关系中，既不能只强调生产力决定生产关系，否则便违背了历史辩证法；也不能只强调生产关系对生产力的反作用，否则将会犯历史唯心主义的错误。

3. 生产力与生产关系的矛盾运动

生产力决定生产关系，生产关系反作用于生产力，这种相互作用就构成了生产力和生产关系的矛盾运动。二者的矛盾运动在不同阶段有不同的情形。当一种新的生产关系建立以后，在一定时期内，它同生产力发展的状况基本相适合的，因而促进了生产力的发展。但这个时期，生产关系和生产力之间也存在着矛盾，表现为生产关系的某些环节的缺陷同生产力不相适应，它们的矛盾没有达到激化的程度，处在相对稳定的量变阶段。当生产力发展到一定阶段，它与生产关系之间的矛盾日益尖锐起来，这时的生产关系就由原来与生产力的发展状况基本相适合转变为基本不相适应，以至逐渐成为生产力发展的桎梏，这就严重地阻碍了生产力的发展。生产力和生产关系的矛盾就由量变阶段进入到质变阶段。在这种情况下，社会进步力量或革命阶级就必然会根据生产力发展的客观求，通过社会革命等手段打破旧的生产关系，建立起新的生产关系，这样生产关系与生产力的矛盾就从基本不适合转变为新的基本相适合，使生产力得到解放和发展。而在新的生产方式中，生产关系和生产力只是基本相适合，还有不相适应的方面，于是又开始了生产力和生产关系的矛盾运动，进入了新的矛盾运动的量变阶段。总之，生产关系和生产力的矛盾运动，是一个由基本基合到基本不适合再到新的基本适合，即由量变到质变，再由质变到新的量变的循环往复、不断前进的过程。人类社会正是由于这种矛盾运动，推动着生产方式由低级到高级的依次交替。

4. 生产关系一定要适合生产力发展状况的规律

在生产力和生产关系相互作用的矛盾运动中，贯穿着生产力和生产关系之间内在的、本质的、必然的联系。这就是生产关系一定要适合生产力状况的规律。这一规律包含以下两方面基本内容：一方面，生产力决定一定生产关系的产生、性质和发展变化的方向及形式，另一方面，生产关系对生产力有能动的反作用，但这种反作用归根到底取决于和服从于生产力发展的客观要求。这一规律是生产力决定生产关系和生产关系反作用于生产力的对立统一。它表明生产力对生产关系起最终的决定作用；生产关系必须与生产力发展状况相适应，相适合就推动生产力的发展，不相适合就阻碍生产力的发展，这样的生产关系迟早要发生改革或变革。生产关系一定要适合生产力发展状况的规律是人类社会发展的客观普遍规律。它不依人的主观意志为转移而客观存在，并贯穿于人类社会发展过程的始终；对其他社会规律起决定和制约作用；这一规律决定人类社会历史上生产方式的依次更替，决定着人类社会的一般进程。对生产关系一定要适合生产状况的规律要反对形而上学的理解。如要反对那种认为生产力的任何发展变化，都会引起生产关系立即变革的错误观点；反对把生产关系对生产力的适合或不适合绝对化理解的错误观点。

我国当前的经济体制改革是在坚持生产资料公有制主导地位的前提下，对生产关系不适应生产力的某些环节、方面所进行的改革，是和我国生产力发展总体水平比较低，即自动化生产、半自动化生产、手工生产的多层次状况相适应的。我们在巩固和发展社会主义公有制的同时，也允许有助于社会主义经济发展的个体经济、私人经济、外资经济在一个时期内的存在和发展。在农村普遍推行多种形式的联产承包责任制，调动了广大农民的生产积极性，促进了农业生产的全面发展。城市经济体制改革的中心环节是增强企业，首先是国有大中型企业的活力，使企业拥有必要的经营管理自主权和合理的经济利益，成为自主经营、自负盈亏，充满活力的社会主义现代化企业，调动了企业和职工的生产积极性和创造性，大大地提高了经济效益。其次，是一大批的城乡股份制企业和乡镇企业的创建和发展，也是经济体制改革的重要表现，对推进和繁荣社会主义经济起到重要作用。

总之，通过经济体制改革，克服了生产关系中不适应生产力发展要求的某些环节和方面，使社会主义的生产关系更加发展完善，更有力促动了生产力的发展。推进了社会主义现代化建设事业。改革开放 40 年来取得举世瞩目的成就，证明了我国经济体制改革的正确性和重大意义；说明了社会主义的生产关系并不存在一种永恒不变的模式，它必须根据生产力发展的状况，适当进行调整和改革，才能不断发展完善，推动生产力的发展；也说明我们党是自觉运用生产关系一定要适合生产力规律原理的光辉典范。

（二）经济基础和上层建筑的矛盾运动及其规律

1. 经济基础、上层建筑的概念

（1）经济基础是指由社会一定发展阶段的生产力所决定的生产关系的总和。理解经济基础要把握以下几点：

第一，在现实社会中，生产关系是很复杂的，既有占统治地位的，也有旧社会生产关系的残余和新社会生产关系的萌芽。它们在社会中所处的地位和所起的作用是不同的。其中占统治地位的生产关系决定一个社会的性质。

第二，经济基础属于物质的社会关系。马克思主义认为社会关系分为物质的社会关系和思想的社会关系，其中物质的社会关系是基础，它决定思想的社会关系。

（2）上层建筑是建立在一定经济基础之上的意识形态以及与之相应的制度、组织和设施。正确理解上层建筑要把握以下几点：

第一，上层建筑由两大部分构成。一是政治上层建筑，包括以国家为核心的政治法律制度和军队、警察、法庭、监狱、政府机构、政党等设施和组织。一是思想上层建筑，包括政治法律思想、道德、艺术、宗教、哲学和绝大部分社会科学，统称为社会意识形态。这两部分各有相对独立性，又相互联系、相互作用。一定社会的政治法律制度、设施，都是以一定的意识形态为指导建立起来的。而思想上层建筑的诸形式也要求有相应的政治法律制度和组织设施，保证它的贯彻和传播。

第二，在上层建筑的庞大体系中，各部分的地位和作用是不同的。其中政治上层建筑处于主导地位，因为全部上层建筑都是经济基础的反映，而政治是经济的集中表现，它直接反映经济基础的要求，集中代表一定阶级的根本利益；同时，政治也制约和影响上层建筑的其他部分。国家政权是上层建筑的核心。因为政治的中心问题是国家政权的问题，政权是保护经济基础的强力工具。在阶级社会中，它是规定和调整阶级关系的主要力量，政权掌握在哪个阶级手里，社会所推行的就是哪个阶级的路线、方针、政策。政治法律思想在社会意识形态中居于指导地位，对其他社会意识形式起统帅作用，因为它是经济基础和阶级关系最直接、最集中的反映。

第三，上层建筑属于思想的社会关系。上层建筑所反映的社会关系是被经济关系，即物质的社会关系所决定的第二性的社会关系，是派生出来的社会关系，故称思想的社会关系。

2. 经济基础和上层建筑的矛盾运动

社会形态是经济基础和上层建筑的统一。经济基础和上层建筑的辩证关系是：经济基础决定上层建筑，上层建筑反作用于经济基础。

（1）经济基础决定上层建筑。首先，经济基础决定上层建筑的产生。上层建筑是为经济基础服务的，一定的经济基础总要求建立一定的上层建筑为自己服务。在社会关系中，相对来说经济基础应归为物质范畴，上层建筑应归为思想范畴。精神性的东西总是根源于物质性的东西。其次，经济基础决定上层建筑的性质。一定的经济基础需要特定的上层建筑与自己相协调，有什么性质的经济基础，就有什么性质的上层建筑。封建的经济基础要求有封建的上层建筑为之服务，社会主义的经济基础则要求其上层建筑的性质是社会主义的。再次，经济基础的变革决定上层建筑的变革。当旧的经济基础被新的经济基础代替时，旧的上层建筑或快或慢也要被新的上层建筑所取代。即使在同一社会形态里，当经济基础发生一定变化时，上层建筑也会发生相应的变化。

（2）上层建筑反作用于经济基础。首先，上层建筑的反作用集中表现在为自己的经济基础服务上。上层建筑总是要通过多种途径，比如通过政治、法律、思想的力量，论证、保卫自己的经济基础，使它得以巩固和发展。政治上层建筑会干预社会生活，消除异己力量，把人们的行为控制在预定秩序内；而观念上层建筑，则通过人们的思想来支配人们的行为，以此达到为自己的经济基础服务的目的。其次，当上层建筑与其经济基础相适应时，就会对其经济基础起保护和促进作用；不适应时，则起阻碍或破坏作用。再次，上层建筑反作用的性质，决定于它所服务的经济基础的性质。当上层建筑服务的经济基础先进时，就有利于生产力的进步和社会的发展；当它的服务对象是落后的经济基础时，就会阻碍生产力的进步和社会的发展。

（3）经济基础和上层建筑之间的相互作用，构成了它们之间的矛盾运动。一种新的经济基础建立之初，建立于其上的上层建筑一般来说是与之相适应的。但随着经济基础的变化，上层建筑因其相对稳定性而不能及时产生同步变化，便产生矛盾。经济基础与上层建筑之间的关系，也总是由基本适合到基本不适合再到新的基本适合，如此循环演进，向前发展。正是这种演进，推动社会形态的由低级向高级地发展。

3. 上层建筑一定要适合经济基础状况的规律

生产关系一定要适合生产力发展状况的规律经济基础与上层建筑之间的矛盾运动，体现了上层建筑一定要适合经济基础状况规律。这一规律包含两方面内容：一是经济基础决定上层建筑的产生、性质和发展方向；再是上层建筑对经济基础的反作用归根到底取决定于、服从于经济基础的性质和需求。

二、人类社会发展的动力

（一）社会基本矛盾是社会发展的根本动力

社会基本矛盾是整个人类社会发展的根本动力。人类社会内部的生产力和生产关系之间、经济基础和上层建筑之间的矛盾运动，推动了人类社会不断向前发展，从一种社会形态过渡到更高级的社会形态。历史上五种基本社会形态的演进就是由生产力和生产关系的矛盾、经济基础和上层建筑的矛盾这个社会基本矛盾运动直接推动的结果。

在社会基本矛盾运动中，生产力既是起点，又是社会发展的最终决定力量。社会的发展总是从生产力的变化和发展开始。生产力决定生产关系，生产关系作为经济基础又决定上层建筑；与此同时，生产关系又反作用于生产力，上层建筑又反作用于经济基础。在人类历史上，有什么样的生产力，就会有什么样的生产关系，以及由它们所构成的生产方式；有什么样的经济基础，就会有什么样的上层建筑，以及由它们所构成的社会形态。生产力和生产关系的矛盾是更为基本的矛盾，它决定着经济基础和上层建筑的矛盾，但生产力和生产关系矛盾的解决，又有赖于经济基础和上层建筑矛盾的解决。由此可见，生产力、生产关系、上层建筑是社会基本矛盾中最基本的三个层次，三者之间是层层决定而又层层反作用的关系，反作用的关系服从于而又制约着决定的关系。正是这两对矛盾的交互作用形成了社会基本矛盾运动，推动着人类社会发展的一般进程。

人类社会发展的历史，就是生产力和生产关系的矛盾、经济基础和上层建筑的矛盾不断产生又不断解决的历史。当一个社会刚刚建立和在它上升时期，生产力和生产关系相适应是基本的，这时生产关系对生产力的发展起推动作用，上层建筑帮助自己的经济基础进一步形成、巩固和发展，从而促进生产力乃至整个社会的发展。生产力是社会发展过程中最活跃最革命的因素，它永远不会停止在同一个水平上。当生产力发展到一定阶段，原来与之相适应的生产关系就会逐渐变成阻碍生产力发展的力量，而原来的上层建筑又拼命地维护旧的生产关系，阻碍新的生产关系的产生，这时社会基本矛盾便激化起来。于是引发革命，斗争的结果，以新的上层建筑代替旧的上层建筑，促进新的生产关系（经济基础）的形成、巩固和发展。这时，生产力和生产关系之间、经济基础和上层建筑之间就由基本不适合转化为基本适合，在新的基础上又开始了新的矛盾运动。生产力和生产关系、经济基础和上层建筑从基本适合到不适合，又在新的基础上达到基本适合；社会的进程由量变到质变，又由质变到新的量变，如此循环往复，川流不息，推动着人类社会不断向前发展。迄今为止，人类社会已经经历了原始社会、奴隶社会、封建社会、资本主义社会，一部分国家已经进入了社会主义社会，这是人类社会发展的一般进程。

（二）社会主要矛盾在社会发展过程一定阶段上起主导作用

在社会领域中，除了社会基本矛盾，还有社会主要矛盾。社会基本矛盾和社会主要矛盾不是同一个概念，也不是同一层次的矛盾。一般来说，社会基本矛盾是其他一切社会矛盾的根源，规定和制约着社会主要矛盾的存在和发展，社会主要矛盾是社会基本矛盾的具体体现。

在实际生活中，社会基本矛盾往往要通过具体的社会矛盾表现出来，而各种具体矛盾的变化发展会导致社会发展呈现出一定的阶段性特征。在考察具体的社会时，我们通常会从经济、政治、文化思想等方面去分析社会矛盾，而这些具体领域或具体方面的矛盾往往是社会基本矛盾在社会各个领域或方面的表现或折射。例如，生产发展或经济发展的问题、政治发展的问题、分配领域的问题、文化思想建设的问题等，都存在着各种各样的矛盾，都受到社会基本矛盾状况的制约，同时也是社会基本矛盾在具体生活领域中的表现。我们不仅要认识社会基本矛盾，而且要在此基础上认识社会中的各种具体矛盾，特别是社会主要矛盾。我们在工作中经常说的要认识和抓住影响全局的主要问题，其实说的就是要认识和抓住主要矛盾。

在社会发展过程的矛盾系统中，各种矛盾的地位和作用是不平衡的，存在主要矛盾和非主要矛盾的区别。社会主要矛盾是处于支配地位，在社会发展过程一定阶段上起主导作用的矛盾。社会主要矛盾的存在和发展，规定或影响着社会非主要矛盾的存在和发展。社会主要矛盾和非主要矛盾相互作用，在一定条件下相互转化。在社会发展一定阶段上，由于社会经济、政治、文化等因素的变化，原有的社会主要矛盾会朝着两个方面转化：一是社会主要矛盾双方的内容发生一定变化；二是矛盾地位发生变化，原来的主要矛盾转化为从属地位的矛盾，而原来的某个非主要矛盾则上升为占支配地位的主要矛盾。由于社会主要矛盾发生了变化，它所影响的社会发展过程也发生了变化，主要表现为社会发展过程出现了新的阶段性特点。

正确认识和把握社会主要矛盾，是无产阶级政党正确判断形势和确立工作重心的客观依据。马克思主义经典作家历来都非常重视抓主要矛盾的方法论和指导意义。恩格斯说："为了达到伟大的目标和团结，为此所必需的千百万大军应当时刻牢记主要的东西，不因那些无谓的吹毛求疵而迷失方向。"毛泽东说："对于矛盾的各种不平衡情况的研究，对于主要的矛盾和非主要的矛盾、主要的矛盾方面和非主要的矛盾方面的研究，成为革命政党正确地决定其政治上和军事上的战略战术方针的重要方法之一，是一切共产党人都应当注意的。"抓主要矛盾，是我们党在长期革命、建设、改革中形成的基本经验。我们党善于抓主要矛盾，以此带动其他矛盾的解决，从而推动事业发展和社会进步。

社会主要矛盾及其转化的原理，对于指导中国特色社会主义实践具有重要意义。我们党对社会主义建设规律的探索，与对我国社会主要矛盾的认识有着密切的联系。当我们正确把握了社会主要矛盾时，社会主义建设事业就会顺利发展，否则就容易导致挫折。1956年党的八大指出，我国完成了社会主义改造，社会主要矛盾已经是人民对于建立先进的工业国的要求同落后的农业国的现实之间的矛盾，已经是人民对于经济文化迅速发展的需要同当前经济文化不能满足人民需要的状况之间的矛盾，从而需要大力发展社会生产力。这一重大认识和判断总体上是正确的，但后来由于"左"的思想干扰，在相当长时期内偏离了党的八大关于社会主要矛盾的正确判断，把无产阶级和资产阶级之间的斗争当作社会主义社会的主要矛盾，造成了严重后果。随着十一届三中全会把党和国家的工作中心转移到经济建设上来，我们党对八大时的提法做了凝练，提出"在社会主义改造基本完成以后，我国所要解决的主要矛盾，是人民日益增长的物质文化需要同落后的社会生产之间的矛盾"并由此提出社会主义初级阶段理论，成为推进新时期党和国家工作的基本依据。我国的改革开放和社会主义现代化建设之所以取得如此巨大的成就，是与我们党准确把握和正确处理我国社会的主要矛盾分不开的。

党的十八大以来，中国特色社会主义进入了新时代。在新的历史条件下，科学把握社会主要矛盾变化，对全面推动新时代党和国家事业发展、实现中华民族伟大复兴，具有重大的现实意义。我们党在牢牢把握社会主义初级阶段基本国情的基础上，准确把握我国社会主要矛盾的变化，做出了新的重大判断。党的十九大指出，中国特色社会主义进入新时代，我国社会主要矛盾已经从人民日益增长的物质文化需要同落后的社会生产之间的矛盾，转化为人民日益增长的美好生活需要和不平衡不充分的发展之间的矛盾。这种转化的客观依据是，一方面人民美好生活需要日益广泛，不仅对物质文化生活提出了更高要求，而且在民主、法治、公平、正义、安全、环境等方面的要求日益增长；另一方面我国社会生产力水平总体上显著提高，社会生产能力在很多方面进入世界前列，更加突出的问题是发展不平衡不充分，这已经成为满足人民日益增长的美好生活需要的主要制约因素。这一新的主要矛盾的形成和出现，是中国特色社会主义进入新时代的重要标志和依据。在新时代，这一主要矛盾集中体现了我们所面临的诸多矛盾和问题，抓住了这一主要矛盾，我们就找到了正确理解和把握新时代的钥匙，就牵住了解决其他矛盾的"牛鼻子"。因此，我们要紧紧扭住这一主要矛盾不放，在继续推进我国经济社会发展的基础上，着力解决好发展不平衡不充分问题，大力提升发展质量和效益，以更好满足人民对美好生活的需要，更好推动人的全面发展、社会全面进步。这样，新时代中国特色社会主义的发展就有了可靠的保障，实现中华民族伟大复兴的目标就一定能够实现。

（三）阶级斗争和社会革命是阶级社会发展的直接动力

阶级是社会生产体系中的不同集团。"所谓阶级，就是这样一些大的集团，这些集团在历史上一定的社会生产体系中所处的地位不同，对生产资料的关系（这种关系大部分是在法律上明文规定了的）不同，在社会劳动组织中所起的作用不同，因而取得归自己支配的那份社会财富的方式和多寡也不同。所谓阶级，就是这样一些集团，由于它们在一定社会经济结构中所处的地位不同，其中一个集团能够占有另一个集团的劳动。"阶级的划分根据，是社会各集团在特定的生产体系、经济结构中所处的不同地位，其核心是他们对生产资料的关系不同。阶级的实质就是"一个集团能够占有另一个集团的劳动。"可见，阶级是一个历史范畴。阶级不是从来就有的，也不是永远存在下去的，它与生产发展的一定历史阶段相联系。在原始社会，由于生产力水平极其低下，没有剩余产品，因而也就没有剥削，没有剩余产品的占有，因而也没有阶级。到原始社会末期，随着生产力的发展，人们的劳动产品增加，出现了剩余产品。这就使一部分人占有另一部分人的产品成为可能；而随着社会分工的发展和产品交换的扩大，产生了生产资料私有制。于是，便产生了阶级。

阶级斗争在阶级社会发展中的作用主要表现为两个方面：（1）阶级斗争是推动阶级社会社会形态更替的直接动力。生产力和生产关系的矛盾、经济基础和上层建筑的矛盾发展到一定程度时，落后的生产关系和上层建筑就会阻碍生产力的发展和社会的进步。为了推动生产力的发展，代表先进生产力的阶级就与维护落后生产关系的腐朽统治阶级发生矛盾冲突。这时，只有通过阶级斗争才能推翻反动阶级的统治，实现生产关系的更替和社会制度的变革，从而解放生产力，把社会推向前进。（2）阶级斗争对社会发展的作用，还表现在同一社会形态内部发展的量变过程中。在阶级对抗的社会里，阶级斗争是不可避免的。历史上每一次较大规模的阶级斗争都在一定程度上打击了统治阶级，都不同程度地迫使统治阶级做一些让步，促使统治阶级进行一些政策调整，从而或多或少地推动了社会生产力的发展，使社会得以进步。

（四）改革是社会主义社会发展的主要动力

第一，社会主义社会的基本矛盾是生产力和生产关系之间的矛盾、经济基础和上层建筑之间的矛盾。

社会主义社会的基本矛盾决定社会主义改革的必要。社会主义改革是社会主义社会发展的直接动力。社会主义经济基础和上层建筑的产生与建立同旧社会具有根本不同的情况。在人类历史上的私有制社会中，生产关系的变革，是一种私有制代替另一种私有制，所以新社会的生产关系能够在旧社会中孕育产生，从时间顺序来说，新的经济基础产生于新的上层建筑之前，封建社会代替奴隶社会、资本主义社会代替封建社会的情况都是如此。而社会主义社会的建立则是以公有制代替阶级社会的私有制，公有制的经济基础同以往一切私有制的经济基础是不相容的，所以不可能在资本主义私有制经济基础内部自发产生，只有通过社会主义革命，建立无产阶级公有制。从时间顺序上来看，社会主义的上层建筑则是建立在经济基础之前。这是历史唯物主义所揭示的经济基础决定上层建筑这一普遍规律的一种特殊表现。

第二，在社会主义社会，处于主体地位的公有制的生产关系各方面的总和，构成了社会主义社会的经济基础；无产阶级专政的国家政权和一系列政治法律制度与设施，以及占统治地位的马克思主义指导下的整个意识形态，是社会主义社会的上层建筑。

社会主义经济基础和上层建筑的性质，决定了社会主义社会的基本矛盾同以往的社会相比，具有根本不同的特点、性质及其解决方式和发展前景。社会主义社会基本矛盾的特点表现为既相适应，又相矛盾，适应是基本的、主要的，不适应是非基本的、次要的。在生产力和生产关系适合的前提下，也还有矛盾，还存在着不相适应的环节和方面，如果处理不好必然会影响生产力的发展。从社会主义经济基础和上层建筑的状况来看，也是基本相适应的，我国社会主义制度建立以来的历史和现实证明了这一点。在社会主义社会，不论是生产力和生产关系之间的矛盾，还是经济基础和上层建筑之间的矛盾，同资本主义社会中这两对矛盾是根本不同的，其性质都是非对抗性矛盾，需要通过不断深化改革，切实解决这些矛盾，以推动社会的全面发展。

（五）科学技术是社会发展的重要动力

科学技术特别是科学技术革命是在历史上起推动作用的革命力量，是推动经济和社会发展的强大杠杆。马克思对科学技术的伟大历史作用做过精辟而形象的概括，认为科学是历史的有力的杠杆。中国古代的四大发明推动了人类社会的历史进程，特别是极大地促进了欧洲近代社会生产力的发展。马克思把火药、指南针和印刷术称为预告资本主义社会到来的三大发明。火药把封建社会的贵族骑士阶层炸得粉碎，指南针帮助资产阶级打开了世界市场并建立了殖民地，印刷术变成了科学复兴的手段。人类社会历史上，曾经发生过四次科学技术革命。最近的一次科学技术革命是 20 世纪 80 年代出现的，它以信息技术、新材料、新能源、生物工程、海洋工程等高科技的出现为标志，推动了人类社会由工业经济形态向信息社会或知识经济形态的过渡。每一次科学技术革命，都不同程度地引起生产方式、生活方式和思维方式的深刻变化和社会的巨大进步。

1. 对生产方式产生了深刻影响

这主要表现在以下几个方面：其一，改变了社会生产力的构成要素。科技发展使生产过程自动化程度提高，使劳动者的智能迅速提高，大大地改变了体力劳动与脑力劳动的比例，使劳动力结构向着智能化趋势发展。其二，改变了人们的劳动形式。微电子技术的出现和广泛应用，智能机器代替了人的部分脑力劳动，使人们的劳动方式正在经历着由机械自动化走向智能自动化、由局部自动化走向大系统管理和控制自动化的根本性变革。其三，改变了社会经济结构，特别是导致产业结构发生变革。新的技术革命在推动传统产业现代化的同时，使第三产业在国民经济中所占的比重日益提高。产业结构的变化又导致就业结构的变化。从事第三产业的人数比例迅速增高，科技人员和管理人员的比例日益增长。科技革命推动了生产规模的扩大，进而推动生产的分工和协作的广泛发展，并使生产社会化的程度进一步提高，最终必然会导致生产关系的变革。

2. 对生活方式产生了巨大的影响

现代科技革命把我们带入了信息时代。伴随科技迅速发展而来的是"知识爆炸"，要求人们不断更新和充实知识，以适应时代发展的需要。学习已日益成为生活中的一项重要内容。现代信息技术为我们提供了处理、储存和传递信息的手段，给学习、工作带来极大便利。现代化的交通、通信等手段，为人们的交往提供了方便。劳动生产率的提高，使人们自由支配的闲暇时间增多，为人们全面自由的发展创造了更多的机会，使人们能更多地从事科学、艺术、文化、教育等事业的创造性活动。

3. 促进了思维方式的变革

科技革命引起思维变化的最切近的基础是实践。科技革命首先通过改变社会环境来促使思维方式的发展，如扩大了人们的交往，开阔了人们的视野。现代科技革命对人的思维方式产生更重要的影响，主要表现在新的科学理论和技术手段通过影响思维主体、思维客体和思维工具，引起了思维方式的变革。在现代科技革命条件下，人们具有了新的知识理论结构和社会组织结构，能够运用新的理论工具和现代化技术手段，去研究一系列新现象、新领域、新课题。

科学技术像一把双刃剑，既能通过促进经济和社会发展以造福于人类，同时也可能在一定条件下对人类的生存和发展带来消极后果。科学技术作用的实现要受一定客观条件，诸如社会制度、利益关系等因素的影响，也要受到一定的主观条件如人们的观念和认识水平的影响。科学技术的发展标志着人类征服自然能力的增强，意味着能够更多地创造出人们所需的物质财富，对社会发展的积极作用是主要的、基本的方面。但是，现实生活中又确实存在着科学技术发展与人们的需要或利益之间的矛盾。一种情形是由于对自然规律和人与自然关系认识不够，或缺乏对科学技术的消极后果的强有力的控制手段而产生的。例如恩格斯就指出过，由于美索不达米亚、希腊、小亚细亚等地的居民，违反自然规律，对自然随意施加手段，破坏了生态平衡，而遭到自然界的无情报复。现代工业发展造成的环境污染，开发利用原子能所带来的消极后果等，都对人类的生存和发展造成不同程度的危害。还有一种情形与一定的社会制度有关。在资本主义条件下，科学技术的发展并非都能使人们摆脱贫困，并非都能促进人们的身心发展。科学技术有时表现为异己的、敌对的和统治的权力。

在当代，科学技术发展在造福人类的同时，"全球问题"日益引起人们的关注。人口增长过快、粮食短缺、能源和资源枯竭、环境污染和生态破坏等问题日益突出。"全球问题"的出现，深刻地反映了人类与自然的矛盾，从一定意义上说，是由于科学技术广泛应用于自然而又失去控制所引发的，它涉及社会制度、社会管理组织、各种社会认识和整体社会实践的复杂问题。解决"全球问题"，有赖于多方面的努力和条件。要用科学的自然观和社会观指导人们和谐地与自然相处，要树立全球观念和危机意识，克服眼前利益和局部利益的狭隘视野，克服急功近利的行为；要强化人们认识自然和社会的能力，增强人们合理控制各种生产活动和消费活动的能力和手段，为摆脱人类困境创造新的物质条件。当然，如果问题是由制度造成的，就需要变革统治这种科学技术的社会形式。

案例：科学技术是一把"双刃剑"

镜头一：人机大战

1997 年，世界国际象棋冠军卡斯帕罗夫同深蓝计算机对弈，经过六局激战，卡斯帕罗夫认输。卡斯帕罗夫每秒钟可以思考三步棋，深蓝计算机每秒钟可以思考两亿步棋。这场比赛的影响远远超过了比赛本身，人们都以更加紧迫的心情在思考一个问题：电脑、机器人功能提高速度越来越快，越来越超过人，到那时人机关系将会处于一种什么状态？许多科学家认为，将来机器人必将统治人类。早在 1948 年，即第一台电子计算机问世后才两年，控制论专家艾什比就向世人发出警告：机器将可能统治人类。维纳说："如果机器变得越来越有效，而且在一个越来越高的心理水平上运转，那么人被机器统治的灾难就越来越近了。"英国机器人专家渥维克说："似乎没有什么能够阻止机器在不久的将来变得比人类的智能更高，所以，除了得出机器将会主宰地球的结论，我们还能得出什么结论呢？不仅如此，机器主宰地球的日子已经为时不远了。"他预计这是2050年将发生的事。机器人统治我们人类后，我们将怎样生存呢？有人认为这是好事，机器人把我们人类当作宠物来豢养。1999年12月24日《南方周末》上刊登一幅漫画：一个大机器人的两只腿上，坐着相比之下像孩子一样大的10个人。上面有一句话："让机器人当爷爷，我们当孙子，也许更舒坦。"可是更多的人认为，机器人对人类的统治，将是我们的厄运。有人说，人将成为计算机思想家的玩物或害虫，成为它们对低级发展形式的一种回忆，保存在将来的动物园里。有位计算机专家写道：总有一天机器人会统治我们人类，把我们关在动物园的牢笼里。大机器人带着小机器人参观动物园，指着笼里的人对小机器人说："孩子，这是人，是我们的祖先。"

镜头二：克隆风暴

1997年2月，英国的著名杂志《自然》宣布：英国爱丁堡罗斯林研究所威尔穆特等科学家用克隆技术培育出第一只绵羊。从技术发展的逻辑来讲，克隆了绵羊，就要考虑克隆人。大家关注的不是能否克隆人，而是是否应该克隆人。在这个问题上，全球议论纷纷，掀起了一场"克隆风暴"。有人赞成克隆人，提出了一些理由，譬如这是器官移植的需要。但许多人认为，克隆人的弊远远超过了利。如果克隆人是为了给我们提供器官，那克隆人也是人，我们有什么权利把克隆人当作材料仓库？人格、人权的平等又在哪里？而且克隆人会造成人的社会身份的混乱、社会关系的错位和人伦关系的冲击。例如，一位男士可以用自己的体细胞反复克隆，提供去核卵的可以是不同的女性。如果第一次由他妻子提供，第二次由他母亲提供，第三次由他女儿提供，第四次由他姐姐、第五次由他祖母提供，那这五个克隆人同他的人伦关系又怎样理解？英国报纸曾披露一件丑闻，朗多医生做人工授精业务已25年，从他的精子库提供的精子，已孕育出六千多个小孩，后来才知道，这些精子都是朗多一人提供的。这些孩子有男有女，长大成人后可能会成为夫妻，这岂不是造成近亲婚姻的悲剧？

镜头三：爱因斯坦的忠告

1931年，爱因斯坦对美国加利福尼亚理工学院大学生的讲话："我可以唱一首赞美诗，来颂扬应用科学已经取得的进步，并且无疑地，在你们自己的一生中，你们将把它更加推向前进。如果你们想使你们一生的工作有益于人类，那么，你们只懂得应用科学本身是不够的。关心人的本身，应当始终成为一切技术上奋斗的主要目标。关心怎样组织人的劳动和产品分配这样一些尚未解决的重大问题，用以保证我们科学思想的成果会造福于人类，而不致成为祸害。在你们埋头于图表和方程时，千万不要忘记这一点。"

小组讨论：

（1）"人机大战"和"克隆风暴"给人类带来的副作用，其责任在于技术自身吗？为什么？

（2）如何提升科学精神和人文精神，从而避免或降低科技的负面效应？

（3）科学技术往往是在一定的主客观条件下对人类的生存和发展带来消极后果。结合本案例，谈谈你是如何看待社会制度对运用科技后果的影响的。

案例点评：如果说科学技术像一把双刃剑，那么，高科技就像一把锋利的双刃剑。它的应用关系到人类的前途和命运。1997年国际科技界的两件大事："人机大战"和"克隆风暴"向人们展示了高科技应用可能会给人类带来的破坏性甚至是毁灭性的负效应。当然，这种负效应有可能是由于对自然规律和人与自然关系认识不够，或缺乏对科学技术消极后果的强有力的控制手段而产生的，也可能与一定的社会制度有关，如果问题是由后者造成的，就需要变革这种不合理的社会形式。本案例警示我们：在人与技术的关系中，人是主体，技术是工具。人是技术的主人，不是技术的奴隶。是人类决定技术的命运，不是技术主宰人类的命运。所以说，"人机大战""克隆风暴"带来的负面作用，责任不在技术而在于人。正如一把刀，在生活上是有用的，但它也能用来杀人。怎样用它，究竟是给人类带来幸福，还是带来灾难，全取决于人自己，而不取决于工具。技术本身无善恶，人对技术的应用是有善恶动机的。因而，人类有责任提高技术应用的正面作用，降低、消除其负面作用。让我们牢记爱因斯坦对人类的忠告：人类在积极发展高技术时，更应该提升人的道德责任感和人的价值观。

§3 教学小结

　　本专题主要探讨了人类社会为什么能够不断发展。社会基本矛盾是社会发展的根本动力，是历史唯物主义的一个新的重要范畴，它对人们从总体上考察社会历史，全面地把握整个社会的基本面貌及其发展变化的基本线索，有着重要的指导意义。社会主要矛盾是社会基本矛盾的具体体现，在社会发展过程一定阶段上起主导作用。阶级斗争和社会革命是阶级社会发展的直接动力。改革是社会主义社会发展的主要动力。科学技术在社会发展中具有突出的重要作用。

§4 作业及思考题

　　1. 生产力与生产关系的辩证关系是什么？

　　2. 社会主义初级阶段为什么要解放生产力？

　　3. 为什么说科学技术第一生产力？

§5 阅读参考文献

　　1. 马克思、恩格斯：《共产党宣言》，解放出版社 1949 年 11 月第 1 版。

　　2. 毛泽东：《论十大关系》。人民出版社 1976 年 12 月第 1 版。

　　3. 李光友主编：《马克思主义经典著作选编与导读》，东北大学出版社 2007 年 7 月第 1 版、

　　4. 颜锋：《现代科学技术与马克思主义》，知识产权出版社 2005 年 9 月第一版。

　　5. 洪晓楠、杨慧民：《马克思主义基本原理概论课教学案例解析》，高等教育出版社 2008 年 1 月第 1 版。

（本专题撰稿人　何小玲）

专题八　谁是历史的创造者

§1 教学简况

课程安排

2 学时。

教学目的和要求

一、学生能够解释两种历史观在历史创造者问题上的对立。

二、学生能够解释人民群众的概念。

三、学生能够分析人民群众在创造历史过程中的决定作用。

四、学生能够解释党的群众观点和群众路线。

五、学生能够分析个人在社会历史中的作用。

教学内容

一、两种历史观在历史创造者问题的对立。

二、人民群众是历史的创造者。

三、个人在社会历史中的作用。

讲授重点和难点

重点：人民群众是历史的创造者、党的群众观点和群众路线。

难点：评价历史人物应坚持历史分析方法和阶级分析方法。

§2 教学过程

【问题导入】

怎样看待有些人抹黑太平天国运动？

通过第七专题的学习，我们掌握了人类社会发展的动力系统。即，社会基本矛盾，即生产力与生产关系的矛盾以及经济基础与上层建筑的矛盾，是社会发展的根本动力；阶级斗争是阶级社会发展的直接动力；改革是推动社会发展的重要动力；科学技术对推动社会发展有重要推动作用。在第八专题，我们要探讨的是人类社会历史的主体，也就是说，谁是历史的创造者？

首先，我们来分析一个最近几年我国近代史研究中的热门话题"怎样看待有些人抹黑太平天国运动？"同学们，我们知道太平天国运动是中国近代史上规模巨大，波澜壮阔的一次伟大的反封建反侵略的农民革命战争。它虽然失败了，但具有不可磨灭的历史功绩和重大的历史意义。一方面，太平天国运动沉重打击了封建统治阶级，强烈震撼了清政府的统治根基，加速了清王朝的衰败过程；另一方面，太平天国运动有力地打击了外国侵略势力。然而，近年来网络出现了一股肆意抹黑甚至全盘否定太平天国运动的不良倾向。

北京海淀区某知名教师被学生誉为"史上最牛历史老师"，他认为，洪秀全创立拜上帝教是由于参加科举考试，屡考不中，直到又一次名落孙山，身心受到巨大打击，回到家里，大病一场，发烧做梦的结果。他认为拜上帝教是一个彻头彻尾的邪教。他说："太平天国带来了中华民族历史上的一次灾难。中国当时最富庶的地区，经济受到极惨重的打击。太平军所到之处，文化受到无法弥补的破坏。人类历史上伤亡最大的战争是太平天国，其次才是一战、二战。太平天国使中国的人口由原来的4亿减到了2.4亿。"[1]一些社会公众也在网络上发布一些诋毁、抹黑太平天国运动的言论。比如，有人认为："太平天国只不过是一个新的封建与专制的中央集权的等级森严的王朝，它表现得比以往王朝更加残酷和落后，更加腐败和堕落，是一个人间地狱；太平天国内部相互之间的权力争斗十分激烈，太平天国运动给社会带来的破坏也是前所未有。"[2]还有人说，太平天国如果真的占领了全中国，无疑是中国人民的巨大灾难。"太平军所到之处烧杀掳掠无恶不作，到处屠杀各地官员满人，攻下南京一次就屠杀了2万多满人，攻下武汉时不仅将武汉官员的600万两白银家产抢劫，还杀人越货，比土匪还残暴。不仅官员富豪被打劫，广大人民还被强行编入军中做炮灰，家产缴入圣库，父母子女夫妻不得相见，比地狱还惨。"[3]还有人说，"实际上，太平天国战争确实是一场真正意义上的大悲剧，它持续之长，规模之大，损失之惨，影响之远，在中国历史上都是史无前例的。单就人口损失，以及双方的残酷性和破坏性来说，在世界历史上也绝无

---

[1] 中国网：http://www.china.com.cn/culture/txt/2009-12/27/content_19136957.htm。
[2] 新浪博客：http://blog.sina.com.cn/s/blog_628246750100fpak.html。
[3] 百度帖吧：https://tieba.baidu.com/p/4203299205？red_tag=1250231256。

仅有。即使是动用了包括原子弹在内的现代化装备，战场遍及全球的第二次世界大战，也很难与其匹敌。太平军掀起的狂飙席卷所及，庐舍为墟，遍地瓦砾。不管以上哪种估算成立，太平天国战争都不仅仅是中国历史上空前的浩劫，而且也是全人类历史上最残酷的战争，因为第二次世界大战也仅造成了 5000 万的过量死亡。"[①]

长期以来，学术界对太平天国运动的批评也不绝于耳。如 20 世纪 90 年代末，复旦大学潘旭澜对太平天国及其领袖洪秀全持完全否定的态度，认为太平天国是神权政治，它鬼魅横行，引发了中国历史上史无前例的大灾难，而作为太平天国领袖的洪秀全更是"人性异化""极端利己"的"邪教主"；镇压太平天国，给太平军造反画上句号的曾国藩则为中国做出了重要贡献。再如，著名哲学家冯友兰在 1989 年由人民出版社出版的《中国哲学史新编》第六册中就对太平天国进行了否定。在同年接受刘鄂培专访时，冯友兰表示"我之所以否定太平天国，因为太平天国是要推行神权政治……假如太平天国统一了中国，那么中国的历史将倒退到黑暗时期"。

针对以上诸多抹黑太平天国运动的言论，请大家思考：应该如何正确评价历史事件和历史人物，到底谁是历史的真正创造者？本专题我们将围绕这些问题展开深入学习。

一、谁创造了历史：人民群众还是英雄人物

历史是由人创造的。这是由出生于 17 世纪的意大利政治哲学家维柯在《新科学》中最早提出的伟大思想。《新科学》的出版标志着历史哲学的诞生。但创造历史的人究竟是少数英雄人物，还是人民群众，却是一个有争议的重大历史观问题。唯心史观和唯物史观都认为历史是由人创造的，但在历史是由什么人创造的这个根本问题上，两者的看法却相互对立。唯物史观认为人民群众创造历史，唯心史观则认为历史人物创造历史。两者在谁是历史的创造者问题上的对立体现为英雄史观和群众史观的对立。

（一）唯心史观认为英雄人物创造历史

在马克思主义产生之前，占统治地位的历史观是唯心史观。唯心史观从

① 百度百家号：https://baijiahao.baidu.com/s？id=1593441539925859176&wfr=spider&for=pc。

社会意识决定社会存在的基本前提出发，否认物质资料生产方式是社会发展的决定力量，片面夸大少数英雄人物的历史作用，贬低或否定人民群众的历史作用。

1. 唯心史观的两种形式：唯意志论和宿命论

唯心主义有两种基本形式，即主观唯心主义和客观唯心主义。唯心史观也有两种基本形式，即唯意志论和宿命论。其中，唯意志论是主观唯心主义在社会历史领域的具体体现，宿命论是客观唯心主义在社会历史领域的具体体现。

唯意志论认为，少数帝王将相、英雄豪杰、"超人""天才""圣人"的主观意志决定历史的发展进程，人类历史就是由这些历史人物随心所欲地创造的。人民群众不过是"愚昧无知"的"群氓"，是消极、被动的"惰性物质"，是少数英雄人物的盲目追随者，是供他们驱使的工具。中国近代资产阶级思想家梁启超说："历史者英雄之舞台也，舍英雄几无历史"。在他看来，大人物"心理之动进稍易其轨，而全部历史可以改观"。英国的 T. 卡莱尔（1795—1881）认为：全世界的历史"实际上都是降生到这个世界上来的伟大人物的思想外在的、物质的结果"，"这些伟人的历史真正构成了全部世界历史的灵魂"。英雄史观在德国哲学中有着深厚的基础，19 世纪德国青年黑格尔派中的一些人把具有"批判的头脑"的个人看作是历史的创造者，如鲍威尔·B. 就说，"批判"是绝对精神，而他自己就是"批判"。在他们那里，"改造社会的事业被归结为批判的大脑活动"。他们认为，只要少数杰出人物提出了更高的思想，历史马上就会改观。在垄断资本主义阶段，德国产生了 F.W. 尼采的"超人"哲学。尼采认为"超人"是历史的主宰者，没有"超人"就没有历史，而人民群众则是"奴隶"和"畜群"，是"超人"用以实现其意志的工具。十月革命以前，俄国以米海洛夫斯基为主要代表的民粹主义者反对沙皇，同情人民，但又根本看不起人民群众。他们把自己看作英雄，把人民看作群氓。在他们看来，历史是由少数"积极的英雄"创造的，而人民群众不过是消极的群氓，他们愚昧无知、微不足道，犹如一连串 0，英雄人物好比是由阿拉伯数字 1 和许多 0 组成的大数目中的 1，而人民群众好比是那些 0。如果没有前面的 1，后面的 0 再多，也是没有意义的，只有在他们前头出现具有非凡智慧和才能的伟人这个"实数"的时候，才能变成有效的数字，他们才有价值。

宿命论认为，决定社会历史发展的是某种神秘的精神力量，如"上帝""天命""神""绝对精神",等等,英雄人物是这种神秘的精神力量的执行者、体现者,他们受托来决定社会历史发展、主宰人民群众命运。人民群众只能俯首听从这些神秘力量的支配和英雄人物的摆布。古希腊哲学家柏拉图说,奴隶主贵族是"神"用"金子"做的,具有统治能力;农民和手工业者是"神"用"铜和铁"做的,只能被人统治。19世纪德国哲学家黑格尔认为"宇宙精神"是历史必然性的基础,历史人物不过是"宇宙精神"的受托人。支配历史的"绝对精神"是不会说话的,他必须在人间找到一些代表他的人来体现他的意志,这就是英雄人物。历史不是个人随心所欲的结果,而是由某种客观精神决定的,伟大人物是"世界精神"的代理人。黑格尔曾把拿破仑(1769—1821)称为骑在马背上的世界精神。基督教的"上帝创世说"、儒家的"天命论"和宣扬封建皇帝是"真龙天子"等,都归属于这种观点。中国古代宣扬"君权神授",称帝王为天子。封建帝王为了巩固自己的地位和政权,自称其权力出于神授,是秉承天意治理天下。他们还宣扬自己生下来就有许多瑞征,即所谓"天子气"。

不论是主观唯心主义的唯意志论还是客观唯心主义的历史宿命论,其本质都是相同的,即主张英雄或某种神秘的力量决定历史的命运,否定人民群众是历史的创造者。历史就是英雄人物的历史。

2. 唯心史观产生的根源

唯心史观的产生有其深刻的认识根源、社会历史根源和阶级根源。

从认识根源看,唯心史观之所以产生,主要是因为停留于历史现象的表面,割裂了历史的现象与本质。社会历史呈现出来的面貌,往往是必然过程深藏于内,偶然情节显露于外。英雄人物在历史上的作用又的确比一般的个人要大得多,突出得多。认识历史的时候,很容易也会更多的注意到活动在历史舞台前面的少数英雄人物的作用,而把默默无闻的广大人民群众及其历史活动置于视野之外。只看到杰出人物的活动,而看不到他们背后的人民群众的力量,于是就得出了英雄创造历史的结论。

从社会历史根源看,英雄史观的产生同社会生产力水平较低,大多数人从事体力劳动,少数人从事脑力劳动有关。在私有制的社会条件下,广大人民群众从事体力劳动,进行物质资料的生产,但他们处于被支配的地位,受剥削、受压迫,积极性受到压抑,其历史创造性得不到充分发挥和社会应有的承认,而少数剥削阶级则掌握经济、政治权力,尤其是垄断脑力劳动的特权,他们必然夸大脑力劳动的作用,夸大个别人物的聪明才智的作用,贬低物质生产活动的作用，贬低从事物质生产活动的劳动群众的作用。

从阶级根源看，对于历史的解释，直接同各个阶级的利益相关。所以不能不更多地受到剥削阶级偏见的曲解。剥削阶级的思想家为了维护本阶级的利益，需要用英雄史观来为自己服务，用以树立领袖人物和政治代表的权威。出于阶级偏见，他们也需要宣扬唯心史观，不敢承认广大人民群众的历史作用，极力贬低人民群众的历史作用。这就是英雄史观的产生由可能变为现实，并长期占据统治地位的重要原因。

历史真的就是英雄人物的历史吗？鲁迅先生在《论合作》一文中曾有这样的一段话："有一回拿破仑过 Alps 山，说'我比 Alps 山还要高！'这何等英伟，然而不要忘记他后面跟着许多兵；倘没有兵，那只有被山那面的敌人捉住或者赶回，他的举动、言语，都离了英雄的界线，要归入疯子一类。"

（二）唯物史观认为人民群众创造历史

与唯心史观相反，唯物史观从社会存在决定社会意识的基本前提出发，认为社会发展的历史从根本上说是生产发展的历史；是物质资料生产方式新陈代谢的历史；是物质资料生产者的历史。因此，人民群众是历史的真正创造者。

1. 社会历史是由现实的个人及其活动构成的

历史是由人创造的，但是创造历史的不是抽象的、思辨的人，而是具体的、现实的人。什么是现实的人？所谓现实的人，不是处在某种虚幻的离群索居和固定不变状态中的人，而是处在现实的、可以通过经验观察到的、在一定条件下进行的发展过程中的人。这种现实的人，是基于自身需要和社会需要而从事一定实践活动的、处于一定社会关系中的、具有能动性的人。只有把人看作现实的人，才能正确把握人及其活动的本质，把握人与社会历史的关系。

首先，全部人类历史的第一个前提无疑是有生命的个人的存在，而不是"自我意识""类""唯一者"。现实的人区别于"思辨的人"和"抽象的人"。人们为了能够"创造历史"，必须能够生活。为了生活，除了要有一定的自然条件以外，首先还需要满足衣、食、住、行的各种生活资料，因此人的第一个历史活动就是生产满足这些需要的资料，即生产物质生活本身。

其次，这些现实的个人是从事活动的，进行物质生产的。人的本性是由物质生产的发展所决定的。可以根据意识、宗教或随便别的什么来区别人和动物。当人开始生产自己的生活资料的时候（这一步是由他们的肉体组织所决定的），人本身就开始把自己和动物区别开来。人们生产自己的生活资料，同时间接地生产着自己的物质生活本身。

再次，人的活动不能离开他们的物质生活条件。这些物质生活条件包括他们得到的现成的和由他们的活动所创造出来的。人们是在一定的物质生活条件下从事着创造历史的活动的。所以，任何历史记载都应当从这些自然基础以及它们在历史进程中由于人们的活动而发生的变更出发。

什么是人的本质？对这个问题，思想家们进行过多方面的探讨，提出过各种各样的观点。然而，在人类思想史上，只有马克思才第一次对人的本质做出科学界定。他在论述人的本质时，首先从劳动的角度对人与动物进行了区分，然后，进一步明确提出"人的现实本质是一切社会关系的总和"。

首先，劳动是最基本的实践活动，也是人类最基本的存在方式。这主要是从人与动物相区别的意义上来说的。劳动是人类的本质活动。劳动不仅创造了人本身，而且通过一定的创造物使人的本质力量得到确证。马克思在《1844年经济学哲学手稿》中指出："人的类特性恰恰就是自由的自觉的活动"。动物只是按照它所属的那个种的尺度和需要来建造，而人却懂得按照任何一个种的尺度来进行生产，并且懂得怎样把自己内在尺度运用到对象上去。劳动是最基本的实践活动，也是人类最基本的存在方式。劳动发展史是理解社会历史奥秘的钥匙，同样也是理解社会历史创造过程和历史创造者的关键。人们创造历史的第一个或最基本的活动是生产劳动。因此，人将自然界和自身当作认识和改造的对象，并能够利用自己的智慧创造工具，既改造自然界，也改造自身。

其次，人的现实本质是一切社会关系的总和。这是马克思主义关于人的本质的一个重要观点。马克思在《关于费尔巴哈的提纲》中指出，人的本质不是单个人所固有的抽象物，在其现实性上，它是一切社会关系的总和。马克思认为，凡是有某种关系存在的地方，这种关系都是为我而存在的；动物不对什么东西发生"关系"，而且根本没有"关系"。需要注意的是，人不仅作为"类"与动物有本质的区别，而且在社会生活中，人与人之间也存在本质区别；人的本质属性是社会属性，而不是自然属性；人的本质属性表现在各种社会关系中，特别是经济关系中；人的本质是变化、发展的，而不是永恒不变的。这一观点强调了个人与社会的统一，要求人们从一定的社会关系包括阶级关系中去认识和把握一定群体和个人的本质和作用。在一定社会发展的历史阶段上或者不同的社会关系中，具有不同社会属性的个人或群体，在社会历史发展中的作用是不同的。

因此，社会历史是由现实的个人及其活动构成的。而现实的人是基于自身需要和社会需要而从事一定实践活动的、处于一定社会关系中的、具有能动性的人。可以说，现实的人是真正意义上的人，是人与自然、人与人之间最基本、最本质的关系的规定。历史既不是神的历史，或绝对精神的历史，也不是一个生物物种的历史，而是现实的个人的生产史。只有把人看作是现实的人，才能正确把握人及其活动的本质，把握人与社会历史的关系。

2. 社会历史就其整体而言，是一定群体活动及其产物的演进过程

社会历史的发展过程离不开个体的人的活动，但整体的社会历史并非个体的历史的简单堆砌。正如恩格斯所说"历史是这样创造的：最终的结果总是从许多单个的意志的相互冲突中产生出来的，这样就有无数互相交错的力量，有无数个力的平行四边形，由此就产生出一个合力，即历史结果"，"每个意志都对合力有所贡献，因而是包括在这个合力里面的。"这就是恩格斯提出来的"历史合力论"（即"力的平行四边形理论"）。在历史中进行着活动的主体是千千万万个不同的个人，每一个人都按照自己的意愿、意志、目的进行着自己的活动，他们以个体的方式参与到历史的进程中，就每一个人而言，他在一定意义上"创造"了自己的"历史"，即通过自己的人生谱写了自身个体的"历史"。

在人类社会历史发展进程中，历史结果或者说历史活动结果，不是按个人的意志去产生和发展的，而是包括每个人在内的共同的意志之合力。不是单个人的意志，而是包含每个人意志在内的意志的融合而形成的总的合力，来影响历史发展，所以历史就是这些难以计数的人的活动，以及彼此不同，相互冲突的这样的人的活动的目的，以及这些目的活动的总的结果。历史就是每个人按照自己的意志和目的进行的活动，并且这些活动，这些目的，又是彼此不同、相互冲突的，因此，在这样一种斗争中，矛盾的活动过程中，形成了活动的结果，这样就是历史的形成过程。

恩格斯曾说，历史的结局如何，人们总是通过每一个人追求他自己的、自觉预期的目的来创造他们的历史，而这许多按不同方向活动的愿望及其对外部世界的各种各样作用的合力，就是历史。社会历史就其整体而言，是一定的群体（集体、阶级、民族乃至全人类）的认识活动和实践活动及其产物的演进过程，是以一定的物质生产方式为基础的社会形成和演进过程，人民群众才是推动社会历史前进的主导力量。

二、人民群众是如何创造历史的

唯物史观认为，人民群众创造历史。那么，哪些人属于人民群众？是社会中所有的人吗？人民群众又是如何创造历史的呢？

（一）如何正确理解人民群众的含义

我们有时会从有关影视作品中看到这样的情节：一个人对着商店（或其他服务机构）的工作人员大喊："你们的工作就是为人民服务，我就是人民中的一员，你们不为我服务，就是不为人民服务。"这里的关键在于如何理解"人民"二字。

"人民"这一概念在不同的国家和各个国家的不同的历史时期，有着不同的内容。在我国，人民作为一个特定内容的政治概念，有一个提出及其演进的历史过程，在不同的历史条件下具有不同的内涵。总体上来说，人民是指一切能够促进革命发展和社会进步的阶级、阶层和社会团体。"群众"也是一个政治性概念。根据马克思主义经典作家的分析，一切赞成、拥护和参加无产阶级革命和社会主义建设事业的人群都称之为群众，那些敌视、破坏社会主义革命和社会主义建设的人群是人民的敌人，不属群众范围。当然，在不同时期、不同情况下，群众概念指称的具体对象也有所不同。

马克思主义认为，"人民群众"从质上说是指一切对社会历史发展起推动作用的人们，从量上说是指社会人口中的绝大多数。人民群众是一个历史范畴，在不同的国家和各个国家的不同的历史时期，有着不同的内容，包含着不同的阶级、阶层和集团。但人民群众的最稳定的主体部分始终是从事物质资料生产的劳动群众及其知识分子。在阶级社会中，人民群众包括所有促进社会发展的阶级、阶层和社会集团。我国在抗日战争时期，一切抗日的阶级、阶层和社会集团都属于人民群众的范围。在社会主义建设的时期，一切赞成、拥护和参加社会主义建设事业的阶级、阶层和社会集团，都属于人民群众的范围。在现阶段，人民群众的外延更广泛些，凡是拥护社会主义和祖国统一的阶级、阶层和社会集团，都属于人民的范围，包括全体社会主义劳动者（无论是体力劳动还是脑力劳动）、拥护祖国统一的爱国者和拥护社会主义的爱国者。国旗的设计，就包蕴了我国"人民群众"的外延。大五角星代表中国共产党，四个小五角星各代表中华人民共和国成立时我国人民所包括的四个阶

级：工人阶级、农民阶级、城市小资产阶级、民族资产阶级。五颗五角星的
相互关系象征着中国共产党领导下的革命人民大团结。今天，五星红旗仍然
在祖国的上空飘扬，说明人民群众这一概念的内涵和外延同共和国成立初期
的变化不是很大。①

（二）人民群众创造历史的主要表现

马克思主义经典作家对人民群众创造历史有过丰富的论述。1844 年，马
克思和恩格斯在《神圣家族》中，充分肯定了人民群众在历史事业中的英勇
精神和创造力，深刻地阐明了人民群众在历史事业上的地位和作用，并指出，
人民群众的这种作用随着历史的进步将不断地增长。列宁在驳斥民粹派"英
雄创造历史"时指出：随着人们在历史创造活动的扩大和深入，作为自觉的
历史活动家的人民群众在数量上也必定增多起来。毛泽东曾说，人民，只有
人民，才是创造世界历史的动力。他于 1944 年在《看了〈逼上梁山〉以后写
给延安平剧院的信》中说："历史是人民创造的，但在旧戏舞台上（在一切离
开人民的旧文学旧艺术上）人民却成了渣滓，由老爷太太少爷小姐们统治着
舞台，这种历史的颠倒，现在由你们再颠倒过来，恢复了历史的面目，从此
旧剧开了新生面，所以值得庆贺。"

人民群众是历史的创造者，是推动历史前进的决定力量，在创造历史的
过程中起决定作用。人民群众的活动范围十分广泛，但可以分为物质性活动
和精神性活动两大类。物质性活动是生产物质生活资料的活动；精神性活动
主要是科学创造和文化创造活动。人民群众通过物质性活动和精神性活动，
决定着社会历史的变革和发展。人民群众创造历史的作用，主要表现在：

首先，人民群众是物质财富的创造者。人类要生存和发展，就得生产衣、
食、住、行、用等基本的物质生活资料，而这一切都是人民群众创造的。没
有人民群众所从事的物质资料的生产活动，就根本谈不上从事政治、科学、
文化、艺术等其他一切社会活动，也就无所谓人类社会生活和人类历史。

尽管科技已成为第一生产力，科技的创新与应用在物质财富的生产中起
着非常重要的作用，但是，如果先进的科学技术仅由少数科学家所掌握，那
么这种科学技术在创造物质财富中的作用也是有限的。而且，科技人员的研
发经费经常是来自于纳税人的收入，研发设备也由劳动人民生产。从总体上

---

① 余晓利：《从人民到群众再到人民群众》，http://www.zjjzx.cn/news/zjjplsh/446668.
html。

看，其研发活动离不开人民群众的各种支持。另外，人民群众在生产活动中不断积累生产经验，改进生产工具，扩大劳动对象，提高劳动、管理技能，推动科学技术进步，繁荣了社会经济，改善了社会物质生活条件，加速了社会物质财富的积累。生产力是衡量社会物质财富发展程度的客观尺度，是社会发展的物质基础和最终决定力量，而人民群众则是社会生产力的体现者，是推动历史前进的最伟大的物质力量。

其次，人民群众是精神财富的创造者。人民群众丰富多彩的实践活动，是创造社会精神财富的源泉。真正有生命力的文学艺术作品往往植根于人民群众的生产、生活实践，反映人民群众的精神需求，为人民群众所认可和接受。另外，人民群众自身在生产、生活的实践中也不断地通过诗歌、舞蹈、说唱艺术等形式丰富生活文化内容。而且，人民群众的物质生产活动，为科学家、思想家、文学家、艺术家们从事精神产品的创造提供了必需的物质资料和物质设施。相传周代设有采诗之官，每年春天，摇着木铎深入民间收集民间歌谣，把能够反映人民欢乐疾苦的作品，整理后交给太师（负责音乐之官）谱曲，演唱给周天子听，作为施政的参考。这些没有记录姓名的民间作者的作品，占据《诗经》的多数部分。毛泽东于1927年在《湖南农民运动考察报告》中说，"中国历来只有地主有文化，农民没有文化。可是地主的文化是由农民造成的，因为造成地主文化的东西，不是别的，正是从农民身上掠取的血汗。"可以说，离开了人民群众的生活和实践，就没有人类源远流长的深厚文化，就没有人类为之骄傲的睿智精神，就没有人类璀璨的历史文明。不仅作为人民群众主体的劳动群众及其劳动知识分子是精神财富的直接创造者，而且许多出身于剥削阶级的杰出的思想家、科学家、文学家、艺术家，按其所处的社会地位和所表现的历史进步作用，也应归属于人民群众的范围。他们所创造的精神成果，理所当然包括在人民群众创造的精神财富当中。

再次，人民群众是社会变革的决定力量。毛泽东于1939年在《青年运动的方向》中说，"革命是什么人去干呢？革命的主体是什么呢？就是中国的老百姓。革命的动力，有无产阶级，有农民阶级，还有其他阶级中一切愿意反帝反封建的人，他们都是反帝反封建的革命力量。但是这许多人中间，什么人是根本的力量，是革命的骨干呢？就是占全国人口百分之九十的工人农民。"在人类历史发展的过程中，生产方式的变革，社会制度的更替，新的生产关系和新的上层建筑的建立，都是历史发展的必然。但这一必然过程并不是自发实现的，而是通过人民群众自觉的革命活动实现的。人民群众是社会革命的主体，一切真正的革命运动，实质上都是劳动人民自己起来推翻反动阶级统治，摧毁腐朽社会制度的斗争。奴隶们的英勇斗争冲垮了奴隶主的反动统治，为新兴地主阶级的统治创造了条件。无数次的农民起义和农民战争，使封建王朝陷于土崩瓦解之中，为资本主义的兴起铺平了道路。社会主义代替资本主义，最终实现共产主义，也必须通过无产阶级和广大人民群众的斗争才能完成。

总之，人民群众是历史的创造者。承认人民群众是创造历史的决定力量，同肯定物质资料的生产劳动是社会历史的基础，社会生产力是社会发展的最终决定力量是一致的。任何抹杀人民群众创造历史的观点，都是同历史的本来面目相违背的。人民群众是历史的创造者，但人民群众创造历史的活动并不是随心所欲的，会受到各种社会历史条件的制约。制约人民群众创造历史活动的社会历史条件主要有三个方面：一是经济条件，即社会生产力发展水平和生产关系性质的制约。在不同生产力和生产关系中，人民群众创造历史作用的大小是各不相同的。二是政治条件，即国家政治制度的制约。在不同的社会制度中，人民群众的政治地位和享受的政治权利不同，他们创造历史的作用也不同。三是精神条件，即历史传统和科学文化水平的制约。一定历史时期的人民群众总是受到一定社会思想文化传统和意识形态的影响。

以习近平同志为核心的党中央提出坚持以人民为中心的思想，创造性运用和发展了唯物史观关于人民群众创造历史的基本原理。在中国，人民主体地位既是历史形成的，是历史经验的启示，也是现实要求的，是中国特色社会主义本质所规定的。坚持人民主体地位是中国共产党遵循党的执政规律、社会主义建设规律和人类社会发展规律所做出的科学选择，是不可撼动的政治价值标准。[①]

课堂讨论：依据人民群众创造历史的原理，请同学们谈一谈对抹黑太平天国运动这一现象的看法？

教师提示：

社会历史就其整体而言，是一定的群体的认识活动和实践活动及其产物的演进过程，是以一定的物质生产方式为基础的社会形成和演进过程，是按照其自身运动的规律向前发展的，并非个体的历史的简单堆砌，更不是任何

---

① 宇文利：《坚持以人民为中心反映习近平新时代中国特色社会主义思想价值关怀》，央广网，http://news.cnr.cn/theory/gc/20171029/t20171029_524004151.shtml。

个人的意志和行动所能左右。历史发展始终是一条合力的相续之链，而推动社会前进的动力，归根结底是社会基本矛盾的运动。任何历史事件的出现都绝非个人心志之所向的偶然性，而是当时条件下，各种矛盾相互作用的必然结果。

19世纪中叶之后的清政府已经到了日薄西山的境地，空前规模的太平天国运动于此时发生，绝非偶然现象，更非洪秀全个人之力，而是社会基本矛盾在当时条件下不断激化的产物，清政府国家统治机器本身弊端百出，社会公正荡然无存，一大批农民为了生存和尊严，揭竿举义已呈燎原之势。所以，这场农民起义不是几个失意的读书人和野心家所能制造出来的，它的必然性与合理性显然无可否认。

另外，当时历史条件下，农民问题是中国社会的基本问题。农民的物质生产活动是整个社会存在的基础的一部分，农民的生产活动是社会前进的动力之一。在中国近代，农民对于地主阶级和反动国家政权以及外来侵略者的反抗斗争，以社会公正为标准，这些运动和斗争具有天然的正义性、合理性，成为社会变迁的合力之一。而且太平天国运动从一开始就将革命斗争的矛头指向腐朽的清朝专制主义统治，这一坚定不移的革命斗争方向代表了农民阶级的利益、顺应了农民阶级的愿望和要求，同时也符合了中国近代社会发展的规律。尽管起义领袖要实现的实际目标不明确甚至错误，但运动的主要斗争矛头始终未变，而且普通将士在斗争中表现出顽强不屈的战斗性格和最大的牺牲精神，显示了遭统治者蔑视的人民群众的巨大力量，它的贡献和影响应该是永恒存在的。

三、正确认识个人在历史发展中的作用

历史唯物主义坚持人民群众是历史的创造者，并不否认个人在历史发展中的作用。因为，人民群众是由个人所组成的。在对人民群众作用的肯定中，实际上已经内在地包含了对个人作用的肯定。不同的个人在历史上的作用是有差异的，唯物史观按其对社会历史影响作用的大小，把个人区分为普通个人和历史人物。

（一）普通个人的作用

个人作为唯物史观的范畴，与群众、群体、集体等范畴相对应，是指处于一定社会关系之中并具有不同的社会地位、才能和作用的个体的人。普通

个人对整个历史进程有着不可忽视的作用。恩格斯的历史合力论说明，历史是在无数普通个人意志相互冲突所构成的合力中实现的。每个普通个人对历史的发展都有所贡献，他们的意志不等于零，而是在历史发展中起着多方面的作用。

第一，平凡之中见伟大，普通个人的工作同样具有伟大的意义。在中国共产党领导的我国革命、建设和改革事业中，大家万众一心铸起钢铁般的万里长城，一个个中华优秀儿女挺身而出，为保家卫国奋不顾身，甚至献出自己年轻的生命。没有他们，就没有我们的今天。"伟大"是一个价值判断，具有绝对、相对两种意义。其绝对意义是指，个人对社会的贡献越大，价值就越高。其相对意义是指，价值判断中质与量可比的相对性，即有的事业对整个社会发展虽无明显质的影响，但却为质变潜移默化地提供着必要的量的积累。如，许多普通个人虽然没有外在形式的轰轰烈烈和惊天动地，但却以大量浩繁、艰辛、默默无闻的劳动，源源不断地为历史发展的长河倾注着智慧的汗水。人类社会的物质财富和精神财富就是由他们无私的奉献创造的，社会同样应给予他们伟大的品格以确认。

第二，历史上的杰出人物都是由普通个人发展而来的。任何杰出人物既不是神造的，也不是天生的，他们都是由普通个人在社会实践中不断地成长、进步的。普通个人为历史输送杰出人物的主要根据在于：二者有着生命发展的延续关系；普通个人的活动场所是杰出人物成长的摇篮；普通个人与杰出人物的关系是源和流的关系。

第三，在信息化时代，普通个人对历史的发展有着异乎寻常的影响。如普通电脑工作者发明的"软件"，可实现整个生产过程或办公过程的自动化，甚至全球信息的网络化。普通网民在互联网上发一个帖子，可能会引起全球的轰动。因此，随着电子技术的飞速发展，普通个人借助于一定的高科技手段，通过对实践客体的干预，可以产生影响整个历史发展的大空间效应。① 充分肯定普通个人的历史作用，既有助于加深对唯物史观关于历史主体作用的全面理解，又可激发普通个人在社会历史中的创造性。同时，也有助于正确理解和评价杰出人物的历史作用。

（二）历史人物的作用

历史人物是指在历史上留下过明显痕迹、起过重大作用并产生过重大影

---

① 张雄：《试论普通个人的历史作用》，《哲学动态》，1992 年第 2 期。

响的个人。历史人物按照其对历史所起作用的性质，又可区分为正面人物和反面人物。正面人物亦称杰出人物或英雄人物，是指在一定历史阶段代表进步阶级利益、对社会发展起推动作用的伟大人物，包括杰出的政治家、思想家、军事家、科学家和文学家、艺术家等，杰出的政治家被称为领袖人物。反面人物则是指那些代表反动阶级利益、逆历史潮流而动、阻碍社会向前发展的人物。

历史人物是历史任务的发起者。社会发展到一定阶段，总有当时应该完成的历史任务，而成熟的历史任务又总是由少数杰出人物首先发现和提出来的。他们的见解要比一般人深广，他们能够提出先进的思想和理论，从而成为社会变革的先导；他们能够把历史的客观需要转化为人的主观努力，把历史的可能性转变为历史的现实。需要指出的是，社会需要是多方面的，因而总会在各个方面涌现出自己的代表人物，甚至出现一些同时能够担当多方面任务的杰出人物。

历史人物是历史事件的组织者和指挥者。社会历史活动不是许多个人的简单汇集，而是以一定的组织方式进行活动的群体。如果不是有组织有领导地进行各方面的斗争，任何变革社会的活动都是不可能持久和深入的。这种有组织的活动，又是通过历史人物的指挥形成和实现的。各种历史人物所反映的是不同的社会需要和实际利益的矛盾冲突，他们各自的背后也总有一些群众，由于他们代表着一定的群众利益而成为他们的组织者和指挥者。

历史人物是历史进程的影响者。历史人物在各种特定的历史事件中，总会深深地打上自己的烙印，使历史事件具有特殊的外貌特征。他们直接决定着个别事件的早些或者晚些发生，决定着历史事件的规模或影响范围的大小，以及事件的成功与失败。所以，历史人物是历史事件的影响者。

历史证明，历史人物作为实现历史任务的发起者、组织者、指挥者，在事关社会历史进程的重大历史事件中，一方面留下了自己鲜明的印记，使具体历史事件具有独特的"个性"；另一方面通过参与、组织、指挥重大历史事件，完成了特定时代的历史任务，解决了社会迫切需要解决的问题，从而有力地推动了社会的发展和历史的进步。但是这种作用无论多大，也决不能决定历史发展的总趋势，对历史发展的整个过程而言，仍然不过是对历史发展速度和具体的外貌的影响而已。所以，对历史人物的作用应当做出恰当的评价，否认或夸大这种作用都是错误的，都是违背历史唯物主义原则的。

（三）评价历史人物必须坚持科学方法

历史分析方法：要求从特定的历史背景出发，根据当时的历史条件，对历史人物的是非功过进行具体的、全面的考察。要尊重历史事实，如实反映历史人物与当时社会历史条件的关系，如实反映历史人物的历史作用和历史地位。无视历史人物的历史局限性，夸大或过分美化或拔高古人是不对的。脱离具体的历史条件，用现代人的标准苛求前人，也是不可取的。判断历史人物的历史功绩，要看历史人物比他们的前辈提供了什么新的东西。历史人物本身是发展变化的，应当从发展的观点给予如实的评价。同一个历史人物，在不同的历史时期可能会有不同的历史作用，有时甚至会有性质相反的历史作用。

阶级分析方法：在阶级社会中，贯彻历史分析方法与坚持阶级分析的方法是一致的。从某种意义上说，前者内在地包含了后者。因为，在阶级社会中具体地考察社会历史条件与历史人物的关系，必然包含分析一定的阶级条件和历史人物的关系。阶级分析方法要求把历史人物置于一定的阶级关系中，同他所属的阶级联系起来加以考察和评价。一定的阶级总是要推举或产生出自己的代表人物，以表达自己的利益和愿望，因而历史人物的作用受到阶级的制约；历史人物的命运，也往往同他所属的阶级的兴衰沉浮息息相关。在历史上，阶级的局限性决定了它的代表人物的局限性。离开了一定的阶级背景，就难以理解历史人物的产生、作用及其性质。

邓小平是坚持以科学方法评价历史人物的典范。1980 年，意大利著名记者法拉奇曾问邓小平："天安门上的毛主席像，是否要永远保留下去？"邓小平说："永远要保留下去。……尽管毛主席过去有段时间也犯了错误，但他终究是中国共产党、中华人民共和国的主要缔造者。拿他的功和过来说，错误毕竟是第二位的。他为中国人民做的事情是不能抹杀的。从我们中国人民的感情来说，我们永远把他作为我们党和国家的缔造者来纪念。"

回顾导入问题：如何评价洪秀全及其领导的太平天国运动？

透过历史的迷雾不难发现，任何历史人物都是一定历史时代的产物，必然带有时代的特征和历史局限性；阶级社会中的历史人物不可避免地要受到特定阶级关系的制约，要反映或代表一定阶级的利益和愿望。根据历史人物所具有的历史特征和阶级特点，唯物史观主张评价历史人物时，应该坚持历史分析方法和阶级分析方法。

正因为如此，我们在评价洪秀全的时候有两个论断不能否定：

第一，太平天国的农民运动不是洪秀全一人所能发动起来的，但是，他领导的反清行动顺应了社会矛盾发展的需要，适时地引爆了这场反帝反封建的农民运动，并将它推向高潮。如果我们不能否定这场运动的正义性的话，也就不能否定洪秀全的贡献。

第二，太平天国农民运动沉重打击了清政府的统治，如陈先达先生说的那样，虽然它最终并没有能够推翻清王朝，但是它却为推翻清王朝做出了贡献，而且它还以农民战争的方式，掀开了中国人面对西方文化帘幕的一角，深刻地影响了晚清政治格局和中国社会发展的道路。经过太平天国革命震荡、摇撼的中国封建制度的架构，要想维持原状已经不可能了。从这个角度来说，太平天国失败的悲剧比起清政府胜利的喜剧，对中国历史发展更具价值。这种价值也不是洪秀全的个人品质所能够抹杀的，相反它凸显了洪秀全这一历史人物的影响之所在。

四、群众史观的当代价值

（一）中国共产党的群众观点和群众路线

历史唯物主义关于人民群众是历史的创造者的原理，是无产阶级政党的群众观点和群众路线的理论基础。无产阶级政党在领导革命和建设事业中，必须坚持群众观点和群众路线。

无产阶级政党的群众观点有着十分丰富的内容：第一，坚信人民群众自己解放自己的观点。这就是要承认人民群众是历史的创造者，是推动社会发展的根本动力。要尊重人民群众的首创精神，充分发挥其积极性、主动性与创造性。第二，坚持全心全意为人民群众服务的观点。为人民谋利益，是无产阶级政党的根本宗旨，也是党享有崇高威望的根本原因。在无产阶级政党看来，人民利益高于一切。无产阶级政党只有代表和维护人民的利益，才能成为人民的勤务员和公仆。第三，一切向人民群众负责的观点。人民群众的利益，就是无产阶级政党的利益。为人民服务，就是对人民负责，这是无产阶级政党及其成员检验自己言行的最高标准。第四，虚心向人民群众学习的观点。人民群众是社会的主体，是真正的英雄，是智慧和力量的源泉。无产阶级政党只有虚心向人民群众学习，才能制定出正确的路线、方针和政策，才能取得各项工作的胜利。

无产阶级政党的群众路线是在群众观点的指导下形成的，是群众观点在党的实际工作中的贯彻运用。它包括：一切为了群众，一切依靠群众；从群众中来，到群众中去。"一切为了群众"，是群众路线的基本出发点和归宿，集中体现了群众观点的根本宗旨；"一切依靠群众"，是群众路线的基本要求，是落实群众观点的根本途径；"从群众中来，到群众中去，"是无产阶级政党的根本领导方法和工作方法，是群众观点在领导工作中创造性地运用。坚持无产阶级政党的群众观点和群众路线具有重要的意义。党的群众观点和群众路线是马克思主义关于人民群众创造历史的观点与马克思主义认识论的基本原则的有机统一，是中国共产党形成正确认识，制定正确路线、方针、政策的基础和源泉。在实践上，坚持群众观点和群众路线既是我们党区别于其他政党的显著特征之一，又是党在一切工作中取得胜利的法宝。

（二）群众史观的当代价值

群众史观不仅是指导中国革命、建设和改革取得胜利的法宝，也是指导新时期改革发展的理论基础和思想武器。因此，研究群众史观的当代价值尤为必要。十八大以来，在以习近平为核心的党中央再一次强调了坚持群众史观的重要性，并在全党深入开展以为民务实为主要内容的党的群众路线教育实践活动。党的十九大报告指出："我们党来自人民、植报人民、服务人民，一旦脱离群众，就会失去生命力。……必须紧紧围绕保持党同人民群众的血肉联系，增强群众观念和群众感情，不断厚植党执政的群众基础。凡是群众反映强烈的问题都要严肃认真对待，凡是损害群众利益的行为都要坚决纠正。"由此可见，党中央对群众路线的重视提高到了前所未有的程度，事关执政党的建设，成为衡量一切执政活动的最高标准。

人民群众是社会历史的创造者，是人类社会活动的创造主体、价值主体和实践主体。新时期牢固树立群众观点和坚持群众路线，既是做好新时期群众工作的基本方法，也是全面建成小康社会的思想保证；既是巩固党的执政地位的坚实基础，也是完成中国特色社会主义事业的根本保证。因此，对于执政的中国共产党来说，全面地理解、完整地把握和在实践中坚定不移地坚持群众史观，无论是在过去、现在还是将来，都具有重大的意义和价值。

1. 思想指引：人民群众是社会历史的创造者。群众史观为中国共产党认识世界和改造世界提供了科学世界观。群众史观从社会历史发展规律的高度，从社会实践主体的视角，来考察和探索人民群众在社会历史活动中的地位和作用，从而提出了"人民群众是社会历史的创造者"的重要结论，为科学认识世界和改造世界提供了科学的世界观，从根本上解决了"为什么"必须高度重视人民群众的作用问题。群众史观从根本上要求：中国共产党必须要从社会历史发展规律的高度，科学认识和理解人民群众是社会历史创造者的重要结论，准确界定和把握人民群众在社会历史发展中的主体地位和主体作用，正确处理党群干群关系。

2. 行动导向：一切依靠人民，一切为了人民，全心全意为人民服务。群众史观为中国共产党认识世界和改造世界提供了正确的价值导向和价值目标。中国共产党在长期的革命和建设过程中，提出了"一切依靠人民，一切为了人民"的群众观点，确立了全心全意为人民服务的宗旨，坚持"权为民所用、利为民所谋、情为民所系"，从根本上解决了"相信谁、依靠谁、为了谁"的问题。"中国共产党革命的目的是为了谋取最大多数人的利益、为了实现最大多数人的解放。同样，中国共产党执政的目的仍然是为了满足和实现最广大人民群众的根本利益，为了解放和实现最广大人民群众的本质力量，这是共产党人最崇高的价值目标，也是共产党人最基本的价值导向。马克思主义执政党始终坚持这一价值目标和价值导向的重大意义，在于为马克思主义执政党的执政合法性奠定了坚实的基础。"

3. 工作方法：从群众中来，到群众中去。群众史观为中国共产党认识世界和改造世界提供了科学方法论。"从群众中来，到群众中去"的群众路线，是中国共产党的根本工作方法和领导方法，也是中国共产党获得一切智慧和力量的源泉。马克思主义认为，人的认识来源于人民群众的实践，认识的过程离不开人民群众的实践，认识的正确与否要由人民群众的实践来检验。从群众中来，是广泛听取群众意见、总结群众实践经验的过程，也就是从实践到认识的过程；到群众中去，则是根据人民群众的利益、愿望和要求，制定出正确的路线方针政策并加以贯彻落实，也就是认识再回到实践中去的过程。"一切为了群众，一切依靠群众，从群众中来，到群众中去"的群众路线，体现了党对马克思主义基本原理继承与创新的统一。党的群众路线的提出、丰富、继承和发展，是把马克思主义基本原理与中国革命、建设、改革实践相结合的产物，体现了马克思主义理论性与实践性的有机统一。

4. 评判标准：群众史观为中国共产党认识世界和改造世界提供了评判标准。群众史观在制度层面和操作层面上的具体运用，是中国共产党对群众史观的丰富和发展。人民群众不仅是社会历史的创造者，而且还是党的路线、方针、政策的实践者和评判者，体现了人民群众的主体地位。"群众路线是我们党的生命线和根本工作路线。开展党的群众路线教育实践活动，是我们党在新形势下坚持党要管党、从严治党的重大决策，是顺应群众期盼、加强学习型服务型创新型马克思主义执政党建设的重大部署，是推进中国特色社会主义的重大举措，对保持党的先进性和纯洁性、巩固党的执政基础和执政地位，对全面建成小康社会，具有重大而深远的意义。"[①]

§3 教学小结

历史归根到底是由人民群众创造的。正如恩格斯说的那样："如果要去探究那些隐藏在——自觉地或不自觉地，而且往往是不自觉地——历史人物的动机背后并且构成历史的真正的最后动力的动力，那么问题涉及的，与其说是个别人物、即使是非常杰出的人物的动机，不如说是使广大群众、使整个的民族，并且在每一民族中间又是使整个阶级行动起来的动机；而且也不是短暂的爆发和转瞬即逝的火光，而是持久的、引起重大历史变迁的行动。探讨那些作为自觉的动机明显地或不明显地，直接地或以意识形态的形式、甚至以被神圣化的形式反映在行动着的群众及其领袖即所谓伟大人物的头脑中的动因，——这是能够引导我们去探索那些在整个历史中以及个别时期和个别国家的历史中起支配作用的规律的唯一途径。"[②]学习本课程的目的，主要是要掌握人民群众在历史发展中的决定作用，在思想观念中牢固树立起群众史观，并用于指导自己的学习、工作和生活。同时，掌握评判历史人物的原则与方法。

§4 作业及思考题

1. 为什么说人民群众是历史的创造者？
2. 怎样看待个人特别是杰出人物在历史上的作用？
3. 人民群众和英雄人物共同创造历史的说法是否正确？

[①] 《习近平谈治国理政》第 1 卷，外文出版社 2018 年版，第 365 页。
[②] 《马克思恩格斯文集》第 4 卷，人民出版社 2009 年版，第 304 页。

§5 阅读参考文献

1. 尼·普霍夫斯基:《马克思列宁主义论人民群众在历史上的作用》,上海人民出版社 1956 年版。

2. 毛泽东:《毛主席关于人民群众的历史地位和作用的部分论述》,人民出版社 1976 年版。

3. 红旗出版社编辑部:《中国共产党永远与人民群众在一起》,红旗出版社 2012 年版。

4.《习近平谈治国理政》第 1 卷,外文出版社 2018 年版。

5. 编写组:《党的群众路线教育实践活动读本》,人民出版社 2013 年版。

（本专题撰稿人 周文华 高惠芳）

专题九　如何理解劳动创造价值

§1 教学简况

课时安排

4 学时。

教学目的和要求

一、学生能够掌握马克思劳动价值论的主要内容，了解商品经济的形成和发展、价值规律及其作用，在此基础上把握以私有制为基础的商品经济的基本矛盾。

二、学生能够认识到马克思劳动价值论的理论和实践意义。

三、学生能够联系新的历史条件背景，界定社会主义市场条件下的生产性劳动，辨析科技人员、经营管理人员在社会生产和价值创造中所起的作用，深化对价值创造与价值分配关系的认识。

四、学生能够认识到劳动是创造价值的唯一源泉，领悟在社会主义制度下，幸福是奋斗出来的，美好生活靠劳动创造。

教学内容

一、劳动价值论的基本内容。

二、科学认识马克思劳动价值论。

讲授重点和难点

重点：商品的二因素和生产商品的劳动二重性及其相互关系、私有制基础上商品经济的基本矛盾。

难点：科学认识马克思劳动价值论。

§2 教学过程

【问题导入】

在资本主义的社会中，社会财富表现为庞大的商品堆积，无论是有形的物品，还是无形的人的劳动力。马克思在《资本论》正文开篇处写道："资本主义生产方式占统治地位的社会的财富，表现为'庞大的商品堆积'，单个商品表现为这种财富的元素形式。因此，我们的研究就从分析商品开始。"①

为什么研究资本主义要从对商品的分析开始？

一是，商品是资本主义生产方式下社会财富最普遍的形式，商品的普遍化是资本主义社会区别于前资本主义社会的显著特征。商品关系是资本主义社会最普遍的经济关系；

二是，商品是资本主义社会财富的最基本、最简单的形式；

三是，商品所包含的矛盾是资本主义一切矛盾的胚芽。

一百多年前，马克思正是对资本主义社会里最常见、最普遍的经济现象——商品进行了分析研究，揭示了商品的内在秘密，从而创造了科学的劳动价值论，并在此基础上，揭示了资本主义产生、发展和必然灭亡的客观规律，建立了马克思主义的政治经济学。

那么商品的内在秘密是什么？劳动是如何创造价值的？下面我们就首先谈谈马克思劳动价值论的基本内容。

一、劳动价值论的基本内容

（一）商品的二因素

什么是商品？商品是用来交换的劳动产品。这一对商品的界定包含两层意思：使用价值和价值。商品的二因素就是使用价值和价值。商品就是使用价值和价值的矛盾统一体。

商品的使用价值是指商品能满足人的某种需要的有用性，反映的是人与自然之间的物质关系，是商品的自然属性，是一切劳动产品所共有的属性。使用价值构成社会财富的物质内容。

在我们的周围布满着各种各样的商品，我们说馒头、米饭可以充饥；点

---

① 马克思：《资本论》第1卷，人民出版社2004年版，47页。

灯可以照明；电脑可以查阅资料、玩游戏等等，并不是它们的价值，而是它们的使用价值，即馒头、米饭、电灯、电脑等商品的某种能够满足人们需要的属性或物的有用性。

现实生活中两种外表上和功能上完全不同的商品为什么能够相互交换？例如：3袋大米和一只羊，或5张床和1间屋为什么能够交换呢？说明3袋大米和一只羊之间，或5张床和1间屋之间必然包含着某种同质的东西，因为同质的东西才能比较，这种不同商品中所包含的那个唯一可以称之为"同质的东西"就是劳动，即为生产这些商品人们都耗费了劳动。

也就是说，如果抛开一切商品各不相同的使用价值，我们就会看到，世界上的商品尽管行成千上万种，但是，不管是吃的也好，穿的也好，还是原材料，用的也好，都是人类劳动的生产物，都有一定数量的人类劳动包含或凝结在里面。也就是说人们都要花费一定的体力和脑力。

这种同质的东西即凝结在商品中的抽象的人类劳动，就是商品的价值。商品的价值是凝结在商品中的无差别的一般人类劳动，即人的脑力和体力的耗费。

这里，商品的使用价值是不同质的，无法进行比较；而商品的价值在质上是相同的，可以相互比较，从而保证了商品交换的顺利进行。使用价值是商品的自然属性，人类要生存，就要生产各种使用价值以满足自身的需要，它是和人类生活息息相关，并不是伴随着商品经济而产生；而价值它是和商品经济紧密相连的，是伴随着商品经济而产生的经济范畴，它体现了在商品交换中商品生产者之间相互比较劳动、交换劳动的关系，是商品的社会属性，也是本质属性。

商品的使用价值和价值之间是对立统一的关系。

商品的使用价值和价值的对立性表现在：二者是相互排斥的，不可兼得。要获得商品的价值，就必须放弃商品的使用价值；要得到商品的使用价值，就不能得到商品的价值。商品生产者生产商品是为了取得价值，他只有将商品的使用价值让渡给商品购买者，才能取得价值；商品的购买者是为了获得使用价值，他只有付出价值给商品生产者，才能获得使用价值。

商品的使用价值和价值的统一性表现在：作为商品，必须同时具有使用价值和价值两个因素。使用价值是价值的物质承担者，价值寓于使用价值之中。一种物品如果没有使用价值，就是无用之物，即使人们为它付出了大量的劳动，也没有价值。一种物品尽管具有使用价值，但如果不是劳动产品，也没有价值。

（二）生产商品的劳动二重性

无论是哪种类型的商品，都具有两个因素：使用价值和价值。那么商品为什么会具有这两个因素呢？这是由于生产商品的劳动具有两重性。

生产商品的劳动一方面是具体劳动，一方面是抽象劳动。具体劳动是在一定的具体形式下进行的生产使用价值的劳动。它反映的是人与自然的关系，是人类社会生存和发展的永恒条件；抽象劳动是撇开劳动具体形式的无差别的一般人类劳动。它是人类劳动的一种特殊的社会形式，是商品经济所特有的历史范畴，体现着商品生产者之间通过商品交换而相互交换自己劳动的社会关系。

具体劳动和抽象劳动是劳动的两种属性，它们既相互区别、相互对立，又相互联系、相互依赖，共同统一于生产商品的劳动过程中。具体劳动和抽象劳动是同一劳动过程的两个不同方面，它们不是两次劳动，更不是两种劳动。生产商品的劳动是具体劳动和抽象劳动的统一，不存在只有具体劳动没有抽象劳动的劳动，也不存在只有抽象劳动没有具体劳动的劳动。

生产商品的劳动二重性决定商品的二因素。马克思说："一切劳动，从一方面看，是人类劳动力在生理学意义上的耗费；作为相同的或抽象的人类劳动，它形成商品的价值。一切劳动，从另一方面看，是人类劳动力在特殊的有一定目的的形式上的耗费；作为具体的有用的劳动，它生产使用价值。"[①]"劳动并不是它所生产的使用价值即财富的惟一源泉。正像威廉·配第所说，劳动是财富之父，土地是财富之母。"[②]也就是说具体劳动生产商品的使用价值，但它不是使用价值的唯一源泉，因为具体劳动只有和自然资源一起，才创造商品的使用价值。但作为价值，体现的是无差别的人的脑、肌肉、神经、手等生产耗费，这是一般的人类劳动，它创造商品的价值，是价值的唯一源泉。

（三）商品的价值量

1. 同种商品的价值量由什么决定？

既然价值是凝结在商品中的抽象劳动，那么，商品的价值量就是体现在商品中的抽象劳动量。劳动量又是由劳动持续的时间计量的，价值量就应当

---

① ①《马克思恩格斯全集》第23卷，人民出版社1972年版，60页。

② ②马克思：《资本论》第1卷，人民出版社，1975年版，57页。

由劳动时间来衡量，就是由小时、天、周、年等来衡量。生产某种商品花费的劳动时间越多，它的价值量就越大；反之，则越小。

劳动时间有个别劳动时间和社会必要劳动时间。个别劳动时间是指个别商品生产者或个别企业生产某种商品的劳动时间。我们知道，由于各个生产者的生产条件、技术水平和劳动态度不同，生产同种商品所花费的劳动时间也不相同。假如有甲、乙、丙三个企业都生产同一品质的皮鞋，生产一双皮鞋甲企业用了 8 小时，乙企业用了 10 小时，丙企业用了 12 小时，那么甲企业的个别劳动时间是 8 小时，乙企业的个别劳动时间是 10 小时，丙企业的个别劳动时间是 12 小时。显然，一双皮鞋的个别价值甲企业最少，丙企业最大。若由个别劳动时间决定商品价值量的话，不仅在商品交换中没有统一标准，而且势必造成谁越懒惰，技术水平越低，花的时间越多，他生产的商品的价值就越大，这显然是不合理的，现实中也是不可能的。

因此，决定商品价值量的不是个别劳动时间，而是社会必要劳动时间。

什么是社会必要劳动时间呢？社会必要劳动时间是在现有的社会正常的生产条件下，在社会平均的劳动熟练程度和劳动强度下制造某种使用价值所需要的劳动时间。我们还以生产皮鞋为例，假如社会大多数企业生产一双皮鞋都用 10 小时，那么 10 小时就是社会必要劳动时间，不管你生产一双皮鞋用了 6 小时、8 小时、12 小时，还是 20 小时，其一双皮鞋的价值都为 10 小时。

社会必要劳动时间决定商品的价值量，关系到每个商品生产者的命运。

（1）如果某个商品生产者的个别劳动时间低于社会必要劳动时间，他就能比别人赚到更多的钱，以至挤掉别人，以进一步发展自己的生产，如甲企业；

（2）如果某个商品生产者的个别劳动时间等于社会必要劳动时间，他就可以得到正常的补偿，如乙企业；

（3）如果某个商品生产者的个别劳动时间高于社会必要劳动时间，他就可能得不到正常的补偿、甚至亏损破产，如丙企业。

所以，社会必要劳动时间决定着商品生产者的优胜劣汰，促使每个商品生产者非常关心自己的生产，千方百计地降低劳动消耗，提高产品质量。

2. 随劳动生产率变化的商品价值量

商品的价值量取决于生产商品的社会必要劳动时间，而社会必要劳动时间是随着劳动生产率的变化而变化的，因而商品的价值量也不是固定不变的。

　　劳动生产率是生产者生产某种使用价值的效率，通常用单位时间内生产的产品数量来表示（也可以用生产单位产品所花费的劳动时间来表示）。劳动生产率和商品的使用价值量成正比，同单位商品的价值量成反比。

　　3. 不同种商品的价值量如何比较？

　　如何比较不同种商品的价值量呢？这里还有一个简单劳动和复杂劳动的区分问题。一般说来，社会必要劳动时间是以简单劳动为基础计量的劳动时间。因此，在比较不同种商品的价值量时，还应将复杂劳动还原为简单劳动。

　　分析不同种商品的价值量决定还要把复杂劳动还原为简单劳动。简单劳动是不必经过特别训练的劳动；复杂劳动就是需要经过专门培养和训练，具有一定技术专长才能胜任的劳动。复杂劳动等于倍加的简单劳动；复杂劳动与简单劳动的区分是相对的。

　　（四）商品的价值形式

　　一个人的价值如何体现？只有在社会中、在人与人的交往中才能表现出来。同样，一个商品的价值是多少？它自己也无从表现。如一只羊的价值怎么表现，无论你把它切得多碎，也无法表现其价值。只有在商品的交换中，羊的价值才通过其他商品表现出来。商品生产和商品交换在人类历史上存在了几千年，价值形式也经历了长久的发展过程。商品的价值表现，从简单的或偶然的价值形式开始，经过扩大的价值形式、一般的价值形式，逐渐发展成货币形式。

　　简单的或偶然的价值形式是指商品价值只是偶然地、简单地通过另一个商品表现出来。在简单价值形式中，商品价值的表现是不充分的。

　　扩大的价值形式是指商品的价值通过许多商品表现出来。这时一种商品已经不是偶然地同一种商品相交换，而是经常地和许多商品相交换了。这一价值形式比简单价值形式更能充分地反映价值的性质，即无差别的人类劳动的凝结。但会使交换经常发生困难。

　　一般的价值形式是指一切商品的价值都通过一种商品表现出来。一般价值形式克服了物物交换的困难，但充当一般等价物的商品还是不固定的，不利于商品交换的进一步发展。

　　随着商品交换的发展，等价物终于逐步固定到了某种商品上，从而一般价值形式就过渡到了货币形式。

　　货币是商品价值形式发展的结果，是其完成形态，成熟的形式。交换的发展，使一般等价物固定地由金银来承担。金或银之所以能够固定地担当这个重任：首先是因为它本身也是商品，也有价值；其次，是因为金银具有体积小、价值大、便于携带、不易变质损坏、质地均匀、易于分割等方面的特性，最适合充当货币材料。因此，马克思指出："金银天然不是货币，但货币天然是金银"。① 所以金银最终取得了这种显赫的地位。当金银从商品世界分离出来固定地独占一般等价物地位时，就成为货币。

从价值形式的发展历史中，我们可以看到货币的本质：货币没有什么神秘之处，它无非是在商品交换过程中从商品世界中游离出来的固定充当一般等价物的特殊商品，体现了商品生产者之间的生产关系。它具有价值尺度、流通手段、贮藏手段、支付手段、世界货币等五种职能。

货币的使用一方面可以克服物物交换的困难，从而促进了商品经济的发展；但另一方面却加深了商品经济的矛盾，它不仅使买与卖脱节，包含了经济危机的萌芽，而且自从出现了货币，一切商品只有转化为货币，才能反映或实现其价值。一个人手里有了货币，可以购买到一切商品。货币成为社会财富的一般代表，在商品世界中具有至高无上的权威。于是许多人拜倒在货币的脚下，出现了拜金主义或"货币拜物教"。

（五）价值规律

近几年来，不少农产品都走上了"过山车"似的涨跌之路，曾经出现一批网络词汇，"蒜你狠""豆你玩""姜你军"，这些词汇是针对当时以大蒜、绿豆、生姜为代表的多种农副产品在短时间内轮番成倍涨价，出现了大蒜、绿豆价格超猪肉的经济异象。咱们以北京近年来大葱的价格涨跌这一案例来分析。2011 年，一斤鸡蛋等于三斤大葱，当年山东安丘到处都是卖不出去的葱，堆得哪儿都是，跟小山似的。2012 年很多农户都转种别的作物，大葱的种植面积少了很多；加上天气寒冷，北方大葱迟迟不能供应，而南方大葱进货价就比北方的高出一倍左右，葱价就这么高了起来。2012 年，北京大葱价格飙涨，一斤大葱等于两斤鸡蛋，10 余元仅能买两根。一位农民说："现在葱价高，农民种葱的积极性就强，葱一年又不止收一次，到时候种的多了，价格自然就下来了。依我看，问题反而在于怎么防止葱价'一跌到底'，再一次进入这种恶性循环。"通过此案例使我们看到价值规律的内容、表现形式与作用。

---

① 马克思：《资本论》第一卷，107 页。

1. 价值规律的内容和要求

价值规律的基本内容：

（1）商品的价值量由生产商品的社会必要劳动时间决定；

（2）商品交换以商品的价值量为基础，实行等价交换。

其中商品的价值量由生产商品的社会必要劳动时间决定，这是价值决定的规律，它对商品生产起着决定作用；而商品交换以商品的价值量为基础，实行等价交换，则是价值实现的规律，对商品交换起着决定性作用。因此，价值规律是价值决定的规律和价值实现的规律的统一。

2. 价值规律的作用形式

在现实生活中，每个人都要和价格打交道，一斤黄瓜 3 元钱，一部手机3000 元钱，一台笔记本电脑 6000 元钱，等等。人们看到的是价格，而不是价值。价格的变动，始终牵动着无数商品生产者、经营者、消费者的心。价格之所以成为人们关注的焦点，是因为它直接关系到商品交换当事人的经济利益。也就是说，当一种商品的价格暴涨或暴跌时可能使生产经营这种商品的厂商暴富或破产，某种生活必需品的价格上涨时可能会使许多家庭主妇忧心忡忡，某一地方房价疯涨时可能会使大批购房者陷入"房奴"的困境，如此等等。价格变动令人感到神秘莫测，难以把握，甚至是身经百战的经商老手，也不敢保证自己没有看走眼的时候。那么，在现实中隐藏在千变万化的价格背后那个本质的东西是什么呢？价格上下变动所围绕的中心是什么？这就是价值。

价值规律对商品生产和商品交换的支配作用是通过一定的形式表现出来的。价格围绕价值上下波动这一现象，是价值规律在现实经济生活中的表现形式。我们知道，货币产生后，各种商品的价值量都要表现为一定数额的货币，因而形成了商品的价格。因此，价值规律就是通过价格运动来贯彻的，或者说，价格运动是价值规律的实现形式。

价值规律要求商品交换要实行等价交换，为此，就要求价格必须符合价值。但是，在市场供求的作用下，商品的价格和价值并非始终保持一致，而不一致的现象却经常发生。这是因为虽然商品价格是以其价值为基础的，但价格的形成又受到商品的供求关系的影响。当某种商品供不应求时，其市场价格往往会高于其价值；当某种商品供过于求时，其市场价格往往会低于其价值。但这并不是对价值规律和等价交换原则的否定，相反，价格围绕价值上下波动这一现象，是价值规律在现实经济生活中的表现形式。因为：

（1）无论商品的市场价格怎样变动，它都必须以价值为基础，各种商品之间的比价与它们的价值比例总是一致的。

（2）商品的市场价格受供求关系的影响，会围绕价值这个中心上下波动，但价格的波动也会反过来调节供求关系，从而在一定程度上抑止价格与其价值的背离。

（3）就短期来看，市场价格与其价值不一致，但从长期来看，商品的市场价格上涨下落可以互相抵消，因而长期的平均价格和其价值是一致的。

3. 价值规律的作用

价值规律作为商品经济的基本规律，既有积极作用，又有消极作用。其积极作用是：

（1）自发地调节生产资料和劳动力在社会各部门的分配比例

所有以分工为基础的社会都存在按一定比例分配社会劳动的问题，亦即资源配置问题。这种按一定比例分配社会劳动的必要性，绝不可能被社会生产的一定形式所取消，而可能改变的只是它的表现方式。因为，无论哪个社会，人类进行生产所需要的劳动力、土地等经济资源都是有限的，由此必然引发一个如何按照社会需要，将有限的经济资源合理地分配到社会生产的各个部门的问题，其核心是合理地分配一定时期的社会总劳动时间。

在商品经济社会，这一问题是依靠价值规律的作用来解决的。具体来说，在商品经济社会，一方面，每个商品生产者都是生产资料和产品的所有者，他们都能独立自主地做出生产决策，即自主地决定生产什么、生产多少以及怎样生产。另一方面，生产者是在为他人、为社会生产产品，亦即生产社会的使用价值，其产品是否具有社会的使用价值，只能由社会即市场来确定。因此，生产者不能盲目决策，而必须依据市场需要来进行决策。能够反映市场需要的基本信息就是价格的变动，而价格围绕价值的波动恰恰是价值规律的实现形式。某种商品供不应求，必然导致价格上涨；某种商品供过于求，必然导致价格下跌。在利益动机的驱使下，生产者会扩大生产那些价格上涨、供不应求的产品，缩减生产价格下跌、供过于求的产品。这样，就可以实现社会总劳动的分配与再分配，不断调节资源的配置与再配置。

（2）价值规律自发地刺激社会生产力的发展

刺激商品生产者改进技术、节约生产资料和提高劳动生产率，从而促进社会生产力的发展。

按照价值规律的要求，商品的价值量是由生产商品的社会必要劳动时间决定的。因此，某个生产者生产某种商品的个别劳动时间形成商品的个别价值，生产这种商品的社会必要劳动时间形成商品的社会价值，而商品是按其社会价值交换的。这样，就会出现三种不同的情况，第一种情况：劳动生产率高，单位商品包含的个别劳动耗费少，从而商品的个别价值低的生产者，在按社会价值出售商品时，较小的个别价值会转化为较大的社会价值，因而可以获得较多的货币收入。第二种情况：劳动生产率低，单位商品包含的个别劳动耗费多，从而商品的个别价值高的生产者，在按社会价值出售商品时，其产品中包含的较大的个别价值只能转化为较小的社会价值，因而只能获得较少的货币收入。第三种情况：那些具有中等劳动生产率，生产中耗费的劳动等于社会必要劳动，从而商品的个别价值与社会价值相等的生产者，则可以获得平均收入。这种由个别价值与社会价值的差别引起的收入差别会引发生产者之间的竞争。在激烈的竞争中，为了获得更大的利益，生产者必然千方百计地提高劳动生产率，从而促进效率不断提高。

（3）价值规律自发地调节社会收入的分配

价值规律在对经济活动进行自发调节的同时，必然会产生一些消极的后果。

价值规律的消极作用是：

①可能造成社会资源的浪费

上述大葱价格的涨跌案例中，就是这样以破坏性来调节的。像发生在2002年的华西乳业倒牛奶事件也如此。

2002年3月初，成都华西乳业公司牛奶加工车间里，工人拧开巨大奶罐的阀门，白花花的牛奶喷涌而出，散发着香气的牛奶在车间里四处流动，上面白皙细腻的泡沫像是一层质地考究的地毯。但牛奶的去处竟是下水道。"华西倒奶事件"是否就意味着我国牛奶就真的多的已经喝不完了？

当时，南京、成都等地相继发生了奶农和乳品企业把鲜牛奶倒掉的极端事件，甚至一些奶农杀掉奶牛。奶农和企业为什么要倒牛奶？造成奶源的季节性和地区性过剩，使加工企业措手不及是根本原因。据了解，原料奶供应快速膨胀，就成都而言2001年市场的鲜奶供应量比过去增长了30—40%，奶源有了，却出现企业配套措施跟不上的麻烦。华西乳业方面引进的德国生产线全负荷运作时，日产量可达100吨；按普通运作状态，日产量也可达60吨。但是，要达到这一生产能力，公司每天的电力负荷在1260千伏，可华西乳业所处的地区当时属限制用电区，只能供应620千伏。在华西乳业看来，要在奶业企业竞争中站得住脚，首先要保住奶源，不能让一些外地品牌抢了去。华西乳业有关负责人这样表示自己的无奈："今天我们倒掉鲜奶，是为了不打击奶农的饲养积极性，避免其杀掉奶牛，从而保住今后的奶源，我们必须挺过这一关。"也就是说，即便公司的生产能力消化不了收购量，每天都有几十吨鲜奶不能按时处理，也必须坚持收购。而且现阶段牛奶的大量生产，已经使它的价格大幅下降，甚至在有些地方比水的价格还要低，况且牛奶又是一种保质期极为有限的特殊商品，生产多了企业为了自己的利益只好倒掉。

华西乳业倒牛奶事件和历史上资本主义国家经济危机时农场主把牛奶倒入大海的现象，有本质的区别。

从表象看，两者都是牛奶供给过剩。但是，后者是资本主义经济危机的表现，反映的是生产社会化与生产资料资本主义私有制之间的矛盾，是资本主义基本矛盾的体现。资本主义的基本矛盾表现为个别企业生产的有组织性、有计划性和整个社会生产无政府状态之间的矛盾与资本主义生产的无限扩大化的趋势和劳动人民有支付能力的需求相对缩小之间的矛盾，这个矛盾发展到一定程度最终导致了资本主义的经济危机，因而会发生经济危机时农场主把牛奶倒入大海的现象。

前者主要是市场体系不够完善，鲜奶销售渠道不畅导致的结果，不是经济危机的征兆，是价值规律作用的表现。

这个案例表明：第一，价值规律是商品经济的基本规律，它通过市场机制自发地起作用，不依人的意志为转移，具有客观性。人们过多、过快地把生产资料和劳动力投入到奶牛养殖和乳品加工行业，一旦供过于求，就会发生倒奶事件。第二，价值规律这只"看不见的手"对市场的调节具有盲目性和滞后性，会导致事后的浪费。第三，价值规律自发调节社会资源在社会生产各个部门的配置，可能出现比例失调的状况，造成社会资源的极大浪费。因此，市场不是万能的，社会主义的市场经济还需要国家这只"看得见的手"，政府有必要对市场进行适度的干预，加强国家的宏观调控，如对企业和奶农给以引导和服务，帮助其开拓乳品市场；帮助其进行市场分析和预测，开展事前的供需调研；制定科学、合理的产业规划，形成较为完善的农业产业化链条。

②阻碍技术的进步

因为率先采用先进生产技术和经营管理办法，从而提高了劳动生产率的商品生产者，为了保持其在竞争中的优势，往往会限制技术的扩散，严守经营秘密，这就在一定程度上阻碍了新技术的推广，阻碍了生产力的发展。

③可能引起生产者的两极分化，一部分积累大量财富，一部分亏损甚至破产

同学们可以参见美国通用公司破产案。拥有百年历史的通用汽车公司成立于 1908 年 9 月，曾是世界上最大的汽车制造企业。在 2008 年以前，通用连续 77 年蝉联全球销售之冠。2009 年 6 月 1 日，由于经营管理失误，以及债务等问题，美国通用汽车公司正式递交破产保护申请。这是美国历史上第四大破产案，也是美国制造业最大的破产案。

通用破产的一些原因，如：第一，管理官僚、机构臃肿。通用光全球副总裁就有 50 多个，冗杂的管理团队很难形成清晰的凝聚力，还容易滋生官僚作风，如此盘根错节的管理团队让整个通用面对危机缺乏应变能力。第二，盲目扩张，收购兼并，效果欠佳。通用将大量资金用于盲目扩张，有时候甚至血本无归，典型的如 1989 年为并购萨博花费了 30 亿美元，最后全部赔掉，2008 年底萨博终于面临破产。第三，垄断地位，不思进取。在通用发展的鼎盛时期，最多时曾经拥有别克、凯迪拉克、雪佛兰、GMC、霍顿、悍马、欧宝、庞蒂亚克、萨博、土星和沃豪等十几个品牌，在全球范围内都有子公司，不断地向外扩张确实让它尝到了人多力量大的甜头，迅速成为最大的汽车帝国。但这个过程也为它埋下了深深的隐患。首先表现为品牌混乱且分布广泛，各品牌间地域文化的差异不能相互融合，管理混乱，各自为政。第四，不注意市场需求变化。美国车向来给人的印象以体形庞大，费油著称。这在石油危机之前，没有人会认为有什么不妥。但随着能源日益紧张，人们的消费观念开始发生变化，小排量的省油车型更容易吸引消费者。通用作为一个具有传统美国特色的企业，车型在节油上并没有优势，然而通用早期并不重视对节油技术和小排量发动机的研发，反而接着在大型皮卡和 SUV 上拓展市场，悍马就是这一时期的产物。

最终的结果是通用在美国市场上的占有率从鼎盛时期超过 50% 到现在不足 20%，尽管通用公司也认识到了这一问题的严重性，并准备采取相应的补救措施，可固有的思维方式限制了他们在创新方面的步伐，对更适应市场需求的小排量汽车难以投入足够的热情。同时也失去了最佳时机，加上金融危机的爆发，最终令通用陷入困境。

通过通用破产案例，请同学们思考：以私有制为基础的商品经济的基本矛盾是什么？你是如何进一步理解价值规律的？通用生产商和供应商的命运

说明了什么？

通用破产案例，进一步让我们加深对价值规律的认识。价值规律在自发调节生产资料和劳动力在社会各部门之间的分配，自发地刺激社会生产力的发展，自发地调节社会收入的分配的同时，却带来了垄断，两极分化和社会资源配置比例失调的问题；同时深刻理解下面讲的私人劳动和社会劳动的矛盾是私有制基础上商品经济的基本矛盾，它是商品经济其它矛盾的基础，决定着生产者的命运。

（六）私有制基础上商品经济的基本矛盾

1. 商品经济产生和存在的条件

一是社会分工是商品经济产生的一般前提；二是生产资料私有制是商品经济产生的原因。

2. 私人劳动和社会劳动的矛盾是私有制基础上商品经济的基本矛盾

由于社会分工的存在，使得每个生产者都被固定在某一生产领域专门从事某种产品的生产，其生产的产品并非自己消费而是供他人和社会消费，因而其劳动是社会总劳动的一部分，具有社会性质，是社会劳动。

私有制的存在，使得生产者的劳动成为私人事情，生产什么、生产多少以及怎样生产都是生产者自己的事情，劳动具有私人性质，是私人劳动。

私人劳动和社会劳动是两种性质不同的劳动，但是，它们同时存在于商品生产者的劳动中，而直接表现出来的是劳动的私人性质，劳动的社会性质是被隐藏着的，由此，二者发生了矛盾。要解决这一矛盾，就必须通过交换，使生产者的私人劳动产品被社会所接受，从而证明其劳动的社会性质。

私人劳动和社会劳动的矛盾构成私有制商品经济的基本矛盾，他决定着商品经济的各种内在矛盾及其发展趋势。是因为：首先，它决定着商品经济的本质及其发展过程；其次，它是商品经济的其他一切矛盾的基础；最后，它决定着商品生产者的命运。

二、科学认识马克思劳动价值论

（一）劳动价值论回答了什么？

1. 劳动价值论是马克思主义政治经济学的理论基石

劳动价值论的核心问题是回答创造商品价值的源泉问题。马克思的劳动二重性学说科学地回答了什么劳动创造价值的问题，使劳动价值论真正建立在科学的基础上，并为理解一系列政治经济学原理提供了一把钥匙。因此，劳动二重性学说是理解马克思主义政治经济学的"枢纽"。具体表现在：

（1）劳动二重性学说为科学的劳动价值论奠定了坚实的基础；

（2）劳动二重性学说为剩余价值理论奠定了理论基础；

（3）劳动二重性学说还为其他一系列理论和原理如资本有机构成、资本积累理论、社会资本再生产理论等奠定了理论基础。

可见，马克思正是在劳动价值论的基础上创造了剩余价值学说，揭示出剩余价值的来源，并进一步揭示出资本主义产生、发展和必然灭亡的客观规律，从而建立了马克思主义的政治经济学。从这个意义上说，劳动价值论是马克思主义政治经济学的理论基石。

2. 价值创造的一元论

马克思的劳动价值论提出了劳动是商品价值的唯一源泉。马克思明确指出，只有物质生产领域的活劳动，也就是生产性劳动，才创造价值。活劳动，是指劳动者在商品生产过程中所提供的新劳动。在生产过程中，劳动者运用自己的活劳动，凭借过去劳动所创造的使用价值（如机器等生产工具），对过去劳动所创造的另一种使用价值（如原材料等生产对象）进行加工，最后才生产出满足人们需要的新的使用价值（新产品）。可见，如果离开人的活劳动，生产资料本身只是一堆死的东西。资本家投资的生产要素如资本和土地并不创造价值，只有工人的活劳动才是创造价值的唯一源泉。

马克思的劳动价值论坚持了劳动价值一元论，突出强调了人的劳动在价值创造中的作用。这在资本主义社会里，在工人和资本家两大阶级的对立斗争中，站在工人阶级的立场，维护了工人阶级的利益，为推翻资本主义制度提供了理论依据。

今天，科学技术迅猛发展，生产的自动化程度越来越高，机器人被大量使用，出现了所谓"无人工厂""无人车间"。在这种情况下，是否颠覆了劳动价值论？其实自动化生产体系的出现，并没有改变马克思的劳动创造价值的原理，劳动仍是价值的唯一源泉。

在现代化的工厂中，我们看到一系列的自动化生产线，从原料进厂到产品出厂全部自动化，看不到或很少看到工人的直接操作，这就出现了所谓"无人工厂""无人车间"。其实"无人工厂"并非无人。

首先，自动化控制的是人。从为机器人编制程序、发动指令，到看管仪表、操作控制、检验和维修等等，都是要人来完成。不同的是以前需要人直接在现场操作，现在是人在控制室间接操作，原来更多的是动手，现在更多的是用脑。如果说一般机器是人肢体的延伸，那么自动化同时又是人脑力的延伸。它们要发挥作用都离不开人的劳动。无论"自动化生产线"，还是"机器人"仍然都是生产资料，它们和一般机器生产条件下的生产资料没有质的区别，"它们只是作为活劳动的物质因素作用"，"活劳动必须抓住这些东西，使它们由死复生，使它们从仅仅是可能的使用价值变为现实的和起外用的使用价值。"[①]如果它们不与活劳动结合，不被活劳动运用，那就是废铁一堆。所以，仍是工人的活劳动创造价值。

其次，"总体工人"代替了单一工人。马克思说：随着生产的发展，社会分工越来越细，"有的人多用手工作，有的人多用脑工作，有的人当经理、工程师、工艺师等等，有的人当监工，有的人当直接体力劳动者或做十分简单的粗工，于是劳动能力的越来越多的职能被列在生产劳动的直接概念下。"[②]"产品从个体生产者的直接产品转化为社会产品，转化为总体工人即结合劳动人员的共同产品。总体工人的各个成员较直接地或较间接地作用于劳动对象。因此，随着劳动过程本身的协作性质的发展，生产劳动和它的承担者即生产工人的概念也就必然扩大。为了从事生产劳动，现在不一定要亲自动手，只要成为总体工人的一个器官，完成它所属的某一种职能就够了。"[③]马克思科学地预见到：劳动"表现为人以生产过程的监督者和调节者的身份同生产过程本身发生关系。……工人不再是生产过程的主要当事者，而是站在生产过程的旁边"。[④]马克思提出的"总体工人"的概念，为我们今天在自动化生产条件下价值的来源问题指明了方向。今天"总体工人"不仅包括直接参加生产的工人，还包括间接参加生产的科技人员和管理人员，他们共同生产商品，创造价值。因而，仍是劳动创造价值。

最后，复杂劳动者代替了简单劳动者。随着生产水平的提高，复杂劳动所占的比重也不断增大。操纵、控制与使用自动化机器，需要具备一定的技术专长的劳动者才能胜任。这些劳动者从事的是复杂劳动。复杂劳动等于倍增的简单劳动，复杂程度越高，创造的价值越大。

---

① 《马克思恩格斯全集》第 23 卷，207—208 页。
② 《马克思恩格斯全集》第 49 卷，人民出版社 1979 年版，100—101 页。
③ 《马克思恩格斯全集》第 44 卷，人民出版社 2001 年版，582 页。
④ 《马克思恩格斯全集》第 46 卷下，人民出版社 1980 年版，218 页。

总之,"无人工厂""无人车间"并不能否定马克思的劳动创造价值的理论。自动化设备和机器人仍然是机器,在生产中是不变资本的物质形态,通过专业技术人员的具体劳动把它们自身的价值转移到新产品中去。不过这种价值转移,以前是直接通过体力劳动的形式,而现在更多的是通过脑力劳动的自动控制等形式实现的。还是劳动者的活劳动是创造价值的唯一源泉。

3. 价值的创造与财富的生产

价值和财富是不同的,马克思的劳动二重性学说揭示了二者的区别。前面提到物的有用性就是物的使用价值,而财富就是由使用价值构成的物质实体,即指使用价值本身。正如马克思所说:"不论财富的社会形式如何,使用价值总是构成财富的物质内容。"[①]纵观人类历史,财富在任何社会形态下都存在,人类要生存,就要生产出一定的使用价值(财富)。因而财富(使用价值)是与人类社会共存的,并不是和商品经济一起产生的。财富正是人类通过各种各样、多种形式的具体劳动作用于自然物质如土地等上而形成的。也就是说,财富的生产反映的是在生产中人与自然的关系,它与具体劳动相联系。正是具体劳动和自然物质相结合才形成物质财富,"劳动不是一切财富的源泉。自然界同劳动一样也是使用价值……的源泉"[②],因此,劳动并不是财富(使用价值)的唯一源泉。

价值和财富(使用价值)不同,是和商品经济紧紧相连的,伴随着商品经济而产生的。正因为人类的劳动产品需要交换,才有了交换价值(即价值的表现形式),也就有了价值的属性。也就是说,价值只有在有劳动产品相交换的社会中——商品经济社会中存在,它不是商品的自然属性,而是商品的社会属性,体现着商品生产者互相交换劳动比较劳动的社会关系。也就是说,价值的创造反映的是生产中社会关系,它与抽象劳动相关联。价值作为凝结在商品中的一般人类劳动,其源泉只能是人类劳动。因此,劳动创造价值,劳动是价值的唯一源泉。可见,价值离不开人类的劳动,是人类活劳动的创造。而物质财富的创造则需要人类劳动加上自然物质。

4. 价值的生产与价值的分配

首先,价值的生产是价值分配的前提和条件,没有价值的生产与价值的形成,也就谈不上价值的分配。但是,价值的生产却不能决定价值的分配,

---

① 《马克思恩格斯全集》第23卷,人民出版社1972年版,48页。
② 《马克思恩格斯全集》第3卷,人民出版社1960年版,298页。

二者没有因果关系。

　　如前所述，价值的生产或价值的创造是人类的活劳动，无论什么样的社会制度，什么样的经济水平，只要是商品经济条件，商品价值的源泉都只能是人类的劳动，劳动是价值创造的唯一源泉。价值的生产讲的是价值的源泉问题；而价值的分配涉及的是分配制度问题，它是说商品的价值被创造出来之后，如何在社会各个阶层、各个成员中进行分配的问题。一定的分配制度是与这个社会的所有制的性质直接相关。我们知道：生产资料所有制关系是生产关系的基础，决定了生产关系的性质和根本特征，是社会经济制度的基础。因为生产资料所有制，其实质是生产资料归谁所有、为谁所支配的问题，它决定了生产关系的其他方面。谁占有了生产资料，谁就在生产过程中居支配地位，产品的分配也必然是按照有利于生产资料占有者的原则进行。所以，有什么样的生产资料所有制，就会形成一定社会的基本经济制度，也就要求有什么样的分配制度与之相适应。一定的分配制度，总是由一定的生产资料所有制决定的。因此，价值的分配以价值的生产、价值的形成为前提，但并不由价值的生产来决定。

　　目前，我国正处于社会主义初级阶段，生产力发展具有不平衡、多层次性的特点，使得我国生产资料所有制结构呈现多元化，不仅有占主体地位的公有制经济，而且有非公有制经济，在公有制经济中还存在着多样化的实现形式。这种生产资料所有制的性质及其形式，就形成了我国以公有制为主体、多种所有制经济共同发展的基本经济制度，从而也就决定了我国社会主义初级阶段的以按劳分配为主体、多种分配方式并存的分配制度。这种以按劳分配为主体、多种分配方式并存的分配制度，当前具体是通过占主体地位的按劳分配方式和按生产要素分配方式相结合来实现的。

　　由此，实行占主体地位的按劳分配和按生产要素分配相结合的分配方式，是由我国生产力的特点、生产资料所有制性质和形式决定的，体现了社会主义初级阶段效率优先、兼顾公平的原则。实行按劳分配，就要劳动平等和报酬平等，实现社会分配的公平与公正；实行按生产要素分配，就要允许和鼓励资本、技术、信息等生产要素按贡献参与收益分配，按照生产要素投入的多少来分配。也就是说，投入资本得到利润，投入土地得到地租，投入资金得到利息，投入技术或信息得到报酬，从而调动一切积极因素，增加社会财富，以造福于人民。

　　有人曾提出："资本收益与劳动创造价值矛盾吗？"的问题，同学们思考一下。

前者讲的是价值的分配，涉及的是分配制度；后者讲的是价值的生产或创造，涉及的是价值的源泉。

马克思的劳动价值论告诉我们：劳动是价值的唯一源泉。只要存在着商品经济，不管什么样的社会经济制度，价值的源泉只能是人的劳动。而分配制度是随着社会经济制度、基本经济制度的变化而变化的，不会因为商品价值是否是劳动创造的而改变。今天，我国社会主义初级阶段的以公有制为主体、多种所有制经济共同发展的基本经济制度，决定了我国以按劳分配为主体、多种分配方式并存的分配制度，决定了要把按劳分配和按生产要素分配结合起来的分配形式。因此，资本作为生产要素参与分配，得到收益，是正当的，应该允许和鼓励，有利于调动一切积极因素，为社会主义服务。

显然，资本收益与劳动创造价值，是不相关的，一个是分配问题，直接和社会经济制度相关，而不管价值是谁创造的；一个是源泉问题，是和商品经济共存的，而无论经济制度如何。二者不构成矛盾的两个方面。但要明确的是：资本和土地、技术、信息等一样，它作为生产要素只是创造社会财富的源泉，而不是创造价值的源泉，对此，马克思明确指出："资本是以货币和商品形式存在的积累的劳动，它像一切劳动条件（包括不花钱的自然力在内）一样，在劳动过程中，在创造使用价值时，发挥生产性的作用，但它永远不会成为价值的源泉。"[①]

（二）马克思劳动价值论的理论和实践意义

1.马克思劳动价值论扬弃了英国古典政治经济学的观点，为剩余价值论的创立奠定了基础。

2.马克思劳动价值论揭示了私有制条件下商品经济的基本矛盾，并从物与物的关系背后揭示了人与人的关系，对我们科学认识商品经济的本质及其运动规律，清除商品拜物教和货币拜物教观念，具有十分重要的意义。

3.马克思劳动价值论揭示了商品经济的一般规律，对理解社会主义市场经济具有指导意义（人类经济发展的历史证明，不论资本主义社会还是社会主义社会都存在商品、货币关系和商品经济，都存在价值规律）。

---

① 《马克思恩格斯全集》第26卷，第1册，73—74页。

（三）深化对马克思劳动价值论的认识

案例分析：

2002年7月4日夜，2002年第5号热带风暴"威马逊"肆虐东海，近中心最大风力达到12级（50米／秒）以上，东海海面巨浪汹涌。

"威马逊"到来的前6天，坐落在北纬29度、东经125度东海海面的平湖油气田收到了上海市中心气象台传来的"警报"："未来5—6天，台风'威马逊'将影响你平台，建议做好撤出的准备。"平台上的所有工作人员在直升机的协助下迅速撤离，避免了一场灾难的发生。

平湖油气田是上海市中心气象台的长期企业客户之一。气象台每隔3—6小时左右向该平台提供海上、空中和陆地的全方位信息，以图文传送，还提供气象专业网站。

上海市中心气象台现已拥有120家左右的长期客户和100多家"散户"。

上海市中心气象台副台长杨礼敏说："根据企业各自的需求，我们为其量身定制气象信息，并在物价局制定标准的基础上协商信息使用的费用，所以，每家的费用都不同。最高的达到每年20万元；而最低的也就几百块钱。"杨礼敏说："但我们也要承担很大风险和压力：预报毕竟是有误差的，像这次的台风，企业撤离和重返平台的成本都是上千万元，所以，如果我们的信息不准，会造成很大的损失。"

据杨礼敏介绍，上海市中心气象台向企业提供专业有偿气象服务的历史可以追溯到1984年，为英国的BP公司在南黄海的石油钻探作"气象护航"。现在，气象台的客户除了海上作业、码头、航运等一贯靠天吃饭的企业外，还有了一些新的变化。

请大家思考讨论：（1）提供气象服务的劳动创造价值吗？如何理解创造价值的"劳动"？（2）在现代市场经济条件下，如何深化对劳动价值理论的认识？

通过这一案例我们看到：

1. 深化对创造价值的劳动的认识，对生产性劳动作出新的界定

"德尔菲气象定律"认为，气象投入与产出比为1：98，即企业在气象预测方面投入1元，可得到98元的经济回报。当然，生产力水平不同，经济回报也不同。为生产性企业提供作为商品的气象信息服务，实际上已构成企业内在生产的必要因素和环节，因而这一气象信息商品的提供者是创造价值的。如果生产性企业内部员工来搞气象服务，那么，其创造价值的生产属性就一目了然了。但由于社会分工，气象分析活动独立化，由生产性企业以外的专门单位来进行，这并不妨碍为生产性企业提供气象信息商品的劳动具有创造价值的性质。因此，在新的历史条件下，应深化对创造价值的劳动的认识，对生产性劳动做出新的界定。

由于所处时代的限制，马克思在《资本论》中重点考察的是物质生产部门，认为物质生产领域的劳动才是生产性劳动并创造价值，而绝大部分非物质生产领域的劳动属于非生产性劳动，不创造价值。但随着第三产业的发展，服务性劳动的地位和作用越来越重要，生产性劳动应当包括大部分非物质生产领域的服务性劳动。如：提供气象信息商品的劳动。

2. 深化对科技人员、经营管理人员在社会生产和价值创造中所起作用的认识

首先应该看到，商品的价值是抽象劳动创造的，即人类的活劳动的创造，如果离开人类的活劳动，知识、科学技术、和信息本身是无法创造价值的。其次，在今天的市场经济条件下，脑力劳动占据主导地位，商品的生产则更多表现为复杂劳动的产物。要尊重知识、尊重人才，充分肯定科技人员、经营管理人员等在社会生产和价值创造中所起作用。

3. 深化对科技、知识、信息等新的生产要素在财富和价值创造中作用的认识

知识、科技、信息以及土地、资本等生产要素本身虽然不能创造价值，但作为社会财富的重要内容，成为商品使用价值的直接构成要素，在经济活动中发挥着越来越重要的作用，是活劳动创造商品新价值的重要经济条件。

在资本主义条件下，资本主义的经济制度就是保障资产阶级利益最大化，无偿占有工人的剩余劳动，获得越来越多的剩余价值。而社会主义的经济制度与其完全相反，是实现全体人民共同富裕，把增进人民福祉，不断提高人民生活水平，促进人的全面发展作为一切工作的出发点和落脚点。因而，社会主义制度下的劳动就有了不同于资本主义的意义。

2015 年 4 月 28 日习近平在庆祝"五一"国际劳动节暨表彰全国劳动模范和先进工作者大会上的讲话中指出："在我们社会主义国家，一切劳动，无论是体力劳动还是脑力劳动，都值得尊重和鼓励；一切创造，无论是个人创造还是集体创造，也都值得尊重和鼓励。全社会都要贯彻尊重劳动、尊重知识、尊重人才、尊重创造的重大方针。""让劳动光荣、创造伟大成为铿锵的时代强音，让劳动最光荣、劳动最崇高、劳动最伟大、劳动最美丽蔚然成风。"

要"弘扬劳模精神，弘扬劳动精神，弘扬我国工人阶级和广大劳动群众的伟大品格。"十九大报告又指出：要"激发和保护企业家精神，鼓励更多社会主体投身创新创业。建设知识型、技能型、创新型劳动者大军，弘扬劳模精神和工匠精神，营造劳动光荣的社会风尚和精益求精的敬业风气"。

劳动是一切成功的必由之路，也是一切梦想的坚实底座。我们当代大学生要用劳动为实现中国梦添砖加瓦，把人生理想融入国家富强、民族复兴的伟业之中，把个人梦与中国梦紧密联系在一起。

§3 教学小结

劳动价值论是马克思主义经济学的理论基础。本专题全面分析了劳动价值论的主要内容并在此基础上，指出了马克思主义劳动价值论的理论意义和实践意义。在社会主义市场经济条件下，应该用发展了的马克思主义劳动价值论指导我国的改革开放事业。

§4 作业及思考题

1. 观察某一时期某一农产品或生活用品价格的涨落，并进行分析。
2. 举例说明在当今的市场经济时代，人们对金钱的看法。如何看待金钱的作用？
3. 如何理解马克思的劳动价值论？

§5 阅读参考文献

1. 马克思:《资本论》第1卷，第一章《商品》,《马克思恩格斯文集》第5卷，人民出版社2009年版。
2. 马克思:《资本论》第1卷，第二章《交换过程》,《马克思恩格斯文集》第5卷，人民出版社2009年版。
3.《马克思主义基本原理概论》，高等教育出版社，2018年版。

（本专题撰稿人 李静）

专题十　如何认识剩余价值理论

§1 教学简况

课时安排

4 学时。

教学目的和要求

一、学生能够了解剩余价值生产的前提条件和生产过程，认识雇佣劳动者的剩余劳动是剩余价值的唯一源泉，掌握剩余价值生产的两种基本方法，结合资本积累相关内容，把握资本主义社会财富两极分化、产生失业的原因。

二、学生能够深刻认识生产剩余价值是资本主义生产方式的绝对规律，能够正确认识资本主义的本质。

三、学生能够结合资本的循环周转与再生产，把握资本主义生产失衡原因，透过经济危机分析资本主义的基本矛盾，深入理解为什么资本主义必然灭亡。

四、学生能够了解资本主导下的生产方式的历史局限性，分析资本主义价值观对当代社会的异化影响及其弊端所在，明确资本主义生产关系的剥削本质决定了无产阶级革命的必然性。

五、学生能够正确理解社会主义条件下对资本的运用。

教学内容

一、剩余价值理论的基本观点。

二、剩余价值理论创立的意义。

讲授重点和难点

重点：剩余价值的生产过程及方法、资本积累。

难点：为什么说生产剩余价值是资本主义生产方式的绝对规律。

§2 教学过程

【问题导入】

在当今时代谈"剥削",是否过时了?

中国实行改革开放至今,资本对市场经济的推动作用越来越突出,十九大报告更是提出要激发各类市场主体活力,促进多层次资本市场健康发展,在此背景下,"剥削"似乎显得与市场经济、与现代社会经济发展节奏格格不入。当代企业家和马克思口中的"资本家"是否有本质区别?当技术进步、管理方式更新、金融体系的运用成为当代企业发展的重要推动力,资本家的利润来源是否已不再是剩余价值?企业薪资结构日趋多元化,是否剥削已经不存在了?一个貌似"过时"的词汇,引发的是一连串当代问题。从政治经济学的角度出发,要想对这些问题做出解答,需要运用马克思主义基本原理中的剩余价值理论进行深入分析,揭示剩余价值的产生,揭示资本家剥削的秘密。

一、剩余价值理论的基本观点

剩余价值理论是马克思的两个伟大发现之一,其基本观点包括:剩余价值的生产过程和资本的不同部分在剩余价值生产中的作用,剩余价值生产的两种基本方法,资本积累,资本的循环周转与再生产,工资与剩余价值的分配,资本主义的基本矛盾和经济危机等等。通过剩余价值理论,马克思系统、科学地揭示了资本主义生产方式的本质和资本主义剥削的秘密,为我们提供了透视资本经济制度的钥匙。

(一)剩余价值的生产过程和资本的不同部分在剩余价值生产中的作用

剩余价值是在资本主义的生产过程中生产出来的,资本主义的生产过程是以雇佣劳动为基础的劳动过程和价值增殖过程的统一,价值增殖过程就是剩余价值的生产过程,是资本主义生产过程的主要方面。

1. 雇佣劳动的前提:劳动力成为商品

我们都知道,资本主义生产方式是到了人类历史一定发展阶段才产生的,资本主义生产方式的基础是对雇佣劳动的使用,那么,雇佣劳动是怎么产生的?这不仅是一个历史问题,更是一个值得抽象分析的政治经济学问题。

雇佣劳动的前提在于劳动力成为商品,即劳动者把自己的劳动当作商品卖出去，这需要两个条件：① 劳动者是自由人，能够把自己的劳动力当作自己的商品来支配；② 劳动者没有别的商品可以出卖，自由得一无所有，没有任何实现自己的劳动力所必需的物质条件。对于 14、15 世纪的西欧而言，资本主义生产方式产生的过程也是西欧国家由农业国转向工业国的过程，同时也是农民被暴力剥夺土地的过程，中世纪西欧是没有社会保障的，农民失去土地就是流浪汉，而当时的西欧法律则对流浪汉保持制裁态度。与此同时，随着工业的发展、工厂的建立，需要大批工人，吸纳了没有土地、没有生产资料的农民。工人为什么不能把自己"出卖"得好一点？要求更高的工资？因为劳动力市场是买方市场，人力供给大大超出市场需求，你不干，有人来干。有的同学还会问：为什么不给自己打工？因为在当时的时代，手工劳动、小制造业是始终无法与大工业相抗衡的，在成本方面不具市场优势，经营风险也很大。所以，工人是自由的吗？这个"自由"要打引号。真正的自由是需要条件的，即我有出卖自己的权利，我也有不出卖自己也能过得很好的条件。被雇佣的劳动者只是具有人身自由而已，"自由"得一无所有。从这里开始，劳动力成为商品，人成为商品，打上了价签。工人只有选择给资本家 A 或资本家 B 劳动的自由，却没有选择是否给资本家劳动的自由，因为处于劣势的社会地位和经济状况，他们别无选择。

2. 劳动力商品的特点

如同其他商品一样，劳动力商品也是使用价值和价值的统一体。

由于劳动力存在于活的人体中，所以，劳动力的价值可以还原为劳动者维持自己及其家属生存所必需的生活资料的价值。它包括三个部分：维持劳动者自身生存所必需的生活资料的价值；养活劳动者家属所必需的生活资料的价值；劳动者接受教育和训练所支出的费用。理论上看来，工人"出卖"自己的结果是能够养活自己、养活家人，还能够得到提升技能上的机会，事实上，在马克思所处的年代，工人的工资仅够维持自己和家人的底线生存。

劳动力的最大特点在于其使用价值的特殊性。普通商品的使用价值在被消费的过程中逐渐消失掉，价值也随之消失，或者转移到其他商品中去。劳动力则不同，劳动力的使用价值就是劳动，是价值和剩余价值的源泉。劳动力在使用过程中，不仅能创造价值，而且能够创造出比自身价值更大的价值。这部分超过劳动力价值的价值就是剩余价值。这里注意，"剩余价值"中的"剩余"不是"过剩、多余"的意思，我们之所以用 m 来表示"剩余价值"，因为它更多地代表 more，指多出资本家付给工人的劳动力价值的那部分价值。

资本家购买的是工人的劳动力，而不是劳动。劳动力和劳动的区别在于：前者是能力，后者是活动，即一个动态实践过程。例如，老板给你付 3000 元工资让你当他的秘书，然而你的工作范围不仅仅是帮老板处理工作，还要在上班前早早地来到办公室扫地、擦桌子，在应酬时替他挡酒，在下班后给老板的孩子辅导功课，做一系列与工作本身无关的事情，不然老板就随时开掉你，那么，这 3000 元表面上是你的工作的报酬，是在支付你的劳动，事实上却是对你整个人的劳动力的报酬。

正是由于劳动力商品使用价值的特殊性，才使资本主义获得了新的剥削方式，建立在生产资料私有制基础上的雇佣劳动，是资本主义生产方式的本质特征。

3．资本主义生产过程的两重性

资本主义的生产过程具有两重性：一方面是生产物质资料的劳动过程；另一方面是生产剩余价值的过程，即价值增殖过程。资本主义生产过程是劳动过程和价值增殖过程的统一。

生产物质资料的劳动过程包括三个基本要素，即劳动者的劳动、劳动对象和劳动资料。关键在于：生产资料和工人的劳动都属于资本家，劳动的全部成果或产品也都归资本家所有。

价值增殖过程是剩余价值的生产过程。在资本主义生产中，劳动者创造的价值如果刚好补偿资本家所预付的劳动力价值，那就是单纯的价值形成过程，然而事实上，资本家不可能允许这种状况发生，因为那意味着他无利可图。一般情况下，劳动者创造的价值一定会超过对劳动力价值的补偿，这种延长了的价值形成过程，就是价值增殖过程。

因此，在价值增殖过程中，雇佣工人的劳动分为两部分：一部分是必要劳动，用于再生产劳动力的价值；一部分是剩余劳动，用于无偿地为资本家生产剩余价值。剩余价值是雇佣工人所创造的并被资本家无偿占有的超过劳动力价值的那部分价值，它是雇佣工人剩余劳动的凝结，体现了资本家与雇佣工人之间剥削与被剥削的关系。

4．货币转化为资本

在资本主义生产方式中还有一个重要因素，就是资本，它是资本主义生产得以展开的经济基础。

资本是能够带来剩余价值的价值。资本家用货币购买（或租赁）厂房、设备、原材料以及劳动力进行生产，生产出来的产品进入市场，售出后带来利润，资本家原有的投入得到增殖的回报，这样的货币投入就是资本，简言之，资本是能够生钱的钱。对于资本家来说，钱能生钱的秘诀就在于购买劳动力来进行生产，让这些劳动力带来剩余价值。因此，劳动力成为商品是货币转化为资本的前提。

5. 资本的不同部分在剩余价值生产中的作用

资本是能够带来剩余价值的价值，但我们并不能据此作直观反推，认为剩余价值来源于资本家的全部金钱投入，只要资本家出了钱，价值就自动增长。让我们来分析下资本本身的构成。资本分为两部分，即不变资本与可变资本。

不变资本是以生产资料形态存在的资本，用于购买生产需要的原材料、机器、厂房等，但这部分资本只是由钱变成了物，而后其价值在生产过程中实现一次性或逐渐转移，比如原材料经过加工改变了形式、机器的折旧等，无论如何，其价值量不会发生增殖。

可变资本是用来购买劳动力的那部分资本，与不变资本不同的是，可变资本的价值不是转移到新产品中的，让我们联系"劳动力商品的特点"部分，劳动力在使用过程中，能够创造出比自身价值更大的价值，这意味着，购买劳动力的资本的价值在此过程中发生了增殖。

因此，剩余价值既不是由全部资本创造的，也不是由不变资本创造的，而是由可变资本雇佣的劳动者创造的。资本主义所有制的实质是：资本家凭借对生产资料的占有，在等价交换原则的掩盖下，雇佣工人从事劳动，占有工人的剩余价值。这一句话包括了资本主义生产方式的前提、形式、过程、目的。资本家占有土地、厂房、机器等等生产资料，而后用表面公平的方式购买工人的劳动力，用雇佣劳动进行生产，最后，占有剩余价值。剥削的秘密就在于此。我们常见的是，资本家宣称利润来源于自己的有效投资、企业定位、科学管理、市场眼光等等，仿佛工人的劳动力与利润的创造无关，劳动只是推动利润转化的环节之一，事实上，剩余价值的源头正在于可变资本雇佣的劳动者的劳动力，而不是其他，剩余价值的源头被掩盖起来了。

（二）剩余价值生产的两种基本方法

从具体形式上看，资本家有多种方法对工人进行剥削、获取剩余价值，然而剩余价值的生产方法归根结底可以有两种，既绝对剩余价值的生产和相对剩余价值的生产。

　　绝对剩余价值生产的方法是：在必要劳动不变的前提下，通过延长工作日长度或提高劳动强度，实现对剩余劳动的绝对延长，这是剥削的传统方式。

　　以上说的是理论逻辑，但这个理论逻辑很好地抽象概括了马克思所在时代的现实状况，即工人被无底限地使用——高强度的劳动、违背人性的劳动时间，工人的劳动时间被尽可能地延长，而休息时间则被压榨到生命极限。《摩登时代》中那个强制性的喂饭机就是最好写照，该时代的很多文学作品对此也有相当多反映。影响是巨大的，不仅工人的健康无法得到保证，而且工人的生活状况、精神状况、家庭状况也相当凄惨：在 18—19 世纪，工人的平均寿命相当低；低廉的工资使工人不得不拼命工作，工人家庭往往是"双职工"；由于缺乏营养和照料，工人家庭的儿童死亡率也高得惊人，根据 1840 年的调查数据显示，利物浦工人的平均寿命只有 15 岁，曼彻斯特工人的孩子 57% 以上不到五岁就死亡；女工和童工的使用非常普遍，他们付出的劳动不见得少，但报酬却只有正常男工的几分之一……恩格斯写于 1844 年的《英国工人阶级状况》对此做出了翔实描述。

　　1889 年确定的国际劳动节的重大意义在于，通过以生命为代价的全国性罢工，美国工人为自己争取到了 8 小时工作制，并由此激发了欧美各国工人阶级为自己的合法权益而斗争，而在此之前，美国工人平均日工作超过 10 小时，每天工作 12 至 15 个小时非常普遍，罢工工人中流行的"八小时之歌"这样唱道："……我们厌倦了白白地辛劳，光得到仅能糊口的工饷，从没有时间让我们去思考。我们要闻闻花香，我们要晒晒太阳……"

　　第二种生产剩余价值的方法是实现相对剩余价值的生产，在剩余劳动不变的前提下，降低必要劳动，以实现对剩余劳动的相对延长。8 小时工作制建立之后，资本家的思路发生了改变，不让工人加班，那就改进技术、改善管理，提高劳动生产率，多创造相对剩余价值。相对而言，这种方法比第一种方法更需要"创新"，也更为隐蔽。

　　马克思在对"异化劳动"的研究中深刻地评析了剩余价值的生产，劳动使劳动者异化，使工人成为机器的附属，被机器驱使，工人丧失了人之为人的能动性和尊严。在资本主义发展初期，资本家主要依靠绝对剩余价值生产来提高剥削程度。随着生产技术条件的不断改进和工人阶级反抗资本家延长工作日的斗争力量的增强，相对剩余价值生产的作用日益突出。

　　反观我们的现代生产，为什么科学技术、管理的重要性被大大强调？也许可以在这里找到答案。单个资本家改进技术、改善管理，是为了追求超额剩余价值，在资本家群体中胜出，而资本家之间激烈竞争的结果是，某个企业采用先进技术，其他企业也会随之赶上，先进技术逐渐在该领域实现普及……这一过程带来的客观结果是，整个社会各个生产部门的劳动生产率普遍提高，最后大家获得的都是相对剩余价值，想要获得超额剩余价值？那就继续寻找并采用更先进的技术吧。在资本主义发展初期，资本家主要靠绝对剩余价值的生产来提高剥削程度，而随着生产技术条件的不断改进和工人阶级斗争力量的增强，相对剩余价值生产的作用日益突出。

第二次世界大战以后，资本主义国家经历了第三次科技革命，机器大工业发展到自动化阶段，有些经济学家宣称技术和科学"成为独立的剩余价值源泉"。然而，资本主义条件下的生产自动化只是意味着剩余价值生产所使用的生产工具更加先进了，不要以为当代资本主义社会工人的劳动地位已经发生了改变，我们看到的只是劳动方式的改变而已，脑力劳动的比重大大增加，以前的工人被束缚在机器前，现在的白领则被束缚在电脑前，形式不同，实质却还是一样，效率的提高是以人的付出为代价，精神疲劳和神经极度紧张，同时单调、乏味的工作也侵蚀了工人的自由活动和生产志趣。

另外，现代社会中的资本对劳动的指挥和管理也出现了新的形式，从"行为科学""系统理论"中寻找现代管理的依据，并让工人参加管理甚至参与股份，以增加企业内部凝聚力，刺激工人的进取心和创新精神、合作精神，提高工人的劳动质量和工作效率，同时也缓和了劳资矛盾。当剩余价值转化为利润时，剩余价值的源泉便被掩盖了，然而，归根到底剩余价值的唯一源泉仍然是雇佣工人的剩余劳动。不要以为剩余价值理论只在马克思恩格斯的时代适用，看看20—21世纪以来西方工人的罢工状况就会明白，资本主义生产方式下工人在生产关系中的地位并没有质的改变，反抗剥削、反抗自身的被动地位始终是工人不变的诉求。

还有一种状况值得注意，在当今世界贸易体系下，"中心—外围"国家之间存在着严重的不平等交换，许多跨国公司为了获得产品的市场价格竞争力，在海外开设代工厂，把低附加值的工作外包给欠发达国家，与跨国公司的高额获利形成强烈反差的，是海外代工厂工人的超时工作、过低薪酬、化学毒害以及接连发生的事故、对环境的污染等等。这种不平等交换实质是欠发达国家的劳动剩余价值向发达国家的转移，是发达国家对欠发达国家的剥削。

因此，我们对本专题导入问题做出回答：生产剩余价值是资本主义生产方式的绝对规律，无论在哪个时代，资本家的逐利本性都不会改变，剥削始终存在，只是形式更加隐蔽而已。

（三）资本积累

资本积累就是将剩余价值转化为资本，或者说，剩余价值的资本化。马克思关于资本积累的学说是剩余价值理论的重要组成部分，它揭露了资本主义制度下贫富两极分化的原因，揭示了资本主义失业现象的本质，深刻地阐明了资本主义制度必然走向灭亡的历史命运。

物质资料生产是人类社会存在和发展的物质基础。人们不能停止消费，也就不能停止生产。因此，任何社会的生产过程都是再生产过程。资本主义的再生产按其规模来看，可分为简单再生产和扩大再生产。前者生产规模不变，在原有规模上重复进行生产，不做更多投入，常见的情况是资本家把挣来的钱用于个人消费，事实上，不进行生产方式转型、不投资引进新技术的企业很难持续存活，"富不过三代"；后者是资本家把盈利的一部分转化为资本，追加生产资料和劳动力，生产规模进行扩大，以追求更多财富增长。后一个过程就是资本积累。

资本积累具有客观必然性，一方面是出于对更多利润、财富的追求，这是内在动力；一方面是竞争规律的驱使，不发展就被淘汰，不创新就落后，资本家必须将资本积累作为保存自己、战胜对手的重要手段，这是外在压力。

资本积累的本质是资本家不断地利用无偿占有的工人创造的剩余价值来扩大自己的资本规模，其结果是进一步扩大和加强对工人的剥削和统治，加剧社会财富占有的两极分化，资本积累也是资本主义社会失业现象产生的根源。

在扩大再生产中，资本的有机构成的提高格外重要。资本的有机构成是指由资本的技术构成决定并反映技术构成变化的资本价值构成，也就是说，价值构成的提高应以技术构成为前提。在不提高企业技术水平的情况下，不变资本的价值比重绝对不能提高，否则资本家的获利程度将下降。比如，资本家的厂房里有100台机器，每台机器需要10个工人来操作，而在雇佣工人数量没有变化的情况下，没有必要增加机器，否则稳赔不赚。如果资本家引进了新技术，每台机器仅需要1个工人操作，或者在同样时间内制造出更多产品，以至于引进技术的成本被之后的利润远远覆盖，那么，这样的变化对于资本家来说则是值得的。

随着科技的发展，资本有机构成造成的后果之一对工人而言是残酷的，即技术对人力造成了排挤，资本对劳动力的需求日益减少，大批工人失业，形成相对过剩人口，即劳动力供给超过了资本对它的需要，这部分劳动力不为资本价值增殖所需要，成为"过剩"或"多余"的。在资本主义发展过程中，相对过剩人口基本上有三种形式：第一种是流动的过剩人口，主要指城市和工业中心临时失业的工人，第二种是潜伏的过剩人口，即农业过剩人口，随着资本主义农业的发展特别是机器的广泛使用，对农业劳动力的需求也相对地甚至绝对地减少，越来越多的个体农民破产；第三种是停滞的过剩人口，主要指身体条件或劳动技能有限的人，无法从事固定职业，只有靠打零工维持生活。因此，工人是否能够改变自己的社会地位，很多时候不能用勤劳与否来进行解释，资本有机构成的不断提高加剧了就业市场的饱和状况，经常性的庞大失业人口的存在，是资本主义的痼疾。资产阶级政府通过各种干预措施可能在一定程度上缓解失业，但是不可能彻底消灭失业。

随着资本积累的增长，资本主义生产越来越具有社会性，资本越来越集中于少数资本家手中。生产的社会化和资本主义的私人占有形式之间的矛盾日益加剧，资本主义最终将会被新的、更能适应社会化大生产要求的社会形态所取代，也就是说，资本积累的历史趋势就是资本主义制度的必然灭亡和社会主义制度的必然胜利。

（四）资本的循环周转与再生产

资本作为一种自行增殖的价值，不仅在生产过程内运动，而且也在流通过程内运动，要深刻认识资本价值增殖的秘密，还必须考察资本的流通。马克思在分析资本主义流通过程中，首先详尽地分析了个别资本的运动，即资本的循环和周转过程，揭示了资本循环周转规律。

资本循环的概念突出的是资本运动的连续性，包括购买、生产、售卖三个阶段；多次资本循环构成资本周转，资本周转强调的则是资本运动的速度，重在表明影响资本周转速度的因素、资本周转速度对剩余价值生产的影响。为了获得更多剩余价值，需要加快资本周转速度，比如从接到客户订单，到完成采购、制造到配送，而后将剩余价值投入下一次生产，在真实的市场竞争中，胜出者往往是周转速度领先的企业，周转速度快，意味着能够尽快回收成本、尽快用资本产生再增殖。

社会生产可以划分为两大部类，第一部类的产品进入生产领域，第二部类的产品进入消费领域，两大部类必须保持一定比例，不然生产就会脱节。

在资本主义条件下，一切产品都是商品。因而，社会总产品都是通过市场交换来进行的。社会总产品的实现过程主要包括以下三方面的交换：（1）第一部类内部各企业之间的交换，用于补偿本部类生产资料消耗；（2）第二部类内部的交换，用于本部类工人和资本家的个人消费；（3）两大部类之间的交换，两个部类互相需要对方的产品，通过两大部类之间的交换，所有产品价值全部得到实现。

从上述社会资本再生产情况下社会总产品的实现过程可以看出，社会资本再生产的基本实现条件是两大部类之间及其内部应该遵循基本的比例关系，即社会生产与社会消费之间、两大部类之间、生产资料生产与对生产资料的消费之间、消费资料生产与生活消费之间、供给与需求之间，在使用价值和价值两个方面都必须保持一定的比例关系。只有这样，社会生产和生活才能正常进行。这正是马克思再生产理论所揭示的基本内容。

随着资本积累的增长，一方面，资本主义生产越来越具有社会性，整个社会的经济体之间关联度日益增强，社会分工在扩大，各种经济行为之间的风险传递途径也在增加，社会经济有宏观性、系统性平稳机制的客观需求，另一方面，资本越来越集中于少数资本家手中，而资本家即便有社会责任意识，也是在保证成功逐利的基础上的。二者之间的矛盾无比深刻而难以调和。在资本主义发展的相当长时期内，处于市场信号的滞后性和资本家的狂热逐利性，两大部类的生产很难保持平衡，往往是哪个领域有利可图，资本就一股脑地盲目涌入、一哄而上，而市场早在产品卖不出去之前已经饱和，市场的供给与需求产生矛盾，由此造成生产过剩，严重时则引发经济危机，加上现代金融工具的不断演化、金融技术的进步，危机的传递链条呈现逐渐延长的趋势，使危机有可能蔓延到社会生活的更多领域。

（五）工资与剩余价值的分配

在资本主义制度下，工人的工资是劳动力的价值或价格，这是资本主义工资的本质，它掩盖了资本主义的剥削关系。

资本家以货币形式购买工人的劳动力，工资表现为"劳动的价格"或工人全部劳动的报酬，以一种貌似等价交换的方式出现，模糊了工人必要劳动和剩余劳动的界限。同时，资本家把剩余价值看作利润，把它当作全部垫付资本的产物或增加额，而不是看作可变资本的产物，剥削的真相便被掩盖了。当资本家们自豪地把获取的利润作为自己头脑的回报时，人们的关注很容易被资本家的投资眼光、运作能力、管理方式等吸引，忽略了所谓利润的真实来源。

事实上，在具体生产中，我们很难明确地测算工人的劳动价值，因为工人的劳动价值不像生产资料那样可以明码标价，尤其是在以脑力劳动为主的现代劳动中，用确切的数字对工人的付出进行衡量变得更加不实际。在现代生产中，生产中的角色无法用"资本家—工人"或者"管理者—被管理者"来进行简单划分，而是涉及生产、人力、技术、营销、财务等复杂而庞大的系统，我们很难指出到底哪一个环节产生了更多价值，但无论如何，剥削是确定无疑的。即使资本家的确承担了市场风险和资金压力、付出了管理劳动等等，然而在创造价值的整个过程中，只有劳动是创造价值的根本，只要存在资本、雇佣，就一定有剩余价值出现。在确定剥削程度时，公式依然不变，即剩余价值率（m'）= 剩余价值（m）/ 可变资本（v）= 剩余劳动 / 必要劳动 = 剩余劳动时间 / 必要劳动时间。

（六）资本主义的基本矛盾和经济危机

生产社会化和生产资料资本主义私人占有之间的矛盾，是资本主义的基本矛盾。在资本主义条件下，社会化的生产力变成资本的生产力，变成资本高效能地获取剩余价值的能力。资本主义越发展，生产社会化程度越高，不断发展的社会生产力就越成为资本的生产力，资本、生产资料、劳动产品就越来越集中在少数资本家手里，资本主义基本矛盾的尖锐化就越是不可避免。

资本主义发展到一定阶段，就会发生以生产过剩为基本特征的经济危机。一个或者多个资本主义国家的国民经济甚至整个世界经济在一段比较长的时间内不断收缩，经济呈现负增长，就会出现经济危机。当经济危机发生时，大量商品积压，大批生产企业减产或停工，金融机构倒闭，社会经济陷入瘫痪、混乱和倒退状态。

历史上最典型的经济危机之一是1929年经济危机，它几乎是资本主义发展史上最严重的经济危机，"黑色星期四"的暗黑称号流传至今。20世纪20年代的美国进入全民炒股时代，1928年的股市进入全面疯狂，甚至连宾馆门口的擦鞋小童都懂得向顾客介绍当天热门股。投机产生的泡沫越来越大，然而终有破裂的一天，1929年10月24日纽约证交所的股票暴跌，使无数人跌出了虚假繁荣的假象，这场危机的后果是：企业破产倒闭数目创历史最高纪录；失业率高达30%以上；美国因这场危机而自杀的人数超过27万；整个资本主义世界的工业生产下降 37.2%，倒退到 19 世纪末水平……

不要以为我们身处社会主义社会，经济危机就和我们没有关系。事实上，经济危机离我们并不遥远，在全球经济一体化的影响下，世界经济体系的重大波动完全可以影响到中国。

例如，在 1929 年经济危机的影响下，日本的对外贸易受到了严重打击，而日本原有的经济基础比较薄弱，对国际市场的依赖比较大。因此，在经济危机期间，工业生产下降，农产品价格惨跌，阶级矛盾尖锐，更多的工人农民为了求得生存展开了大规模的罢工和反对地主的斗争。在这种形势下，日本采取了对外扩张政策，转嫁国内经济、政治危机。1931 年，在日本军部的策划下，日本发动侵略中国东北的九一八事变。

再如，离我们较近的 2008 年金融危机对中国的影响更加具体，远的不说，我们可以感受得到的是中国股市的持续下跌、外贸出口增速的急剧下降、中小企业的破产倒闭、通货膨胀，这些都与 2008 年金融危机息息相关。对于大学生而言影响更为直接，2009 年的毕业季，毕业生发现自己的就业机会大大减少，人才交流中心的招聘现场人满为患，大学生就业形势格外严峻。如果说经济危机的直接受害者是资本主义社会中的每个人，那么，在全球化环境下，纳入全球化体系的每个国家都不同程度地受到了间接影响。

那么，经济危机是否出于偶然？是否有一天，在各种经济甚至行政手段的干预下，经济危机的梦魇将永远消失？马克思不这么认为。经济危机是资本主义经济的痼疾，资本主义的基本矛盾决定了资本主义经济危机的爆发，资本主义发展到一定阶段，就会发生以生产过剩为基本特征的经济危机。只要资本家还在疯狂逐利，经济危机就不可能停止。马克思还在《资本论》手稿中做出过推断，认为经济危机的周期是 6—7 年，因为经济危机周期与不变资本的更新周期密切相关，让我们来算一下：1825—1929 约 100 年间，资本主义世界爆发了 13 次经济危机；1937—2008 年约 70 年间，爆发 9 次经济危机。不得不承认，马克思的推断相当准确，当代资本主义依然没能挣脱这一预言。

马克思认为，资本主义经济危机的实质是生产的相对过剩。为什么要说是"相对过剩"？简单点来说，相对过剩是你生产的东西挺多挺够用，我也十分需要，但我买不起；绝对过剩是你生产的东西太多，多得我压根不需要。显然，资本主义经济危机的实质属于前者——生产的相对过剩，因为工人不是不需要，而是买不起。资本的本性是无限制地追求利润，当市场比较繁荣的时候，商品销售比较顺畅，资本家纷纷扩大生产规模，大量商品充斥市场，而消费者没有那么多钱去买东西，需求不足，结果商品卖不出去，产品大量堆积，市场开始萧条。在这种情况下，资本家开始缩小生产规模，大批解雇工人，甚至停工停产。工人失去了收入，更加没有消费能力。经济危机就是这样一种恶性循环。

到底怎么跳出这一恶性循环？往密西西比河中倒牛奶的故事大家都很熟悉。企业纷纷倒闭，生产大大下降，供求矛盾得到缓解，市场慢慢得到复苏，逐步渡过经济危机。然而在现实中，无论是资本家还是工人，大家的日子都不好过。社会经济生活严重混乱、瘫痪，同时也极大浪费社会资源和财富。经济危机的周期分为四个阶段：危机、萧条、复苏、高涨。然后故事重演，过热的经济总会跌下巅峰。罗斯福曾经尝试用后来被称为"凯恩斯主义"的思路来改变这一资本主义痼疾，用刺激需求的方式驱动经济，把发行国债和货币贬值之路走到尽头，当1938年危机到来时，二战的爆发只是时间问题——用战争方式来解决经济漏洞，也转移矛盾焦点，免得爆发革命。

二、剩余价值理论创立的意义

剩余价值理论的创立，是马克思划时代的功绩。该理论的意义在于指出了剩余价值的来源，指出了当代社会经济的重要驱动力——资本的作用，梳理出资本主义社会的经济运动规律，并且透过物与物的关系揭示出其背后错综复杂的社会关系，可以说，剩余价值理论为分析资本主义生产关系提供了一把钥匙。

（一）剩余价值理论揭露了资本主义生产关系的剥削本质

剩余价值理论深刻揭露了资本主义生产关系的剥削本质，阐明了资产阶级与无产阶级之间斗争的经济根源，启发了工人阶级的觉悟，指出了无产阶级革命的历史必然性。

表面上看来，资本主义的分配方式是公平的：在马克思的时代，工人能够获得的收入主要是工资，包括计件工资和计时工资两种形式；在马克思身后的时代，正如他预见性地观察到的一样，资本主义生产管理权与股份所有权相分离，劳动结构发生了变化，由原先的资本家与工人的二元对立，变成资本家、职业经理、工人等多元阶层并存，资本主义的分配方式有了很大变化，工人得到的不仅仅是工资，还有各种红利、福利等等。无论哪种分配方式，都呈现出一种依据劳动付出获得相应报酬的假象，后者甚至体现出更多的人性化色彩，显示着西方现代文明的"进步"，在这样的"公平"面前，剥削从何谈起？

（二）剩余价值理论是无产阶级反对资产阶级的锐利武器

剩余价值理论的锐利之处，正在于它能够抽离资本主义分配方式的表象：工资购买的是劳动力，而不是仅仅是工人的劳动，这种交换本身就是不公平的；工资的本质来源是工人创造的剩余价值，羊毛出在羊身上。即使工人的劳动时间得到了保障、实际收入也呈现出不断提高的趋势，资本主义分配方式的实质都没有发生改变。况且，19世纪末以来工人实际待遇的提高、劳动条件的改善等，正是建立在以抗议、罢工为主要形式的斗争基础上的，是无产阶级和资产阶级一次又一次博弈的结果。

特里·伊格尔顿说得没错："高级资本主义能孕育出无阶级的幻觉……但跟以前相比，资本集中度更高了，赤贫和无产者的人数每个小时都在激增。虽然首席执行官们穿上了牛仔裤和运动鞋，但这个星球上每天都有十亿人在挨饿。"在剥削方式越来越多元化、越来越隐蔽的今天，重新研究剩余价值理论，更有利于我们认清真相，清楚地看到无产阶级和资产阶级之间的深刻对立与矛盾。从剩余价值理论出发，我们可以从更深层次理解无产阶级革命的历史必然性，无产阶级要改变自身的处境，必须改变打破旧有的生产关系桎梏。

（三）剩余价值理论使社会主义由空想变成科学

正是由于唯物史观和剩余价值的发现，社会主义由空想变成科学。

在唯物史观之前，以托马斯·莫尔的著作《乌托邦》为诞生标志，空想社会主义思潮已经发展了300多年，到了19世纪更是出现了圣西门、傅里叶、欧文三大空想社会主义思想家。在空想社会主义者的思维体系里，未来理想社会的出现是合理的、必然的，他们揭露了资本主义社会的种种罪恶，描绘出无比美好的未来社会蓝图，体现了充满勇气和希望的创意。然而，正确的实现方式是什么？应该依靠哪些力量？他们中有的人期待富人的善心，有的人大胆地抛掷家产进行孤岛式的试验，最终无一例外地走向失败。究其原因，就在于没有把握人类社会乃至资本主义社会的发展规律，也就无法看到资本主义的内在矛盾，从而设计从现实社会走向未来社会的科学道路。

马克思、恩格斯站在无产阶级立场上，运用科学的方法对资本主义社会进行了考察，唯物史观和剩余价值理论正是他们最有力的考察工具。唯物史观揭示了人类社会发展的客观规律，指出了资本主义崩溃的必然性，以及建立未来社会的可行性，他们还从生产方式的变革中去探求未来理想社会，找到了实现社会变革的唯一力量，即无产阶级；剩余价值理论揭示了资本主义剥削的秘密，正是通过对剩余价值生产、实现和分配的论述，马克思全面地揭示了资本主义生产关系的本质，揭示了资本主义生产方式的内在矛盾，证明了资本主义社会经济形态的历史性和暂时性，也为无产阶级反对资产阶级提供了理论武器，而无产阶级革命斗争是推翻资本主义制度的根本途径。

在剩余价值理论产生之前，从未有任何一位学者对无产阶级的受压迫根源做出如此明确、全面的分析。虚幻的美好空想并不难，但重要的是提供切实可行的实践道路。剩余价值理论揭穿了资本家用来掩盖剥削的种种说辞，指出了资本主义大工业背后的荒谬矛盾，即一边是飞速发展的社会生产和工业文明，一边是生产过剩和大众的贫困，这个矛盾最终需要通过改变生产方式来打破。而在科学社会主义理论的指引下，无产阶级政党不断发展、完善起来，使社会主义从理论变为现实，完成人类历史的划时代转变。

（四）剩余价值理论提供了解释资本现象的理论工具

1. 如何理解社会主义条件下的资本运用

剩余价值理论揭示了商品经济和社会化生产的一般规律。马克思不否认"生产的一切时代有某些共同标志，共同规定"，马克思在《资本论》中阐述了一系列"属于一切时代"和"几个时代共有"的经济规律。由于它们都反映了社会再生产的一般条件和一般要求，当然也适用于正在进行建设和完善社会主义市场经济的中国。

从剩余价值理论出发，我们应该对资本的本质进行深入认识，从而更客观、正确地理解社会主义条件下的资本运用。我们需要回过头来重新思考：资本究竟在商品经济中扮演了什么角色？中国社会主义初级阶段的经济建设是否能够绕过资本这一要素？如果不能，又该如何对待资本？要找到答案，恐怕需要重新思考资本的自然属性与社会属性之间的关系。

资本具有自然属性和社会属性，本专题关注的是其社会属性，即资本在资本主义生产方式下的运用。资本的本质不是物，而是在物的外壳掩盖下的一种社会生产关系，即资本主义剥削关系，即使 20 世纪兴起的西方福利制度大大改善了工人的生活，也只是对阶级矛盾的调和而已，20 世纪中叶以后西方福利国家普遍出现经济发展停滞和通货膨胀，说明并没有从根本上解决资本主义社会的危机。

资本主义条件下的资本以生产资料私有制为基础，是资本家进行剥削的手段，最终导致两极分化。然而，资本发展阶段是不可逾越的人类社会发展的必经阶段。20世纪的中国不仅企图逾越商品经济阶段，也企图逾越资本发展阶段，将资本拒之门外，结果付出了惨重代价。

社会主义条件下的资本以生产资料公有制为基础，是发展生产、改善人民生活、最终实现共同富裕的手段。现阶段，为了实现共产主义、发展生产力，我们引进外资和发展私营经济，我们现在允许资本的进入，是为了通过运用资本来超越资本逻辑，为了实现最终目标储备力量、创造条件。只有生产力得到发展，创造出了一定的社会财富，国家才能有能力进一步发展，更好的保障公平。我们才能消灭剥削、实现我们的最终目标——共产主义。

社会主义条件下的资本与资本主义条件下的资本相比，有明显的新特征：（1）具有新的社会经济基础，在公有制经济中，劳动者主人公地位已经确立，在一定程度上改变了人对物的依附关系，资本存在和发展的社会经济基础与旧资本相比，已经发生了根本性变化；（2）资本与劳动的矛盾性质不同，资本主义条件下的资本与劳动的矛盾是不可调和的，而社会主义条件下，资本与劳动之间的矛盾则转化为非对抗矛盾；（3）资本积累的结果不同，社会主义条件下对资本的运用是为了发展社会主义经济。

2. 无产阶级革命对于当代社会是否过时

资产阶级和无产阶级的对立是生产关系层面上的根本对立，这种对立是根深蒂固的。一方占有生产资料，另一方因为失去生产资料而被雇佣，这不仅仅是生产资料占有上的差距问题，它直接决定了资产者和无产者在生产关系中所处的不平等地位，进而覆盖到政治关系、社会关系、家庭关系等方方面面：

（1）货币的权力蔓延到社会生活的各个层次和方面，一切都可以交换，一切价值最终都要体现为货币价值，资产者处在所有权、分配权甚至人权的主导位置，资本变成对经济生活、政治生活、精神生活全面统治的巨大社会权力；

（2）生产的目的与人的需求背离，生产本来应该是为了更好地满足人的生存和生活需求，生产过程也是人体现自身价值的过程，然而在资本主义条件下，人不是生产的目的，而是被生产目的所驱使，进一步发展的结果，就是社会发展与人相背离，社会越发展，人本身受到的压抑越大，被财富追求捆绑得越紧；

（3）社会的价值观认定被异化，利益关系成为人与人之间最重要的关系，马克思称这种状态为"一切人反对一切人的战争"。

马克思曾语重心长地指点，要透过"物"看到"物"后面的人与人的关系，当我们透过剩余价值去观察和分析时，会发现资本实现了对资本主义社会生活的全面统治，一切社会现象和社会关系都表现在颠倒的和歪曲的形式中，反映为商品拜物教、货币拜物教、资本拜物教等。在资本主义政治制度的支持下，资产阶级的统治姿态将长久而稳固地持续下去，被剥削者继续被剥削。

在阶级意识、阶级斗争淡化的当代社会，尤其是发达资本主义国家，这种剥削几乎全面到像空气般自然，甚至让人意识不到它的存在。事实上，对无产阶级的利益剥夺从来没有停止过，只是变得更加隐蔽而已：在"主流"的消费观、时尚观、生活观、成功观等等观念背后，资本在默默主导，如果市场是"看不见的手"，资本就是决定市场动作方向的"手腕"；贫富分化一直在加剧，当无产阶级的利益被剥夺到无法忍受的程度时，罢工依然会出现，把阶级之间的对立鲜明地呈现出来，让我们重新意识到，无产阶级在生产关系中的位置并没有发生改变；出于现代社会的种种新特点，经济危机的周期长度和马克思所处的时代有着重大改变，但经济危机始终是资本主义社会无法摆脱的梦魇……剥开令人眼花缭乱的外在形式，本质就是这么简单。如果说这样的矛盾是可调和的，那绝对是痴人呓语。若想改变，除了无产阶级联合起来进行革命，别无他途，这一点，已经被历史实践证实。

案例：皮尔发财梦的破灭

什么是资本？资本常以物的形式表现出来，如厂房、机器设备、原材料、燃料和辅助材料等，而这些生产资料一定是资本吗？在《资本论》第25章《现代殖民地理论》中，为了马克思说明这个道理，转述了一个叫威克菲尔德的英国经济学家描述的一个脍炙人口的故事，这就是不幸的皮尔的故事。

皮尔是一个非常有远见的英国资本家。他经过认真细致的考察，发现新荷兰（澳大利亚）的斯旺河物产富饶，所以他预测到那里投资一定能带来丰厚的利润。他把价值5万镑的生活资料和生产资料从英国带到斯旺河去，并同时带去了3000名男工、女工和童工，企图在那里赚取剩余价值。可是，英国工人一到物产富饶、极易谋生的澳大利亚，就纷纷离开，结果皮尔先生竟连一个替他铺床或到河边打水的仆人也没有了。看来，即使拥有货币、生活资料、机器以及其他生产资料，但没有资本主义的生产关系，就丢失了雇佣工人这个补充物，货币、机器以及其他生产资料也就仅仅是一般的生产资料而已，它们不能成为资本。

马克思于是幽默而讽刺地说，"不幸的皮尔先生，他什么都预见到了，就是忘了把英国的生产关系输出到斯旺河去！"原来，资本不是物，"而是一定的、社会的、属于一定历史形态社会形态的生产关系，后者体现在一个物上，并赋予这个物以独特的社会性质"。"这是资产阶级的生产关系，是资产阶级社会的生产关系"。"黑人就是黑人。只有在一定的关系下，他才成为奴隶。纺纱机是纺棉花的机器。只有在一定的关系下，它才成为资本。脱离了这种关系，它就不是资本了，就像黄金本身并不是货币，砂糖并不是砂糖的价格一样"。

案例讨论：

1. 判断正误：资本在资本主义生产过程中的物质形态是生产资料的劳动力，所以，资本就是生产资料和劳动力的总和。

2. 结合案例思考，资本的本质是什么？

3. 在我国社会主义市场经济条件下，资本的本质有什么新变化？

案例点评：

第一，马克思在《资本论》中从三个角度界定了资本，资本是一个生产性范畴，是价值增殖手段，资本也是一个社会性范畴，代表了资本主义社会关系，资本还是一个历史性范畴，是资本主义生产方式的本质范畴。资本常以机器、设备、原材料、燃料和辅助资料等生产资料的形式及劳动力的形式表现出来，但不能简单地把生产资料和劳动力与资本画等号。本案例通过分析一个英国资本家携带生产资料和工人到澳大利亚的斯旺河一带去投资的故事，生动形象地回答了这个问题，即不能简单地把生产资料和劳动力等同于资本，二者只有在资本主义的生产关系下才成为资本，脱离了资本主义生产关系，它们也就不是资本了。

第二，资本是能够带来剩余价值的价值，资本不是物，而是在一定历史阶段上产生的、在物的外壳掩盖下的一定历史社会形态的生产关系，它体现在某种物品或劳动力上，并赋予该物品或劳动力独特的社会性质。皮尔先生拥有的生产资料和工人在英国是他的资本的表现形式，为他服务，可是到了澳大利亚的斯旺河，他原有的生产资料却没有了用武之地，原有的工人也跑得不知去向，更不要说继续给他带来剩余价值。究其原因在于，他忘了把英国的生产关系输出到斯旺河去！

第三，"从来不存在纯粹的或抽象的市场经济，市场经济总是与特定的基本经济制度结合在一起"。社会主义社会与资本主义社会的区别不在于有没有资本，而在于资本体现和反映着什么样的社会经济本质、社会生产关系。只要市场经济存在，资本始终是一种客观的存在。

§3 教学小结

1. 本专题着重讲授马克思的剩余价值理论，运用剩余价值理论揭示了资本家剥削的秘密，论述了剩余价值理论的基本观点，包括资本主义生产过程的两重性、资本主义的再生产和资本积累、资本主义的基本矛盾和经济危机、资本主义的政治制度和意识形态，指出剩余价值理论创立的重大意义。

2. 通过对剩余价值理论的学习，可以让学生深刻认识资本主义的实质、资本主义的基本矛盾及危机，进一步认识到资本主义必然灭亡的趋势和无产阶级革命的必然性。

3. 对于资本主义本质及资本的认识，有助于我们更深入了解资本逻辑和当代资本主义社会，客观看待当代资本主义的经济新变化。

§4 作业及思考题

1. 剩余价值是由全部资本产生的，对吗？

2. 如何理解"资本是带来剩余价值的价值"？

3. 资本有机构成的提高会影响利润率下降，为什么资本家还努力提高资本有机构成？

4. 资本主义经济危机的根源、表现和特征是什么？

§5 阅读参考文献

1.《马克思恩格斯全集》第44卷，人民出版社2001年版。

2.《马克思恩格斯全集》第45卷，人民出版社2003年版。

3.《马克思恩格斯全集》第46卷，人民出版社2003年版。

4. 罗聘主编:《马克思主义基本原理概论精彩教案》,武汉大学出版社2018年2月版。

5. 冯皓、章兴鸣主编:《马克思主义基本原理概论教学指导书》,清华大学出版社2018年7月版。

（本专题撰稿人　李喆）

专题十一　如何正确认识当代资本主义的新变化及其趋势

§1 教学简况

课时安排

4 学时。

教学目的和要求

一、学生能够了解资本主义从自由竞争发展到垄断的进程，科学认识国家垄断资本主义和经济全球化的本质，正确认识第二次世界大战后资本主义的新变化。

二、学生能够正确认识 2008 年国际金融危机以来资本主义的矛盾与冲突，深刻理解资本主义的历史地位及其为社会主义所代替的历史必然性。

三、学生能够坚定资本主义必然灭亡、社会主义必然胜利的信念。

教学内容

一、私人垄断资本主义的形成及特点。

二、国家垄断资本主义的特点和实质。

三、经济全球化的表现及影响。

四、第二次世界大战后资本主义的新变化及实质。

五、2008 年国际金融危机以来资本主义的矛盾与冲突。

六、资本主义的历史地位及其为社会主义所代替的历史必然性。

讲授重点和难点

重点：垄断资本主义的形成与发展、经济全球化的表现及影响、当代资本主义的新变化及其实质。

难点：2008 年国际金融危机以来资本主义的矛盾与冲突、资本主义的历史地位及其为社会主义所替代的历史必然性。

§2 教学过程

【问题导入】

同学们，今天我们讲当代资本主义经济发展的一个重要历史阶段——国家垄断资本主义阶段。在这个历史阶段，伴随着经济全球化，当代资本主义发生了一系列的新变化，呈现出了许多新的发展特点。与此同时，经济全球化过程中，社会主义也发生了许多新的变化。经济全球化以来，发达资本主义国家和国际垄断资本组织主导的经济全球化其主导者和主要受益者是发达资本主义国家，而广大发展中国家处在被边缘化和不利的地位上。随着中国特色社会主义进入新时代，中国特色社会主义正以崭新的姿态屹立于世界的东方，中国特色社会主义道路、理论、制度、文化不断发展，拓展了发展中国家走向现代化的途径，给世界上那些既希望加快发展又希望保持自身独立性的国家和民族提供了全新选择，为全球治理和解决人类面临的共同问题贡献了中国智慧和中国方案。目前，中国积极倡导并带头实践的"合作共赢""共商共建共享""构建人类命运共同体"等理念，已经成为中国引领经济全球化的典范。如何正确看待资本主义的这些新变化以及 2008 年国际金融危机以来，资本主义的矛盾和冲突。这就需要我们，不仅要从当代资本主义纵向发展的角度来理解，而且要联系新时代中国特色社会主义的发展从两种制度、两种治理方案的横向比较的角度来审视。只有这样，才能够把握经济全球化下资本主义新变化的本质，搞清楚资本主义的历史局限性，坚定"四个自信"。

一、垄断资本主义的形成与发展

（一）资本主义从自由竞争到垄断

1. 生产集中与垄断的形成

自由竞争引起生产集中和资本集中，生产集中和资本集中发展到一定阶段必然引起垄断，这是资本主义发展的客观规律。生产集中是指生产资料、劳动力和商品的生产日益集中于少数大企业的过程，其结果是大企业所占的比重不断增加。资本集中是指大资本吞并小资本，或由许多小资本合并而成大资本的过程，其结果是越来越多的资本为少数大资本家所支配。

所谓垄断，是指少数资本主义大企业，为了获得高额利润，通过相互协议或联合，对一个或几个部门商品的生产、销售和价格，进行操纵和控制。垄断的产生有以下原因：第一，当生产集中发展到相当高的程度，极少数企业就会联合起来，操纵和控制本部门的生产和销售，实行垄断，以获得高额利润。第二，企业规模巨大，形成对竞争的限制，也会产生垄断。第三，激烈的竞争给竞争各方带来的损失越来越严重，为了避免两败俱伤，企业之间会达成妥协，联合起来，实行垄断。

垄断组织的形式多种多样，而且在各个国家、各个时期也不相同。最简单的、初级的垄断组织形式是短期价格协定，即几个企业在短期内订立一种或几种产品的售价协定，所有参加方必须遵守协定所规定的商品销售价格。这种垄断组织稳定性是比较差的，一旦市场情况发生变化，便会自行解体。常见的垄断组织有以下几种形式：第一，托拉斯。若干性质相同或互有关联的企业为了独占市场、获取高额利润而组成的垄断组织。1879 年首先在美国出现，如美孚石油托拉斯、美国钢铁托拉斯等。托拉斯本身就是一个独立的企业组织，参加者在法律上和业务上完全丧失其独立性，而由托拉斯的董事会掌握所属全部企业的生产、销售和财务活动。原来的企业主成为托拉斯的股东，按照股权的多少分得利润；第二，卡特尔。卡特尔是由生产同类产品的企业联合组成的。卡特尔成员企业一方面为了获得垄断利润而在价格、销售市场、生产规模和其他方面签订协定，另一方面又保持其在商品经济活动中的独立性；第三，辛迪加。若干资本主义大企业为了高价出售商品，低价购买原材料而建立的垄断组织。参与的企业销售产品和采购原材料等业务，都由辛迪加总办事处统一办理，并按协议规定在参加者之间进行分配。这种组织形式比卡特尔严密，参加者在生产上和法律上虽仍保持独立地位，但已丧失商业上的独立性；第四，康采恩。以实力最雄厚的垄断企业为核心，把分属于不同经济部门的许多企业联合在一起而组成，是垄断组织中最复杂的一种形式。其目的是垄断市场、争夺原材料产地和投资场所，以获取高额垄断利润。它可以包括数十个以至数百个矿业、工业、贸易、银行、保险、运输等部门的各种企业。参加者形式上保持独立，实际上受其中占统治地位的资本集团控制。尽管垄断组织的形式多种多样，且不断发展变化，但是它们在本质上是一样的，即通过联合达到独占和瓜分商品生产和销售市场，操纵垄断价格，以攫取高额垄断利润。

2.垄断条件下竞争的特点

垄断是在自由竞争中形成和发展起来的，但垄断并不能消除竞争。从商品经济来看，竞争是商品经济的实现机制，绝对的、纯粹的垄断是没有的。垄断条件下的竞争同自由竞争相比具有一些新特点。垄断条件下的竞争不仅规模大、时间长、手段残酷、程度更加激烈，而且具有更大的破坏性。

3.金融资本与金融寡头

金融资本是由工业垄断资本和银行垄断资本融合在一起而形成的一种垄断资本。金融寡头是指操纵国民经济命脉，并在实际上控制国家政权的少数垄断资本家或垄断资本家集团。随着金融垄断资本势力的爆炸性增长，金融垄断资本的控制能力大大提升，不但掌握了越来越多的社会财富，而且还通过控制政府决策部门和决策过程实现对整个国家的政治控制，利用国家机器维护自身的利益。金融垄断资本的发展，一方面促进了资本主义经济的发展，另一方面也造成了经济过度虚拟化，导致金融危机频繁发生，不仅给资本主义经济，也给全球经济带来灾难。

4.垄断利润和垄断价格

垄断资本的实质在于获取垄断利润，垄断利润是垄断资本家凭借其在社会生产和流通中的垄断地位而获得的超过平均利润的高额利润。垄断利润的来源大体有以下几个方面：第一，来自对本国无产阶级和其他劳动人民剥削的加强；第二，由于垄断资本可以通过垄断高价和垄断低价来控制市场，使得它能获得一些其他企业特别是非垄断企业的利润；第三，通过加强对其他国家劳动人民的剥削和掠夺获取的国外利润；第四，通过资本主义国家政权进行有利于垄断资本的再分配，从而将劳动人民创造的国民收入的一部分变成垄断资本的收入。

垄断价格是垄断组织在销售或购买商品时，凭借其垄断地位规定的、旨在保证获取最大限度利润的市场价格。垄断价格包括垄断高价和垄断低价两种形式。垄断高价是指垄断组织出售商品时规定的高于生产价格的价格；垄断低价是指垄断组织在购买非垄断企业所生产的原材料等生产资料时规定的低于生产价格的价格。

（二）国家垄断资本主义的形成和发展

国家垄断资本主义的形成和发展不是偶然的，它是科技进步和生产社会化程度进一步提高的产物，是资本主义基本矛盾进一步尖锐化的必然结果。

1. 国家垄断资本主义的含义

国家垄断资本主义是国家政权和私人垄断资本融合在一起的垄断资本主义。国家垄断资本主义的产生，是垄断资本主义生产关系在自身范围内的部分质变，标志着资本主义发展进入了新的阶段。

2. 国家垄断资本主义的形成和发展的原因

首先，社会生产力的发展，要求资本主义生产资料在更大范围内被支配，从而促进了国家垄断资本主义的产生。其次，经济波动和经济危机的深化，要求国家垄断资本主义的产生。最后，缓和社会矛盾，协调利益关系，要求国家垄断资本主义的产生。

3. 国家垄断资本主义的主要形式

国家垄断资本主义的主要形式有五种：

第一种是国家所有并直接经营的企业，包括满足国家机构自身需要的国有企业，提供公共产品的国有企业，高科技、高风险新兴工业部门中的国有企业和一般工业部门中的国有企业。

第二种是国家与私人共有、合营企业，包括国有企业将一部分股份出售给私人，国家和私人共同投资开办合营企业，国有企业和私人企业合并，国有企业对私人企业进行参股和国有企业转由私人租赁或承包经营。

第三种是国家通过多种形式参与私人垄断资本的再生产过程，包括国家作为商品和劳务的采购者，向私人垄断企业大量订货，为私人垄断企业提供有保证的国家市场；国家通过各种形式的津贴和补助，直接、间接地资助私人垄断企业；国家通过社会福利开支，提高社会购买力，扩大消费需求，为私人垄断企业创造市场条件。

第四种是宏观调节，主要是国家运用财政政策、货币政策等经济手段，对社会总供给和总需求进行调节，以实现经济快速增长、充分就业、物价稳定和国际收支平衡的基本目标。

第五种是微观规制，主要是国家运用法律手段规范市场秩序，限制垄断，保护竞争，维护社会公众的合法权益。微观规制主要有三种类型：其一，反托拉斯法。即政府通过立法的方式确立一整套规范性的法令，以禁止竞争性行业的垄断，反对不正当竞争行为，保护和促进市场竞争。其二，公共事业规制。这类规制主要针对具有自然垄断性质的产业，包括电力、电信、交通、天然气、自来水等一些公用事业。为了防止自然垄断行业的经济组织凭借垄断地位获取垄断利润，损害公众利益，资本主义国家运用立法手段对该类行业进行规制，主要的规制内容有服务收费、收益率、价格等。其三，社会经济规制。这类规制涉及社会经济生活的各个方面，如竞争秩序和行为、消费者权益、知识产权、劳工权益、生态环境、食品安全、安全生产等。这些规制旨在克服垄断资本主义自身发展所固有的矛盾和消极后果，促进经济和社会稳定、健康和持续发展。

4.国家垄断资本主义的作用

国家垄断资本主义是垄断资本主义的新发展，它对资本主义经济的发展产生了积极的作用。首先，国家垄断资本主义的出现在一定程度上有利于社会生产力的发展。其次，资产阶级国家凌驾于私人垄断资本之上，代表整个垄断资产阶级的利益，调节经济过程和经济活动，这在一定范围内突破了私人垄断资本的狭隘界限。再次，通过国家的收入再分配手段，使劳动人民生活水平有所改善和提高。最后，在国家垄断资本主义的参与和干预下，各主要资本主义国家的农业、工业、商业、通讯及交通运输业的现代化水平迅速提高，社会生产和社会生活的面貌改观，加快了这些国家国民经济的现代化进程。

5.国家垄断资本主义的实质

虽然国家垄断资本主义对资本主义经济的发展产生了积极的作用。但是，其出现并没有根本改变垄断资本主义的性质。国家垄断资本主义在本质上是资产阶级国家力量同垄断组织力量结合在一起的垄断资本主义。它在一定程度上促进生产力发展的同时，也加强了对劳动人民的剥削和掠夺，更好地保证了垄断资产阶级获得高额垄断利润，更有利于维护资本主义制度。国家垄断资本主义的出现是资本主义经济制度内的经济关系调整，并没有从根本上消除资本主义的基本矛盾。国家垄断资本主义有各种不同的具体形式，其实质都是私人垄断资本利用国家机器来为其发展服务的手段，是私人垄断资本为了维护垄断统治和获取高额垄断利润，而与国家政权相结合的一种垄断资本主义形式，是资产阶级国家在直接参与社会资本的再生产过程中，代表资产阶级总利益并凌驾于个别垄断资本之上，对社会经济进行调节的一种形式。

二、经济全球化的表现及影响

（一）马克思的经济全球化思想

经济全球化是指在生产不断发展、科技加速进步、社会分工和国际分工不断深化、生产的社会化和国际化程度不断提高的情况下，世界各国、各地区的经济活动越来越超出某一国家和地区的范围而相互联系、相互依赖的过程。"经济全球化"这一概念虽然是冷战结束以后才流行起来的,但它所表达的经济发展趋势早已开始出现。19世纪上半期,马克思、恩格斯就详细论述了世界贸易、世界市场、世界历史等问题。马克思、恩格斯在《共产党宣言》中指出:"资产阶级,由于开拓了世界市场,使一切国家的生产和消费都成为世界性的了。"这意味着经济全球化的趋势已经萌芽。到20世纪80年代末90年代初,随着冷战的结束和以信息技术为代表的新科技革命的推动,长期以来美苏对抗带来的世界经济体系的分割被打破,技术、资本、商品等真正实现了全球范围的流动,各国之间的经济联系日益密切,相互合作、相互依存大大加强,世界进入经济全球化时代。"随着冷战结束,两大阵营对立局面不复存在,两个平行的市场随之不复存在,各国相互依存大幅加强,经济全球化快速发展演化。"

（二）经济全球化的表现

第一,国际分工进一步深化。人类的生产活动是以分工和协作的方式进行的,市场则起着分工媒介的作用。在经济全球化过程中,国际水平分工逐渐取代国际垂直分工,成为居主导地位的分工形式,这种分工以资本、技术、管理技能等生产要素的跨国流动为前提,以跨国界组织生产为核心,以全球化生产体系的形成和建立为标志,它使世界各国的生产活动不再孤立地进行,而是成为全球生产体系的有机组成部分。国际水平分工的形成为生产全球化奠定了基础,为每个国家参与国际分工和国际竞争提供了机会和条件;也使各国成为全球生产体系的一部分,成为商品价值链中的一个环节,整个地球俨然成为一个大工厂。

第二,贸易全球化。贸易全球化是指商品和劳务在全球范围内的自由流动。20世纪80年代以来,由于更为便捷的通信和运输条件的出现、日益先进的贸易手段的使用以及各国政府采取更为开放的贸易政策,全球贸易实现了前所未有的高速发展,商品贸易增长速度加快,规模越来越大,服务贸易、技术贸易以及产业内贸易、跨国公司内部贸易在全球贸易中的比重不断上升,参与贸易的国家急剧增加,对外贸易在各国国民经济中的地位和作用进一步提高,成为许多国家经济增长的"引擎"和最重要的增长源。国际贸易体制和规则更为规范,对全球贸易活动进行规制和调节的范围和作用趋于扩大,有力地推动了贸易的全球化进程。

第三，金融全球化。金融全球化是指世界各国、各地区在金融业务、金融政策等方面相互协调、相互渗透、相互竞争不断加强，使全球金融市场更加开放、金融体系更加融合、金融交易更加自由的过程。20世纪80年代以来，由于金融自由化浪潮的兴起和信息技术在金融领域的广泛应用，全球金融市场和金融机构加强联系和融合，金融创新日新月异，金融衍生工具层出不穷，极大地推动了金融交易的发展，大规模的资金流动可以在瞬间完成，这使得国际金融资本在全球范围大规模快速流动，推动了金融的全球化进程。

第四，企业生产经营全球化。企业生产经营全球化指跨国公司在全球范围内建立分支机构，借助母公司与分支机构之间各种形式的联系，实行跨国投资和生产的过程。自20世纪90年代以来，跨国公司主导的国际直接投资的规模迅速扩大，投资和生产的国际化程度不断提高，跨国公司成为国际分工、全球生产和要素流动的主体力量。跨国公司通过市场内部化进行全球性生产经营活动，将全球的生产连为一体，并且形成生产—研发—销售全球一体化，越来越多的跨国公司通过兼并、收购、合并的方式组成"战略联盟"，形成了庞大的全球生产和销售网络。跨国公司推动生产在全球范围内进行，使得跨国公司内部的人员交流、经营管理、产品生产呈现出"无国界"的趋势。跨国公司的迅速发展，使生产、资本和商品的国际化进一步深化，极大地推动了经济全球化进程。

（三）经济全球化的动因

从本质上讲，经济全球化是生产力发展和社会化大生产的必然要求。导致经济全球化迅猛发展的因素主要有：（1）科学技术的进步和生产力的发展。科学技术的进步和生产力的发展，为经济全球化提供了坚实的基础，特别是20世纪70年代以来的信息技术革命，不仅加快了信息传送的速度，也大大降低了信息传送的成本，打破了种种地域乃至国家的限制，把整个世界空前地联系在一起，推动了经济全球化的迅速发展。（2）跨国公司的发展。跨国公司为经济全球化提供了适宜的企业组织形式。跨国公司在全球范围内利用各地的优势组织生产，大大地促进了各种生产要素在全球的流动和国际间分工，并由此极大地推动了经济全球化进程。（3）各国经济体制的变革。20世纪90年代以来，传统的计划经济国家纷纷放弃计划经济体制，转而向市场经济过渡。发达资本主义国家为了摆脱经济滞胀而减弱了国家对经济的控制，更加强调市场机制的自发调节作用。在国际范围内，随着世界贸易组织的成立，其成员国家对本国市场的控制大大放松，贸易自由化和投资自由化的进程不断加快。所有这些都为国际资本的流动、国际贸易的扩大、国际生产的大规模进行提供了适宜的体制环境和政策条件，促进了经济全球化的发展。

（四）经济全球化的影响

经济全球化推动了世界生产力的发展，为世界经济增长提供了强劲动力，促进了商品和资本流动、科技和文明进步、各国人民交往。不仅发达国家从中受益，一些发展中国家在参与经济全球化进程中也得到了快速发展。

经济全球化对发展中国家的积极作用主要表现在：第一，经济全球化为发展中国家提供先进技术和管理经验。经济全球化使技术、管理等生产要素在全球范围内自由流动和优化配置，发展中国家可以利用这一机会引进先进技术和管理经验，提升企业的竞争力，推动产业结构合理优化，缩短与发达国家的差距。第二，经济全球化为发展中国家提供更多的就业机会。发展中国家在经济全球化的过程中通过吸引外资在本国投资，为本国创造更多就业条件，扩大劳动者就业，发挥发展中国家丰富的劳动力资源优势。第三，经济全球化推动发展中国家国际贸易发展。经济全球化推动了世界市场的深化扩张，发展中国家可以利用不断扩大的国际市场解决国内产品销售问题，以对外贸易拉动本国经济的发展。第四，经济全球化促进发展中国家跨国公司的发展。发展中国家借助投资自由化和比较优势组建大型跨国公司，积极参与经济全球化进程，增强经济竞争力，以从中获取更大利益。

经济全球化也是一把"双刃剑"，它在促进经济发展的同时也带来了一些负面影响。例如，国际收益不平衡、污染输出、经济风险加剧等问题。但是，我们不能就此把经济全球化一棍子打死，应该正确对待。面对不同国家在生产方式、发展水平、文化背景等方面的差异，要以共同构建人类命运共同体的理念引领经济全球化，要充分利用经济全球化带来的机遇，不断扩大对外开放，实现了我国同世界关系的历史性变革。中国是经济全球化的受益者，更是贡献者。中国在谋求自身发展、受益于经济全球化的同时，也拉动了世界经济增长，为国际社会提供了公共产品，推动了全球治理的发展，对世界经济的发展做出了贡献。

材料分析：

材料1：2017年11月3日，美国《时代》杂志封面以英文及简体中文写上"中国赢了"（China won.），这是该杂志封面首次同时出现两种文字。文章认为十九大宣布中国进入"新时代"之后，中国已成为全球经济舞台上最强大的角色，中国道路、中国模式所取得的辉煌令人羡慕和赞赏，"今天中国的政治和经济制度比二次世界大战结束后主导国际体系的美国模式更为完备，甚至更可持续。与之形成鲜明对比的是，美国正在走下坡路，昔日繁荣的美国如今经济疲软、枪击不断，欧洲也深陷难民和恐袭的泥潭。"①

材料 2：2017 年 12 月 6 日，第三届联合国环境大会举行"地球卫士奖"颁奖典礼，这一年共有六个组织和个人获奖，而其中一半奖项颁给了中国。中国在绿色生态工作上赢得了国际社会的普遍高度认可，国际社会承认中国变得更加绿色环保，中国的生态文明建设、环境政策取得的巨大进步举世瞩目、令人赞叹。

材料 3：实际上，海外媒体的赞扬并非刻意吹捧，中国作为全球最大的发展中国家，在 40 年的发展过程中，就逐步摆脱了贫困，跃升为世界第二大经济体，这一伟大壮举不能忘却、不容否定。统计报告显示，2013 年至 2016 年，我国对世界经济增长的平均贡献率达到 30% 以上，超过美国、欧元区和日本贡献率的总和，居世界第一位。

材料 4：目前，《习近平谈治国理政》作为中国共产党理论创新的最新成果，畅销 160 多个国家和地区，成为改革开放以来在海外最具影响力的中国领导人著作。截至 2018 年 1 月 12 日，《习近平谈治国理政》第二卷全球发行超过 1000 万册，为国际社会增进对当代中国和中国共产党的了解提供了最佳读本。这本深藏中国治国理政之道的著作，已经超越了中国，影响着世界。德国前总理格哈德·施罗德等欧洲政要对习近平的治国理政思想表示了极大推崇；美国前国务卿亨利·基辛格认为该著作"为了解一位领袖、一个国家和一个几千年的文明打开了一扇清晰而深刻的窗口"，全球化时代习近平给未来以指引，使中国在国际上成为一个新的维护世界和平与发展的强大力量。泰国总理巴育希望内阁成员人手一册，仔细研读。柬埔寨以国家名义举办了专题研讨会……越来越多的海外学者专家认为，习近平新时代中国特色社会主义思想所提出的独特道路、独特理论、独特制度、独特文化，使得中国已由过去的接收者，成为现在"思想"的赋予者和贡献者，中国在现代化道路上所取得的巨大成就、经验、所标注的崭新未来，有益于重新思考和认识世

---

① 伊恩·布雷默：《美国〈时代〉周刊最新封面文章：中国赢了》，《中国日报》，2017 年 11 月 7 日。

界。如今越来越多的国家，如俄罗斯、印度、土耳其等国领导人都在学习和追寻中国的脚步。

请思考：经济全球化是资本主义一统全球，社会主义逐步被边缘化吗？

三、第二次世界大战后资本主义经济的新变化

（一）第二次世界大战后资本主义经济新变化的表现

1.生产资料所有制的变化

国家所有制的主要特点是，国家作为出资人，拥有国有企业的所有权和控制权，国有企业的重要职能是推行政府的社会政策和经济政策，为私人垄断资本的发展提供服务和保障。国有制在整个资本主义经济中所占的比重并不大，但是由于其主要存在于基础设施和公共事业部门，所以对整个社会经济的发展有着重要的影响。国家资本所有制就其性质而言，仍然是资本主义形式，体现着总资本家剥削雇佣劳动者的关系。法人资本所有制是法人股东化的产物。法人资本所有制的基本特点是：各类法人（企业法人和机构法人）取代个人或家族股东成为企业的主要出资人，企业的股票高度集中于少数法人股东之手，法人股东凭借手中集中化的控股权干预甚至直接参与公司治理，监督和制约管理阶层的经营行为，使公司资本的所有权与控制权重新趋于合一。法人资本所有制有两种形式，一种是企业法人资本所有制；另一种是机构法人资本所有制。

2.劳资关系和分配关系的变化

随着社会生产力的发展和工人阶级反抗力量的不断壮大，资本家及其代理人开始采取一些缓和劳资关系的激励制度，促使工人自觉地服从资本家的意志。这些制度主要有：其一，职工参与决策。其二，终身雇佣。其三，职工持股。此外，第二次世界大战后，随着经济的恢复和发展，特别是一批社会主义国家的出现，以及资本主义国家内部工人阶级同资产阶级斗争的发展，发达资本主义国家为了缓和矛盾，避免社会剧烈冲突和动荡，保持社会的稳定，建立并实施了普及化、全民化的社会福利制度，在一定程度上满足劳动者的安全和保障需求，保证他们维持最低生活水平，改善其生活状况，劳动者工资水平也有所提高。当代西方国家在分配领域的这些变化，是资本主义发展到国家垄断资本主义阶段对于分配关系的新调整，资本主义国家工人阶级的生活状况由此得到了一定程度的改善。

3．社会阶层、阶级结构的变化

一是资本家的地位和作用已经发生很大变化。传统的资本家的地位和作用已经发生很大变化。随着大公司内部资本所有权与控制权发生分离，拥有所有权的资本家一般不再直接经营和管理企业，而是靠手中拥有和掌握的企业股票等有价证券的利息收入为生，最终成为以剪息票为生的食利者。

二是高级职业经理成为大公司经营活动的实际控制者。高级职业经理成为大公司经营活动的实际控制者。大公司的高级管理人员一般都拥有丰富的专业知识和很强的管理能力，享有优厚的薪金和职务津贴、企业董事所得利润等，与企业的资本所有者的利益是高度一致的。他们在企业中控制企业决策，组织和指挥生产，控制人事调动，处理劳资纠纷，因而具有控制企业的实际权力。

三是知识型和服务型劳动者的数量不断增加，劳动方式发生了新变化。随着产业结构的变化，西方发达国家的就业结构也发生了明显的变化：一是从劳动者在三大产业的分布来看，农业劳动人数锐减，工业劳动人数增长缓慢，甚至有所下降。从事服务业的人数大增，非物质生产部门的工人超过了直接从事物质生产的工人。二是从脑力和体力劳动者的分布来看，蓝领工人减少，白领工人增多。三是从事信息的收集、处理和传输的"知识工人"增多，非知识工人减少。近年来，美国数百万新就业者中，知识型工人占90%。西方国家工人阶级日益知识化和专业化。

4．经济调节机制和经济危机形态的变化

第二次世界大战后，资本主义国家为尽快恢复国民经济，在继续发挥市场机制主导性作用的同时，开始对经济进行全面干预。国家承担起了实现经济增长和充分就业、保持经济稳定、提高社会福利水平以及维护市场秩序等重要职能。它与市场机制相辅相成，共同推动资本主义经济的运行和发展。但是，从20世纪70年代起，随着资本主义经济陷入"滞胀"和新自由主义思潮的泛滥，西方国家普遍走上强化市场调节、弱化政府干预的道路，即通过国有企业私有化来提升经济竞争力；通过福利制度改革，减少政府的财政负担；通过放松对经济和金融的管制，释放经济活力。随着政府干预经济能力的弱化，资本主义生产方式固有的局限性越来越突出，即难以化解生产社会化与生产资料资本主义私人占有之间越来越尖锐的矛盾，资本主义经济一步步陷入衰退和停滞，经济危机呈现出更为复杂的新特点：去工业化和产业空心化日趋严重，产业竞争力下降；经济高度金融化，虚拟经济与实体经济严重脱节；财政严重债务化，债务危机频繁爆发；两极分化和社会对立加剧；

经济增长乏力，发展活力不足，周期性危机与结构性危机交织在一起；金融危机频发，全球经济屡受打击。

（二）第二次世界大战后资本主义经济新变化的原因

1. 科学技术革命和生产力的发展，是资本主义变化的根本推动力量；

2. 其次，工人阶级争取自身权力和利益斗争的作用，是推动资本主义变化的重要力量；

3. 社会主义制度初步显示的优越性对资本主义产生了一定影响；

4. 主张改良主义的政党对资本主义制度的改革，也对资本主义的变化发挥了重要作用。

案例1：当代资本主义社会的阶级分化

马克思主义结束了。在那个工厂林立、到处充满饥饿暴动的世界里，那个以数量众多的工人阶级为标志的世界里，那个到处都是痛苦和不幸的世界里，马克思主义还至少有些用处。但马克思主义在今天这个阶级分化日益淡化、社会流动性日益增强的后工业化西方社会里，绝对没有一点用武之地。如今，仍然坚持支持马克思主义的都是一些"老顽固"。他们不肯接受这样一个事实：我们的世界已经取得了极大的进步，而过去的那个世界再也不会回来了。"马克思的时代过去了"这样的话使一些马克思主义者如释重负。这意味着他们终于可以离开罢工游行与纠察的队伍，回到心急如焚的家人们温暖的怀抱中，在家里度过一个平静的夜晚，而不用去准备冗长的会议发言或者激情喧嚣的演讲了。马克思主义最为过时之处在于它过分痴迷于乏味的阶级问题。马克思主义者似乎没有注意到，自马克思写作的那个年代以来，社会阶级的图景已变得面目全非。特别是，他们甜蜜幻想着即将带来社会主义的工人阶级几乎消失得无影无踪。在我们生活的社会中，阶级问题越来越没有意义，社会流动性越来越大，谈论阶级斗争就犹如讨论在火刑柱上烧死异教徒那样荒谬。具有革命精神的工人，就犹如邪恶的资本家，不过是马克思主义者的凭空想象。

高级资本主义能孕育出无阶级的幻觉，其实一点也不意外。这不仅仅是正面表象（资本主义将其真实的不平等掩藏在它的背后），它更具有野兽的本性。即便如此，现代办公室中亲善的随意着装，跟财富权势差距比以往更大的全球体系之间的鲜明对比，依然耐人寻味。在某些经济部门，老式的等级结构或许已经让位于以去中心化、网络化、团队导向、信息充足、直呼其名和开口衫为特征的组织形式。但跟以前相比，资本集中度更高了，赤贫和无产者的人数每个小时都在激增。虽然首席执行官们穿上了牛仔裤和运动鞋，但这个星球上每天都有十亿人在挨饿。南方国家的大多数特大城市都是疾病横行、过度拥挤、臭气熏天的贫民窟，而约三分之一的全球城市人口居住在贫民窟内。城市穷人至少占据世界一半人口。与此同时，就在世界的命运正被少数只对其股东负责的西方公司所把持的时候，一些西方人士却以传道士般的热情向世界散播自由民主。[①]

请讨论：如何认识目前经济全球化条件下资本主义社会的阶级结构

案例点评：当代资本主义的阶级结构出现了复杂化的特点，一是无产阶级与资产阶级的对立依然存在，但阶级对话与合作成了常见现象。如集体谈判，共同决定等。二是无产阶级与资产阶级仍然是当代资本主义社会的两大阶级，但阶级结构呈现多层次化，社会成员角色也出现了错综复杂的状况。资产阶级的变化表现在：传统的资本家即家族资本家虽然仍然存在，但已不是资产阶级的单一构成要素，甚至已不是占绝对优势的组成部分，大量经理资本家的产生使其成为资产阶级的重要组成部分。无产阶级的变化表现在：首先，无产阶级的科学文化素质大大提高；其次，白领工人的比重大大提高；再次，第三产业工人的比重大大提高。除无产阶级和资产阶级以外，还出现了新中间阶层：首先，出现了一定数量的"符号分析服务人员"，即所谓从事解决问题、识别问题和战略经纪活动的人员，在美国，这类人员占工人总数的20%；其次，出现了中小经理阶层。当代资本主义不但阶级结构呈现多层次，而且变动性强：首先，有产者与无产者的概念不仅用于区别所拥有的资产多少，而且用于区别掌握知识的情况；其次，有产者与无产者日益具有不确定性；再次，有产者与无产者的界限越来越模糊、难测。三是无产阶级虽然仍受剥削，但出现了无产阶级中产阶级化倾向。当代资本主义社会，无产阶级即工人阶级的生活水平不断提高，无产阶级呈现出中产阶级化的倾向。这主要表现在工人阶级中的中产阶级人数日益增多，白领工人的比重超过了蓝领工人；工人阶级的生活条件明显改善，工人工资大幅度提高，社会福利和社会保险也在逐步提高，消费支出和消费构成发生了重大变化，劳动时间缩短，劳动强度减轻，贫困阶层的状况明显改善，当代贫困的含义已与过去完全不同。

---

① 特里·伊格尔顿著，李杨等译：《马克思为什么是对的》，新星出版社2011年版。

案例 2：资本主义的员工持股

战后西方国家大力发展股份制，让职工和机构投资者（日本称法人投资者）持有股票，使生产资料私人占有的实现形式发生了变化。战前的日本，以家族为核心的六大财阀控制着一些大公司的绝大多数股票，但现在法人持股率已达到 80% 以上。美国的股权分散程度更高，大约有 4700 万人直接持有股票。然而，股份制这种财产组织形式并没有改变资本主义私有制的实质，没有使资本所有权发生实质性的转移，股份公司仍然牢牢地控制在少数大资本家或垄断财团的手里。20 世纪初，垄断资本家需要占有 40% 以上的股票才能控股，而现在只需占有 3%—5% 的股份就可以有效地控股。股票的发行和占有越分散，中小股东越多，大股东借以控制一个股份公司所必需的股份就越少，从而对垄断资产阶级就越有利。连美国著名经济学家萨缪尔逊都供认：工人们持有几张股票所带来的变化，对于他们自己生活的影响是微不足道的。美国的金融资产很庞大，但金融资产的分布很不平衡，10% 的富有者占有 90% 的金融资产，普通工人最多只占有 10% 的金融资产。美国工人虽然持有股票，但大多数债台高筑，长期不能偿还住房债务。在法国，有稳定职业的工人的红利收入一般是 2000—3000 法郎，一般不超过 5000 法郎。因此，职工持股没有多大实际意义。在西方发达国家，占总人口不到 1% 的垄断资产阶级，直接控制着整个社会的经济、政治、文化大权。他们从工人身上掠得一只火腿，扔给工人一根香肠，没有也不可能完全消除社会的贫困状况。①

案例点评：马克思说过"吃穿好一些，待遇高一些，特有财产多一些，只不过表明雇佣工人为自己铸造的金锁链已经够长够重，容许把它略微放松一点，不会消除奴隶的从属关系和对他们剥削，同样，也不会消除雇佣工人的从属关系和对他们的剥削"。随着当代科学技术的迅速发展，生产社会化程度的日益提高，资本主义国家为缓和、克服资本主义基本矛盾，在资本主义制度范围内进行着生产关系的不断调整，以适应生产社会化发展的要求。"雇员拥有股票计划"的推行正是调整资本主义生产关系以适应生产社会化发展要求的一种措施。雇员拥有股票计划使工人积极参与企业的生产管理活动，从而提高企业的生产效率；缓和劳资冲突和社会分配不平等的矛盾，有利于资本家的利润得到实现，有利于资本主义经济的稳定发展。但是，并不改变

① 罗文东：《当代资本主义的新变化与世界社会主义的发展前景》，《马克思主义研究》，2003 年第 4 期，第 38—44 页。

资本主义社会中资本与雇佣劳动关系的实质，资本与雇佣劳动之间的关系仍然是剥削与被剥削的对立关系。雇员拥有股票，只是说明了在资本主义私有制范围内，资本对雇佣劳动的剥削锁链稍有放松，但不可能改变雇佣劳动者的阶级地位。

案例3：美国中产阶级的生存状况

我们常常以为住花园洋房、开私家车的美国中产阶级生活优越，实际上他们看似光鲜艳的生活之后却有沉重的生存压力。根据2010年美国人的个人和家庭收入的统计资料，收入介于3—8万美元的人士被称为中位收入群体和中产阶级，他们的数量约占全部全职工作人员的74%，其组成人员多为技术工人、白领和蓝领工人。虽然看似收入水平较高，然而如今的美国中产阶级已经成了贫穷的一代，因为他们身上背负着房贷、车贷、学贷以及卡贷等多方贷款压力，没有足够的退休储蓄，只能步履艰难地生活着。

债务负担重。据债务研究机构的统计数据显示，平均而言，每个家庭信用卡债务为15000美元。除此之外，美国人还有助学贷款、抵押贷款、汽车和医疗债务。美国人的债务增长已远远超出了收入的增长。1980年美国人均信贷为1540美元，是每个家庭平均收入21100美元的7.3%。而到了2013年，消费者每人平均债务为9800美元，占家庭平均收入72600美元的13.4%。这意味着从1980年到2013年债务的增长比收入的增长快了70%。

应急储蓄缺乏。大部分中产阶级家庭的应急储蓄不足以应对半年之久的生活，还有一些人根本没有这样的储蓄。调查发现，全美仅有四分之一家庭有6个月以上的应急储蓄，而他们中不少是高收入群体。另有四分之一家庭没有应急储蓄，而其余家庭仅有少量的应急储蓄，不足以应付半年生活的费用。因此，中产阶级的美国家庭抗风险的能力很弱，当他们的生活中出现生病、失业或其他灾难事件之时，往往难以应对。

退休储蓄。如果到了退休年龄却没有足够的退休储蓄，那么社保一般不足以覆盖基本的生活需求。尽管退休储蓄不足是一种冒险，但仍有人在冒这个风险。盖洛普民意的调查显示，接近65岁的人中20%没有退休储蓄，59%的人担心没有足够的退休金，在所有没有退休储蓄的人中近一半表示他们没钱储蓄。[①] 精打细算、举债度日，逐渐成为部分美国中产阶级的生活样式。

案例点评：所谓的美国中产阶级实质上仍然是无产阶级，一定数量的收

---

① 乔磊：《美国中产阶级为何日子难过》，《理财周刊》，2015年1月9日。

入并不能掩盖由于生产资料所有权缺失而导致的财富分配权缺失的实质。

四、正确认识第二次世界大战后 资本主义经济新变化的实质

（一）第二次世界大战后资本主义经济新变化的实质

第二次世界大战后，资本主义经济发生的新变化从根本上说是人类社会发展一般规律和资本主义经济规律作用的结果；第二次世界大战后，资本主义发生的变化是在资本主义制度基本框架内的变化，并不意味着资本主义生产关系的根本性质发生了变化。"资本主义发生了一些新变化，但是这些变化并没有改变资本主义制度的本质，并没有克服资本主义的基本矛盾，也没有改变马克思主义关于资本主义的基本原理的科学性，从根本上产生于资本主义基本矛盾的金融危机和经济危机依然是资本主义不可克服的痼疾。那种把资本主义的部分变化夸大为资本主义的质的根本变化的认识是片面的、不科学的。同样，那种完全否定当代资本主义新变化的态度也是不正确的。正确认识第二次世界大战后资本主义的新变化，有助于我们在深刻认识资本主义本质的同时，实事求是地分析和借鉴资本主义发展过程中出现的符合社会化大生产的积极因素，为我所用，以进一步发展和完善社会主义制度。"

（二）资本主义为社会主义所代替的历史必然性

从人类社会发展的长河看，资本主义终究要被社会主义所取代，这是历史发展的基本趋势。主要原因在于：首先，资本主义的内在矛盾决定了资本主义必然被社会主义所代替。只有用社会主义生产方式取代资本主义生产方式，才能根本解决资本主义生产方式的基本矛盾。其次，资本积累推动资本主义基本矛盾不断激化并最终否定资本主义自身。从资本主义积累过程来看，资本主义基本矛盾在资本积累过程中不断发展。如果说资本主义的原始积累使资本主义生产方式得以形成，那么，资本的不断积累则为否定资本主义制度自身准备了物质条件。第三，国家垄断资本主义是资本社会化的更高形式，将成为社会主义的前奏。在马克思、恩格斯看来，资本国有化将为社会主义革命提供直接的物质前提，是无产阶级社会主义革命的人口处。到了国家垄断资本主义阶段，生产社会化、资本社会化和管理社会化都到了资本主义生产方式的更高程度，从而为全社会共同占有生产资料和共同组织社会化生产

准备了充分的物质条件和社会条件。第四，资本主义社会存在着资产阶级和无产阶级两大阶级之间的矛盾和斗争。随着资本主义经济的巨大发展，资产阶级由生产力的解放者变成阻碍者，资本主义在造就了社会化大生产的同时，也产生了推动和运用这一先进生产力的无产阶级。无产阶级在自己的政党领导下，必将彻底推翻资本主义和资产阶级的统治，废除资本主义私有制，逐步建立消灭一切阶级、确保人人得以自由而全面发展的联合体。

资本主义必然为社会主义所代替，并不意味着资本主义社会将在短期内自行消亡。资本主义制度目前还能为生产力的发展提供一定的空间。它向社会主义的转变会触及资产阶级的根本利益，必然会遭到阻挠和反抗，因而资本主义向社会主义的过渡必然是一个复杂的、长期的历史过程。但必须明确，尽管资本主义在全世界被社会主义所取代是一个相当长的历史过程，并且这个过程可能出现这样那样的曲折，但资本主义为社会主义所取代的总趋势则是必然的历史走向。习近平总书记指出："事实一再告诉我们，马克思、恩格斯关于资本主义社会基本矛盾的分析没有过时，关于资本主义必然消亡、社会主义必然胜利的历史唯物主义观点也没有过时。这是社会历史发展不可逆转的总趋势，但道路是曲折的。资本主义最终消亡、社会主义最终胜利，必然是一个很长的历史过程。我们要深刻认识资本主义社会的自我调节能力，充分估计到西方发达国家在经济科技军事方面长期占据优势的客观现实，认真做好两种社会制度长期合作和斗争的各方面准备。"

课堂讨论：应该如何看待所谓的"历史终结论"

冷战结束以后，如何评价资本主义制度和社会主义制度及其命运，成为东西方理论界普遍关注的现实问题。在这一背景下，福山抛出了所谓的"历史终结论"。在他看来，苏联解体、东欧剧变、冷战的结束，标志着"共产主义的终结"。历史的发展只有一条路，即西方的市场经济和民主政治。在他看来，人类社会的发展史，就是一部"以自由民主制度为方向的人类普遍史"。自由民主制度是"人类意识形态发展的终点"和"人类最后一种统治形式"。当时，冷战刚刚结束，西方朝野陶醉在"自由民主体制不战而胜"的喜悦之中。福山的论断不仅顺应了当时的社会心理，而且在国际关系层面上迎合了美国的国家利益，增长了美国在意识形态方面的自信和影响世界的软实力。跟风的学界也把"历史的终结"当成一种时髦的流行语。

课堂提示：

很多资深政治家和学者当时就对福山的"历史终结论"很不屑。据美国

《高等教育纪事》杂志的编辑戈德斯坦透露，撒切尔夫人就认为"历史的终结"是一句空话。在学界，也是批评者无数。"9·11"事件后，"历史终结论"的困境凸显。美国根本无法在伊拉克和阿富汗建立稳定有效的民主体制。从世界范围来看，第三波民主化浪潮以后，民主化在很多国家出现了病态或重大挫折，一些国家开始从各项民主化措施方面后退；另一些国家的发展介于专制和民主之间的"灰色地带"；还有一些民主国家则是"软政府"体制，根本无法提供公民所需要的基本服务。20世纪90年代以后推行民主化的发展中国家，几乎没有一个享受到包括公平、廉政和法治在内的、真正的"民主红利"，没有消除独裁专制、贪污腐败和分配不公。模仿西方模式的努力是失败的。2008年，美国爆发金融危机，西欧也未能幸免。而不被福山和西方精英看好的中国却发展迅速。西方国家的社会动乱和民粹主义造成的议会僵局难以打破，政府软弱无力，分权与制衡所产生的低效率无法有效应付地震、飓风等自然灾害以及金融海啸与恐怖袭击等人为灾难。这与中国政府的危机处理能力形成鲜明对比。①2014年，就连福山本人也发生了巨大的态度转变，他在美国权威的国际政治杂志《外交事务》中发表了题为"美国在腐朽之中"的文章，反思美式三权分立民主制度的弊端。显著不同于令他出名的"以自由民主制度为方向的人类普遍史"观点，他在这篇文章中提出"事实上，现在相对于国家能力而言，美国的法律和民主太多了"。上述现象可以帮助我们从直观层面回答所谓资本主义"历史终结论"的问题。由于资本主义基本矛盾的不断发展，资本主义自身的发展都没有停滞，而是在不断地演变。资本主义的所谓自由民主制度都在金融危机、社会危机、生态危机的冲击下陷入了反思，进入了调整期。因此，所谓资本主义是人类历史终点的说法不证自伪。

§3 教学小结

1. 本专题分析了第二次世界大战以来资本主义国家出现的一些经济新变化及其原因。正确认识这些新变化对于科学把握当代资本主义的发展规律，具有十分重要的现实意义。

2. 总的来说，第二次世界大战以来资本主义经济的新变化并没有改变资

---

① 刘彬：《福山：从"历史终结论"到对中国模式的历史考察》，《中国社会科学报》，2011年09月06日。

本主义制度的本质，没有克服资本主义的基本矛盾，也没有改变马克思主义关于资本主义基本论断的科学性。

3. 正确认识第二次世界大战以来资本主义经济的新变化，有助于我们在深刻洞察资本主义本质的同时，实事求是地分析和借鉴资本主义发展过程中出现的符合社会化大生产要素的积极因素，进一步发展和完善中国特色社会主义制度。

§4 作业及思考题

1. 第二次世界大战后资本主义经济的新变化有哪些表现，如何看待其变化的原因？

2. 如何看待资本主义的历史地位？

3. 有人认为，当代资本主义是垂而不死，腐而不朽。你如何看待这个说法呢？

4. 经济全球化的本质是什么？

5. 马克思、恩格斯的"两个必然"观点是否过时了？

§5 阅读参考文献

1. 俞可平：《全球化时代的资本主义——西方左翼学者关于当代资本主义新变化若干理论的评析》，《马克思主义与现实》，2003 年第 1 期。

2. 王宜秋：《关于当代社会主义与资本主义关系问题的思考》，《马克思主义研究》，2003 年第 3 期。

3. 姜辉：《论当代资本主义的阶级问题》，《中国社会科学》，2011 年第 4 期。

4. 靳辉明：《当代资本主义新变化和发展趋势研究》，《马克思主义研究》，2006 年第 3 期。

5. 列宁：《帝国主义是资本主义的最高阶段》，《列宁选集》第 2 卷，人民出版社 1995 年版。

6. 习近平：《决胜全面建成小康社会　夺取新时代中国特色社会主义伟大胜利——在中国共产党第十九次全国代表大会上的报告》，人民出版社 2017 年版。

（本专题撰稿人　张译一）

专题十二　如何正确理解社会主义的发展及其规律

§1 教学简况

课时安排

4 学时。

教学目的和要求

一、学生能够了解社会主义五百年发展历程，把握科学社会主义一般原则。

二、学生能够认识经济文化落后国家建设社会主义的长期性和必然性，明确社会主义发展道路的多样性。

三、学生能够遵循社会主义在实践中开拓前进的发展规律，以昂扬奋进的姿态推进社会主义事业走向光明未来。

教学内容

一、社会主义五百年历史进程。

二、科学社会主义一般原则。

三、在实践中探索现实社会主义的发展规律。

讲授重点和难点

重点：科学社会主义的一般原则、社会主义发展道路的多样性。

难点：经济文化相对落后国家建设社会主义的长期性。

§2 教学过程

【问题导入】

当前世界社会主义处在什么阶段？

从马克思主义诞生至今已经 170 余年了。170 多年来，国际共运和世界社会主义经历了波澜壮阔、艰难曲折、跌宕起伏的发展历程。目前,世界共有近 150 个共产党或马克思主义性质的政党,党员人数过万的有 36 个,在社会主义国家执政的 5 个,参与政权的共产党或马克思主义性质的政党近 20 个。总体来看世界社会主义运动仍处于低潮时期,各国共产党面临着严峻的挑战,复兴之路漫长而曲折。深刻认识当前世界社会主义处的历史阶段和我国社会主义的基本国情,明确共产主义社会实现的历史必然性和长期性,有助于我们更好地树立和坚定共产主义远大理想,积极投身,中国特色社会主义事业。

一、社会主义五百年历史进程

江河万里总有源,树高千尺也有根。习近平总书记指出:"道路决定命运,找到一条正确道路是多么不容易。中国特色社会主义不是从天上掉下来的,是党和人民历尽千辛万苦、付出各种代价取得的根本成就。"中国特色社会主义开创于改革开放新时期,建立在我们党 90 多年长期奋斗基础上,而其思想、理论和实践的源头,则可追溯到 16 世纪初。社会主义思想从提出到现在,已有 500 年的历史,经历了从空想到科学、从理论到实践、从一国到多国的发展。从历史过程来考察,我们可以更加清晰地看到中国特色社会主义思想发展的脉络,更加充分地认识中国特色社会主义的历史必然性和科学真理性。

2013 年 1 月,习近平总书记在新进中央委员会的委员、候补委员学习贯彻党的十八大精神研讨班上的讲话中,从六个时间段分析了社会主义思想从提出到现在的历史进程,展现了中国特色社会主义的历史渊源和发展过程。

（一）第一阶段,空想社会主义产生和发展

空想社会主义的开山之作,是 1516 年英国人莫尔发表的《乌托邦》一书。这本书深刻揭露了资本主义原始积累过程中的悲惨景象,同时描绘了一个没有剥削、人人平等的理想社会。此后一直到 19 世纪上半叶,有影响的空想社会主义者还有德国农民战争领袖闵采尔、意大利的康帕内拉、英国掘地派运动领袖温斯坦莱、法国的摩莱里和马布利等人,其中最重要的是 19 世纪初三大空想社会主义思想家——法国的圣西门、傅立叶和英国的欧文。空想社会主义者揭露资本主义社会的罪恶,批判资本主义制度的全部基础,论证未来社会代替资本主义的必然性和合理性,对未来社会提出一些积极主张和有价值的猜测。但是,他们的共同局限是唯心史观,无法找到实现其社会理想的正确道路和社会力量。

（二）第二阶段，马克思、恩格斯创立科学社会主义理论体系

19世纪中叶，随着资本主义社会化大生产不断发展，工人阶级作为独立政治力量登上历史舞台。马克思、恩格斯深入考察资本主义经济、政治、社会状况，批判继承德国古典哲学、英国古典政治经济学和法国、英国空想社会主义的合理成分，创立了唯物史观和剩余价值学说，并把社会主义思想置于这两大理论基石之上，从而使社会主义实现了从空想到科学的伟大飞跃。科学社会主义深刻揭示了资本主义产生、发展、灭亡和共产主义取代资本主义的历史必然性，对未来社会主义社会的发展过程、发展方向、一般特征做了科学预测和设想。马克思、恩格斯对未来社会主义社会的设想主要是理论上的，如何付诸实践，是后来人的使命。

（三）第三阶段，列宁领导十月革命胜利并实践社会主义

20世纪初，列宁把马克思主义基本原理同俄国具体实际结合起来，创造性地提出社会主义可能在一国或数国首先取得胜利的理论，领导十月革命取得成功，建立了世界上第一个社会主义国家，使社会主义实现了从理论到实践的伟大飞跃。十月革命胜利后，究竟如何搞社会主义，没有先例，列宁进行了深入思考和艰辛探索。针对1918年下半年到1921年春实行战时共产主义政策暴露出的问题，列宁进行了深刻反思，提出了新经济政策，对战时共产主义政策进行了深刻调整。

（四）第四个阶段，苏联模式逐步形成

列宁逝世以后，斯大林在领导苏联社会主义建设中，逐步形成了单一生产资料公有制和自上而下的指令性计划经济体制、权力高度集中的政治体制。苏联模式在特定的历史条件下促进了苏联经济社会快速发展，也为苏联军民夺取反法西斯战争胜利发挥了重要作用。但由于不尊重经济规律等，随着时间推移，其弊端日益暴露，成为经济社会发展的严重体制障碍。进入20世纪80年代后，面对经济社会发展困境，苏联和东欧国家也想进行一些调整，但在西方等各种势力强大攻势下，这种调整偏离了正确方向，终于导致1989年东欧国家先后发生剧变，1991年苏联解体、苏共解散，使世界社会主义遭受了重大曲折。

（五）第五阶段，新中国成立后我们党对社会主义的探索和实践

我们党是第二个在一个大国领导社会主义革命和建设的。新中国成立后，以毛泽东同志为核心的党的第一代中央领导集体带领全党全国各族人民，在

迅速医治战争创伤、恢复国民经济的基础上，创造性地进行社会主义改造，建立起社会主义基本制度。但是，如何在中国建设社会主义，是党面临的一个崭新课题。刚开始，我们只能学习苏联经验，但在实践中我们党很快就察觉到苏联模式的局限，提出要以苏为鉴，独立探索适合中国国情的社会主义建设道路。以毛泽东同志发表《论十大关系》《关于正确处理人民内部矛盾的问题》为主要标志，我们党对怎样建设社会主义有了自己新的重要认识。在后来的实践中，由于党在指导思想上"左"的错误，很多关于社会主义建设的正确思想没有得到贯彻落实，甚至发生了"文化大革命"那样的全局性、长时间的严重错误，使我们党在探索社会主义历程中遭到严重挫折。尽管探索艰辛坎坷，但我们党取得的积极成果是极其宝贵的，为新的历史时期开创中国特色社会主义提供了宝贵经验、理论准备、物质基础。

（六）第六阶段，我们党作出进行改革开放的历史性决策、开创和发展中国特色社会主义

党的十一届三中全会以后，以邓小平同志为核心的党的第二代中央领导集体，重新确立了解放思想、实事求是的思想路线，彻底否定了"以阶级斗争为纲"的错误理论和实践，以巨大的政治勇气和理论勇气提出进行改革开放，并明确提出必须搞清楚什么是社会主义、怎样建设社会主义这个重大理论和实际问题。1982年，邓小平同志在党的十二大上发出响亮的号召：把马克思主义的普遍真理同我国的具体实际结合起来，走自己的道路，建设有中国特色的社会主义。经过实践探索，邓小平同志第一次比较系统地初步回答了在中国这样的经济文化比较落后的国家如何建设社会主义、如何巩固和发展社会主义的一系列基本问题，用新的思想观点继承和发展了马克思主义，开拓了马克思主义新境界，把对社会主义的认识提高到新的科学水平，创立了邓小平理论，成功开创了中国特色社会主义。党的十三届四中全会以后，以江泽民同志为核心的党的第三代中央领导集体，在国内外形势十分复杂、世界社会主义出现严重曲折的严峻考验面前捍卫了中国特色社会主义，依据新的实践确立了党的基本纲领、基本经验，确立了社会主义市场经济体制的改革目标和基本框架，确立了社会主义初级阶段的基本经济制度和分配制度，推进党的建设新的伟大工程，创立了"三个代表"重要思想，开创全面改革开放新局面，成功把中国特色社会主义推向21世纪。新世纪新阶段，以胡锦涛同志为总书记的党中央，强调坚持以人为本、全面协调可持续发展，提出构建社会主义和谐社会、加快生态文明建设，形成中国特色社会主义事业总

体布局，着力保障和改善民生，促进社会公平正义，推动建设和谐世界，推进党的执政能力建设和先进性建设，形成了科学发展观，成功在新的历史起点上坚持和发展了中国特色社会主义，形成了习近平新时代中国特色社会主义思想。

搞清世界社会主义思想的源头及其演进，搞清中国特色社会主义的历史发展，就能明白，我们党在推进革命、建设、改革的进程中，是怎样经过反复比较和总结，历史地选择了马克思主义、选择了社会主义道路的；是怎样把马克思主义基本原理同中国实际和时代特征结合起来，独立自主走自己的路的；是怎样历经千辛万苦、付出各种代价，开创和发展中国特色社会主义的。历史和现实都告诉我们，只有社会主义才能救中国，只有中国特色社会主义才能发展中国。这是历史的结论、人民的选择。

二、科学社会主义一般原则

（一）科学社会主义一般原则及其主要内容

科学社会主义一般原则是社会主义事业发展规律的集中体现，是马克思主义政党领导人民进行社会主义革命、建设、改革的基本遵循。马克思、恩格斯在深刻揭示人类社会发展一般规律的基础上，深入阐发资本主义基本矛盾及其发展趋势，并在指导国际工人运动的过程中不断总结经验，逐步形成了科学社会主义一般原则。这些原则在后来的社会主义革命和建设中得到了证实、丰富和发展。

第一，人类社会发展规律和资本主义基本矛盾是"资本主义必然灭亡、社会主义必然胜利"的根本依据。

马克思、恩格斯创立唯物史观，揭示了人类社会发展的一般规律，并进一步揭示了资本主义发展的特殊规律，从而把科学社会主义建立在现实的可靠基础上。他们深刻指出，资本主义生产方式的基本矛盾，即生产社会化和生产资料资本主义私人占有之间的矛盾，是资本主义不可克服的内在矛盾。这一基本矛盾产生两个方面的结果：一是资产阶级和无产阶级的对立，二是个别企业中生产的有组织性和整个社会中生产的无政府状态之间的对立。随着资本主义生产的发展，资本主义基本矛盾也不断发展并趋向尖锐化，导致频繁发生周期性的经济危机。资本主义基本矛盾的固有性、不可克服性、不可抗拒性，决定了资本主义制度必然要被比它更加先进的社会制度所代替。

正是基于这样一个客观事实，马克思和恩格斯得出了"资本主义必然灭亡、社会主义必然胜利"的结论，即"两个必然"。这"两个必然"的实现，是需要相应历史条件的。马克思在 1859 年发表的《〈政治经济学批判〉序言》中提出："无论哪一个社会形态，在它所能容纳的全部生产力发挥出来以前，是决不会灭亡的；而新的更高的生产关系，在它的物质存在条件在旧社会的胎胞里成熟以前，是决不会出现的。"① 这就是人们通常所说的"两个决不会"。我们要全面理解和准确把握社会主义代替资本主义的问题，在面对"两个决不会"时，决不能忘记"两个必然"，否则会动摇社会主义必胜的信念，从而丧失根本、迷失方向；在坚信"两个必然"时，也不能忽略"两个决不会"，否则就可能脱离实际，犯急躁冒进的错误。我们既要坚定对社会主义和共产主义的理想信念，又要充分认识社会主义代替资本主义的长期性。

第二，无产阶级是最先进最革命的阶级，肩负着推翻资本主义旧世界、建立社会主义和共产主义新世界的历史使命。

马克思、恩格斯分析了资本主义社会的阶级对立，指明了无产阶级的历史使命，得出无产阶级是资本主义"掘墓人"和共产主义建设者的结论。无产阶级是"没有自己的生产资料，因而不得不靠出卖劳动力来维持生活的现代雇佣工人阶级"。② 这个阶级是社会化大生产的产物，是先进生产力的代表，并具有高度的组织纪律性。同时，这个阶级身处资本主义社会最底层，受到的剥削和压迫最深，是革命最坚决、最彻底的阶级，只有推翻资产阶级的统治，废除资本主义雇佣劳动制度，才能得到彻底解放。也只有这个阶级，才能担当起推翻资本主义旧世界、建立社会主义和共产主义新世界的历史使命。需要指出的是，无产阶级或工人阶级是随社会发展而变化发展的。在当代资本主义国家，传统的产业工人逐渐减少，而其他的雇员阶层则不断扩大。我们既要看到那里的产业工人仍然存在，又要看到其他雇员与雇主之间也具有雇佣性质。在社会主义国家，工人阶级的社会地位发生了根本的变化，成为国家的领导阶级。我国工人阶级的队伍不断扩大，知识分子成为工人阶级的一部分，科学文化素质不断提高，是我国先进生产力的代表和主力军。

第三，无产阶级革命是无产阶级进行斗争的最高形式，以建立无产阶级

---

① 《马克思恩格斯选集》第 2 卷，中共中央马克思、恩格斯、列宁、斯大林著作编译局 2012 年版。

② 《共产党宣言》，《马克思恩格斯选集》第 1 卷，中共中央马克思、恩格斯、列宁、斯大林著作编译局 2012 年版。

专政的国家为目的。

在资本主义条件下，无产阶级反抗资产阶级的斗争主要有三种形式，即经济斗争、政治斗争和思想斗争。其中，经济斗争是指无产阶级为改善劳动和生活条件而进行的斗争，它是无产阶级最熟悉、最普遍采取的斗争形式；政治斗争是指无产阶级以夺取政权为目的的斗争，它是无产阶级反对整个资产阶级的斗争形式；思想斗争是指无产阶级在意识形态领域里同反马克思主义进行的斗争，它是政治斗争和经济斗争的灵魂。无产阶级反对资产阶级斗争的经济根源在于资本主义生产方式的基本矛盾。当无产阶级反对资产阶级的斗争发展到一定程度的时候，在具备一定主客观条件的前提下，就会发生无产阶级革命。无产阶级革命的根本问题是国家政权问题。无产阶级通过革命斗争从资产阶级手中夺取国家政权，使自己成为统治阶级，并打碎资产阶级的国家机器，建立无产阶级专政的国家政权。需要指出的是，暴力革命是无产阶级革命的一般形式，这并不是因为无产阶级偏爱暴力，而是因为其面对着反动统治阶级的暴力镇压。同时，经典作家从来不否认特定情况下和平取得政权的可能性。无产阶级专政不仅要镇压剥削阶级的反抗，防御外敌入侵，而且要领导和组织国家建设，推进社会全面进步。无产阶级专政在不同的国家可以有不同的实现形式。中国共产党人把科学社会主义关于无产阶级专政的理论与中国实际相结合，创造性地提出了人民民主专政的理论，并把人民民主专政确立为我国的国体。人民民主专政的实质是人民当家做主，广泛而真实的人民民主是题中应有之义。

第四，社会主义社会要在生产资料公有制基础上组织生产，以满足全体社会成员的需要为生产的根本目的。

马克思、恩格斯认为，生产资料私有制是造成资本主义罪恶和不平等现象的总根源，因此未来的新社会应该是以公有制为基础的社会。无产阶级在夺取政权后，要利用自己的政治统治，把生产资料集中在国家手中，并尽可能快地增加生产力的总量。与资本主义生产不同，社会主义生产的目的不是为了资本的增殖，而是为了满足人民群众的需要。建立在社会主义公有制基础上的社会是以人民为主体的社会，实现好、维护好、发展好人民群众的利益，是社会主义的本质要求。生产资料公有制是社会主义经济制度的根基，社会主义国家任何时候都不能放弃。但是，公有制的实现和发挥出自己的优越性是一个历史过程，各国共产党人应该根据本国生产力发展的水平和要求，探索和采取不同的实现形式。我国的社会性质和初级阶段的基本国情，决定了我国必须实行以公有制为主体、多种所有制经济共同发展的所有制结构，既要巩固和发展公有制经济，又要鼓励、支持、引导非公有制经济的发展。

第五，社会主义社会要对社会生产进行有计划的指导和调节，实行按劳分配原则。

马克思、恩格斯通过对资本主义生产无政府状态的分析，认为社会主义经济必须坚持社会生产有计划和按比例的内在统一性，"就是说，为了共同的利益、按照共同的计划、在社会全体成员的参加下来经营"①需要注意的是，马克思、恩格斯所讲的有计划地组织社会生产，是从与资本主义生产方式的比较上讲的，是针对资本主义无法克服的弊端讲的，不能与后来一些国家实行的计划经济画等号。马克思还认为，在共产主义的不同阶段，应当实行具有不同特征的分配制度。在第一阶段，还存在旧的社会分工，存在脑力劳动和体力劳动的差别，劳动还是谋生的手段，个人消费品的分配应当实行"按劳分配"的原则，即等量劳动领取等量产品的原则。这种分配方式尽管存在历史局限性，但在共产主义第一阶段是无法避免的。只有到了共产主义高级阶段，才能实行"各尽所能，按需分配"。经济文化相对落后国家取得革命胜利并进入社会主义后，在经济建设中要正确处理计划与市场的关系。实践证明，实行单一的计划经济，忽略或排斥市场的作用，不利于社会主义社会生产力的发展。我国根据社会主义初级阶段的国情，确立了社会主义市场经济体制，既要使市场在资源配置中发挥决定性作用，又要更好发挥政府作用，坚持党对经济工作的集中统一领导，发挥社会主义国家顶层设计、宏观调控和计划规划的作用。与所有制结构相适应，我国实行以按劳分配为主体、多种分配方式并存的分配体制，也是由我国基本国情所决定的。

第六，社会主义社会要合乎自然规律地改造和利用自然，努力实现人与自然的和谐共生。

马克思、恩格斯科学阐述了人与自然的辩证关系，批判了资本主义对自然界的掠夺。恩格斯在《自然辩证法》中提出了以合乎自然规律的方式来改造和利用自然的观点。他写道："我们不要过分陶醉于我们人类对自然界的胜利。对于每一次这样的胜利，自然界都对我们进行报复。每一次胜利，起初确实取得了我们预期的结果，但是往后和再往后却发生完全不同的、出乎预

---

① 《哲学的贫困》，《马克思恩格斯选集》第 1 卷，中共中央马克思、恩格斯、列宁、斯大林著作编译局 2012 年版。

料的影响，常常把最初的结果又消除了。美索不达米亚、希腊、小亚细亚以及其他各地的居民，为了得到耕地，毁灭了森林，但是他们做梦也想不到，这些地方今天竟因此而成为不毛之地，因为他们使这些地方失去了森林，也就失去了水分的积聚中心和贮藏库。阿尔卑斯山的意大利人，当他们在山南坡把那些在山北坡得到精心保护的枞树林砍光用尽时，没有预料到，这样一来，他们就把本地区的高山畜牧业的根基毁掉了；他们更没有预料到，他们这样做，竟使山泉在一年中的大部分时间内枯竭了，同时在雨季又使更加凶猛的洪水倾泻到平原上。……因此我们每走一步都要记住：我们决不像征服者统治异族人那样支配自然界，决不像站在自然界之外的人似的去支配自然界——相反，我们连同我们的肉、血和头脑都是属于自然界和存在于自然界之中的；我们对自然界的整个支配作用，就在于我们比其他一切生物强，能够认识和正确运用自然规律。"① 在社会主义社会，应该自觉地把实现人与自然的和谐共生作为社会发展的重要目标，以合乎自然发展规律、合乎人类幸福生活和追求美丽环境的方式来改造和利用自然，保持人与自然之间动态的平衡。

第七，社会主义社会必须坚持科学的理论指导，大力发展社会主义先进文化。

恩格斯曾经指出，"我们党有个很大的优点，就是有一个新的科学的世界观作为理论的基础"。② 列宁也一再强调，"只有以先进理论为指南的党，才能实现先进战士的作用"。③ 对无产阶级政党来说是如此，对无产阶级政党所领导的社会主义事业来说也是如此。在社会主义国家，马克思主义是立党立国的根本指导思想，任何时候都必须坚持马克思主义在意识形态领域的指导地位不动摇，否则就会迷失方向。社会主义国家必须大力发展以马克思主义为指导的社会主义先进文化，满足人民群众日益增长的精神文化需要，实现对社会风尚和精神面貌的正确引领。"没有先进文化的积极引领，没有人民精神世界的极大丰富，没有民族精神力量的不断增强，一个国家、一个民族不可能屹立于世界民族之林。"④ 社会主义先进文化是社会主义国家凝聚和激励

① 《自然辩证法》，《马克思恩格斯选集》第 3 卷，中共中央马克思、恩格斯、列宁、斯大林著作编译局 2012 年版。

② 《马克思恩格斯选集》第 2 卷，中共中央马克思、恩格斯、列宁 斯大林著作编译局 2012 年版。

③ 《列宁选集》第 1 卷上册，人民出版社 2012 年版，第 242 页。

④ 《人民日报》，2011 年 10 月 18 日。

人民的重要力量，是社会主义国家综合国力的重要标志。在全社会形成共同的思想基础和精神支柱，是社会主义文化建设的根本。要大力发展教育和科学事业，发展文学艺术等事业。要吸收各国文明的长处，同时坚决抵制各种腐朽思想文化的侵蚀。

第八，无产阶级政党是无产阶级的先锋队，社会主义事业必须始终坚持无产阶级政党的领导。

无产阶级政党是无产阶级反对资产阶级的斗争发展到一定阶段的产物。无产阶级要从自发走向自觉并取得斗争的胜利，必须建立起自己的革命政党。无产阶级政党由无产阶级中的先进分子所组成，是各国工人运动中最坚决的、始终推动运动前进的部分；无产阶级政党是以科学理论武装起来的政党并具有坚定的社会主义理想信念；无产阶级政党实行民主集中制的组织原则，依靠统一的纲领和严格的纪律形成强大的组织力量。无产阶级通过革命斗争建立人民政权以后，要改造旧社会，实现向无阶级社会的过渡，必须坚持无产阶级政党即共产党领导。这是无产阶级实现其推翻旧社会、建设新社会的历史使命的关键所在。历史证明，共产党是社会主义国家的最高政治领导力量，只有毫不动摇地坚持党对一切工作的领导，并努力探索和掌握共产党执政规律，不断改善党的领导和提高党的执政能力，社会主义建设事业才能取得成功。中国特色社会主义的发展充分证明了这一点。中国共产党是中国工人阶级的先锋队，同时是中国人民和中华民族的先锋队，是中国特色社会主义事业的领导核心。中国共产党的领导是中国特色社会主义最本质的特征，是中国特色社会主义制度的最大优势。

第九，社会主义社会要大力解放和发展生产力，逐步消灭剥削和消除两极分化，实现共同富裕和社会全面进步，并最终向共产主义社会过渡。

社会主义社会是共产主义社会的第一阶段或初级阶段，其目标是走向共产主义社会的高级阶段，即我们通常所说的共产主义社会。共产主义社会是物质财富极大丰富、人们精神境界极大提高、每个人自由而全面发展的社会。社会主义社会只有在充分发展和高度发达的基础上，才能向共产主义社会过渡。因此，社会主义社会必然有一个漫长的自我发展过程。社会主义社会必须大力发展生产力，并创造出比资本主义更高的劳动生产率。马克思、恩格斯指出，生产力的发展是绝对必需的，"因为如果没有这种发展，那就只会有贫穷、极端贫困的普遍化；而在极端贫困的情况下，必须重新开始争取必需品的斗争，全部陈腐污浊的东西又要死灰复燃"。①只有不断解放和发展生产力，并推动社会全面进步，社会主义才能体现出自己的本质，显示出自己的优越性，并为最终向共产主义社会过渡创造条件。为此，必须根据经济社会发展的需要，改革社会的经济体制和各方面体制。改革是社会主义的自我完善和自我发展，是社会主义社会发展的强大动力。随着生产力的巨大发展和社会各项事业的不断推进，社会主义将逐步消灭阶级剥削，消除两极分化，实现全体人民共同富裕，实现社会全面进步和人的全面发展，并最终向共产主义社会迈进。

（二）正确把握科学社会主义一般原则

马克思、恩格斯创立了科学社会主义理论，并提出了正确对待科学社会主义一般原则的科学态度。他们一方面强调这些原则的正确性，另一方面又反对将这些原则当作一成不变的教条。他们在《共产党宣言》1872 年德文版序言中指出，"不管最近 25 年来的情况发生了多大的变化，这个《宣言》中所阐述的一般原理整个说来直到现在还是完全正确的……这些原理的实际运用，正如《宣言》中所说的，随时随地都要以当时的历史条件为转移。"这一论述为无产阶级政党正确认识和对待科学社会主义一般原则提供了科学的方法指导。

第一，必须始终坚持科学社会主义一般原则，反对任何背离科学社会主义一般原则的错误倾向。科学社会主义一般原则揭示了资本主义生产方式的基本矛盾，阐明了社会主义代替资本主义的历史必然性，为社会主义事业的发展指明了方向。必须始终不渝地坚持科学社会主义一般原则，不能因为遇到一时的困难和挑战而放弃这些原则，否则就是背离了社会主义运动的目的和无产阶级政党的宗旨，就会走向邪路。19 世纪末 20 世纪初，在社会主义运动遇到新情况新挑战的情况下，伯恩施坦打着"发展"马克思主义的旗号，否定科学社会主义一般原则，走上了修正主义道路。列宁强调指出，马克思主义必须随着时代的发展而发展，但发展必须以坚持一般原则为前提，否则就会投入资产阶级的怀抱。当前，资本主义现实和社会主义实践同经典作家所处的历史条件相比，都发生了巨大的变化，但从世界社会主义五百年的大视野来看，我们依然处在马克思主义所指明的历史时代，处在资本主义向社

---

① 《马克思恩格斯文集》第 1 卷，中共中央马克思、恩格斯、列宁、斯大林著作编译局2009 年版。

会主义转变的历史进程之中，科学社会主义理论并没有过时，仍然有强大的生命力，必须始终坚持、不能动摇。习近平指出："中国特色社会主义是社会主义而不是其他什么主义，科学社会主义基本原则不能丢，丢了就不是社会主义。"①

第二，要善于把科学社会主义一般原则与本国实际相结合，创造性地回答和解决革命、建设、改革中的重大问题。马克思、恩格斯多次指出，他们的理论不是教条，而是行动的指南。因此，共产党人必须将科学社会主义一般原则运用于社会主义革命、建设、改革的实践，发挥这些原则指导实践的巨大威力。也只有在理论与实践相结合的过程中，我们才能真正认识和把握社会主义的真谛。而在运用科学社会主义一般原则的过程中，必须正确认识和处理原则的一般性与具体实际的特殊性之间的辩证关系。要看到，科学社会主义一般原则揭示的是一般性规律，而不是向人们提供解决特殊问题的具体方案。因此，只有将科学社会主义一般原则与本国国情相结合，才能创造性地回答和解决本国实际问题。

第三，紧跟时代和实践的发展，在不断总结新鲜经验中进一步丰富和发展科学社会主义一般原则。理论来源于实践，又随着实践的发展而发展。科学社会主义一般原则不是一成不变的教条，而是随着社会主义实践而不断丰富和发展的学说。马克思、恩格斯在19世纪中期创立了科学社会主义，并在实践中不断加以完善。列宁在20世纪初领导俄国社会主义革命和建设的过程中，突出强调了在新的实践中推进科学社会主义的重要性。他指出，"现在一切都在于实践，现在已经到了这样一个历史关头：理论在变为实践，理论由实践赋予活力，由实践来修正，由实践来检验"，不能"为死教条而牺牲活的马克思主义"。正是这种科学的态度，为推进社会主义事业并丰富和发展科学社会主义开辟了广阔空间。邓小平指出："绝不能要求马克思为解决他去世之后上百年、几百年所产生的问题提供现成答案。列宁同样也不能承担为他去世以后五十年、一百年所产生的问题提供现成答案的任务。"当前，中国特色社会主义进入新时代，中国共产党人更要根据时代变化和实践发展，不断深化认识、总结经验，在理论创新和实践创新的良性互动中推进21世纪中国的马克思主义。

---

① 习近平:《毫不动摇坚持和发展中国特色社会主义》,《习近平谈治国理政》第1卷，外文出版社2018年版。

三、在实践中探索现实社会主义的发展规律

（一）经济文化落后国家进入社会主义的必然性

无产阶级革命首先在哪些国家发生对于这个问题，马克思、恩格斯在不同的时间和场合曾做过不同的回答。19 世纪三四十年代，马克思根据世界资本主义国家的发展情况，曾预料无产阶级革命将首先在资本主义发达的英国爆发。他指出英国"是现代资产阶级社会的矛盾，即资产阶级和无产阶级之间的阶级斗争充分发展和极端尖锐的国家，和其他任何国家比较起来，英国在更大程度上是通过自己独特的道路发展的，先于其他任何国家解决问题和消灭矛盾是英国的使命。"在这里，马克思把当时的英国看作是无产阶级革命所需要的物质条件在某种程度上已经成熟的唯一国家。1847 年，恩格斯进一步明确指出共产主义革命将在一切文明的国家里同时发生。"在这些国家的每一个国家中，共产主义革命发展得较快或较慢，要看这个国家是否工业较发达，财富积累较多，以及生产力较高而定。"由此可见，在 19 世纪中期，马克思、恩格斯都认为，无产阶级革命发展的速度一般取决于大工业和生产力发展水平。资本主义越发达的国家，无产阶级所需要的物质条件就越成熟，就越有可能爆发无产阶级革命。

然而，即使在同时，马克思、恩格斯也并不否认在那些工业不发达、经济落后的国家进行无产阶级革命的可能性。1945—1946 年间，马克思、恩格斯在《德意志意识形态》一书中指出："按照我们的观点，一切历史冲突都根源于生产力和交往形式之间的矛盾。此外，对于某一国家内冲突的发生来说，完全没有必要等这种矛盾在这个国家本身中发展到极端的地步。"这就是说，生产力与生产关系之间的矛盾是无产阶级革命的根源，但无须等到生产力高度发展到与生产关系之间的矛盾达到极端的地步，才能爆发无产阶级革命。换句话说，生产力相对落后的国家同样有可能爆发无产阶级革命。正因为如此，在 19 世纪 70 年代，马克思、恩格斯就对工业比英、法落后的德国给予极大的关注。19 世纪 80 年代初，他们又对刚废除农奴制度不久、经济技术上较之西欧资本主义国家落后更多的俄国革命十分重视。

19 世纪末 20 世纪初，资本主义发展到帝国主义阶段。在新的历史条件下，列宁认为，经济比较落后，反封建任务没有完成的国家，无产阶级可以先进行民主主义革命，然后过渡到社会主义革命，从而先于发达资本主义国家

进入社会主义社会。列宁针对第二国际机会主义者竭力鼓吹民主革命胜利后，只有经过资本主义独立发展阶段，待到生产力有了长足的发展，无产阶级占全国人口大多数的时候，才能进行社会主义革命的谬论指出，民主革命的终结就是社会主义革命的开始，"我们将立即由民主革命开始向社会主义革命过渡。"那么，有些经济落后国家为什么能够先于发达资本主义国家进行无产阶级革命，并率先进入社会主义社会呢？至少有以下几点理由：

第一，生产力发展水平的高低并不是决定无产阶级革命是否爆发的唯一依据。马克思主义认为，一定发展程度的社会化大生产是进行无产阶级革命所必需的物质基础和阶级力量的前提，但这一定程度并没有具体的数量界限的规定，无产阶级革命的发生和胜利，不单是生产力与生产关系矛盾运动一个因素的产物，也绝不是单纯的经济过程，而是各种社会历史因素共同作用的结果，是经济、政治、军事、文化、思想及国际条件等种种因素融合为"一个总的合力"的结果。正如恩格斯所说的"根据唯物史观，历史过程中的决定性因素归根到底是现实生活的生产和再生产，无论马克思或我都从来没有肯定过比这更多的东西。如果有人在这里加以歪曲，说经济因素是唯一决定性的因素，那么他就是把这个命题变成毫无内容的、抽象的、荒诞无稽的空话。经济状况是基础，对历史斗争的进程发生影响并且在许多情况下主要是决定着这一斗争形式的，还是上层建筑的各种因素。"一般说来，从社会历史发展的总趋势和世界范围革命发展的总潮流来看，资本主义的发展状况与革命的发展进程之间是一致的。但经济发展的进程绝不可能始终都同革命发展的进程成正比。如果经济落后国家在具备了一定程度的社会化大生产的前提下，政治、军事、文化、思想等各种因素以及国际条件又造成了有利于无产阶级革命的形势和进机，那么完全有可能先于发达国家进行无产阶级革命，从而率先进入社会主义社会。

当然，并不是所有经济落后的国家都能爆发无产阶级革命。恩格斯曾指出"现代社会主义，就其内容来说，首先是对统治于现代社会中的有产者和无产者之间，资本家和雇佣工人之间的阶级对立和统治于生产中的无政府状态这两个主面进行考察的结果。"这就是说，如果没有资本主义经济一定的发展，那就不可能产生现代无产阶级及其政党，也根本谈不上无产阶级革命。所以，经济落后国家的"落后"是相对的，并不是落后到不具备一定数量的社会化大生产，因而与社会主义无缘的地步。

第二，经济落后国家是帝国主义统治最薄弱的环节，又是社会矛盾最集中的地方，较易形成革命的形势。革命并不是随心所欲的产物。革命究竟何时何地以何种形式发生要看这个国家的经济、政治的具体条件以及由此而形成的革命形势。列宁指出"只有当'下层'不愿照旧生活而'上层'也不能照旧生活和统治下去的时候，革命才能获得胜利。"19世纪末20世纪初，世界进入帝国主义战争和无产阶级革命时代，使资本主义的各种固有矛盾在交互运动中激化而更加突出，乃至达到白热化的程度。为了缓和这些内部的矛盾和摆脱危机，帝国主义国家把魔爪伸向了世界各地，把落后国家的经济纳入资本主义的轨道。他们不仅在经济上实行资本输出，掠夺财富，还在政治、军事、文化等方面进行疯狂的侵略和残酷的统治。它们与落后国家的反动势力互相勾结，在落后国家为所欲为，致使落后国家成了他们的殖民地或附庸。本来资本主义生产社会化程度的日益提高，必然引起资本主义生产方式内部的矛盾和冲突激化，现在却把许多祸害转嫁给了经济落后国家，这样势必激起这些国家人民群众的极端仇恨和英勇反抗。另外，殖民地半殖民地落后国家的人民不仅受帝国主义的侵略和压迫，而且还受本国封建势力和官僚资本主义的压迫和剥削，这种纵横交错、尖锐复杂的社会矛盾及斗争，成为推动这些国家爆发无产阶级领导的革命并选择社会主义道路的巨大动力。此外，由于帝国主义之间的战争，帝国主义争夺殖民地和霸权的斗争，造成反革命力量的自我削弱。这样，在帝国主义之间的链条体系上就会必然出现薄弱环节，革命形势就会在这个薄弱环节上迅速发展和成熟起来。

第三，有些经济落后国家具备了无产阶级革命的主观条件。无产阶级革命的发生并取得胜利，不仅要有成熟的革命形势，而且还需要具备革命的主观条件。这就是指革命阶级有较高的觉悟程度和组织程度，能够发动足以推翻反动统治的强大的群众革命运动。无产阶级革命主观条件的集中表现，是有一个成熟的无产阶级政党的领导。只有成熟的无产阶级政党，才能通晓人类社会发展的客观规律，才能把握革命形式的广度和深度，才能教育、团结和组织发动无产阶级和广大人民群众，并领导他们沿着正确的道路去夺取革命的胜利。

如前所述，在帝国主义和无产阶级革命的时代，帝国主义的政治、经济侵略客观上也使落后国家的民族工业有了一定的发展，从而为这些国家造就了一批近代工业无产阶级。经济落后国家复杂的政治环境和阶级斗争，有可能促使这些国家中年轻的无产阶级较早地成熟起来，有较高的组织程度和觉悟程度。例如1913年的俄国，无产阶级已有231.9万多人，他们有很多优点，集中程度高，在 500 人以上的大企业中工作的工人约占全国工人总数的55%，而这时在美国只占 30%；组织性强，60% 的首都工人都组织起来，经过 1905 年革命的锻炼，创立过苏维埃这种新型组织，尤其有新型的马克思主义政党——布尔什维克党的领导。同样，半殖民地半封建的旧中国，到 20 世纪 20 年代，已有 2000 多万的近代产业工人，虽然人数不多，但却有斗争坚决、力量集中和同农民关系密切等突出的优点，而且成熟较快，成为独立的政治力量，登上了历史舞台，成立了中国共产党。这些都为无产阶级领导中国革命准备了主观条件。

第四，无产阶级和农民阶级结成联盟，解决了落后国家革命的动力问题。经济落后国家的无产阶级革命不是纯粹的无产阶级反对资产阶级的革命，它首先要反对帝国主义和本国的封建势力。在这些国家中，无产阶级处于少数的情况下，要取得革命的胜利，必须与广大农民结成同盟。农民阶级和无产阶级同样受国内外反动势力的剥削和压迫，有着共同的利益和命运，形成天然的联盟，并以此为基础，团结一切可以团结的力量，组成统一战线，打击敌人。毛泽东同志在总结中国革命时曾说过"贫农是没有土地或土地不足的广大农民群众，是农村中的半无产阶级。是中国革命最广大的动力，是无产阶级天然的和最可靠的同盟者，是中国革命队伍的主力军。"这说明经济落后国家农民和工人阶级的联盟是无产阶级革命取得胜利的保证。根据对中国社会透彻分析，毛泽东同志还指出"中国无产阶级应该懂得他们自己虽然是一个最有觉悟性和最有组织性的阶级，但是如果单凭自己一个阶级的力量，是不可能胜利的。而要胜利，他们就必须在各种不同的情形下，团结一切可能的革命的阶级和阶层，组织革命的统一战线。"这样就解决了经济落后国家革命的动力问题。

第五，经济落后国家在无产阶级夺取政权后，只能逐步过渡到社会主义。列宁指出"与各先进国家相比，俄国人开始伟大的无产阶级革命是比较容易的，但是把它继续到获得最后的胜利，即完全建成社会主义社会，就比较困难了。"这是因为发达的资本主义国家为社会主义提供了雄厚的经济基础，这些国家的无产阶级革命一胜利，就可以直接剥夺资本家，运用先进技术，建设社会主义。经济落后国家虽然通过革命缩短了资本主义发展的历史进程，或者超越资本主义"卡夫丁峡谷"，但不具备这样的条件。由此也带来了某些不可避免的缺陷，这需要通过适当延长从资本主义到社会主义的过渡时期来弥补。经济基础落后国家可以根据本国国情，采取多种形式，集中力量发展社会生产力，创造社会主义物质基础，通过一系列的中间环节，过渡到社会主义社会。

综上所述，经济落后国家如果具备爆发无产阶级革命的一定的客观物质条件，尤其是有了强大的工人阶级及其政党——共产党这一主观条件，加上时机成熟，革命的爆发和胜利就是必然的。一百多年来，国际共产主义运动发展的历史完全证明了这一点，由此可以得出这样的结论某些经济落后的国家能够首先取得无产阶级革命的胜利，并率先进入社会主义社会，这是历史的必然。

国际共产主义运动的历史表明，在无产阶级如何进行社会主义革命、夺取政权、建立社会主义制度的问题上，一些国家已经找到了自己的道路，积累了相应的经验。但是，在取得革命胜利以后，选择什么样的发展道路、如何建设社会主义，尚需要进行长期而艰苦的探索。

（二）经济文化相对落后国家建设社会主义的长期性

由于经济文化相对落后，率先进入社会主义社会的俄国、中国以及其他国家不可避免地遇到了一系列困难与问题，使这些国家的社会主义建设不能不具有长期性。

第一，生产力发展状况的制约。在一个相当长的历史时期内，社会主义国家在经济上落后于发达资本主义国家，有的甚至落后很远。这就决定了在社会主义制度下必须把大力发展生产力作为根本任务，努力完成别的国家在资本主义条件下实现的工业化和生产社会化、商品化、现代化的艰巨任务。完成这个任务，赶上和超过发达资本主义国家，无疑需要很长时间的努力，进行艰苦的探索和奋斗。

第二，经济基础和上层建筑发展状况的制约。由于社会主义首先在经济文化相对落后的国家取得胜利，发展公有经济，改造小农经济，建立、巩固和完善社会主义的经济基础，就成为无产阶级政权的一项十分艰巨的任务。同时，经济文化的相对落后也必然会影响社会主义民主政治建设的进程。社会主义消灭了剥削阶级，就意味着实现了人类历史上最高类型的民主。但是，这并不是说这种民主一开始就达到了尽善尽美的地步。社会主义民主政治建设受到这些国家的经济、政治、文化条件的严重制约，面临许多现实问题和困难，将是一个长期的过程。在这一过程中，还要进一步消灭阶级和阶级差别，改变传统观念。建设社会主义的先进文化，实现真正的社会公正和平等，从而为人类的崇高理想——共产主义社会准备充分的物质条件和精神条件，同样需要经过长期艰苦的努力才能实现。

第三，国际环境的严峻挑战。一国或几国的社会主义革命取得胜利以后，社会主义国家尚处于强大的资本主义世界的包围之中，受到资本主义列强的遏制和扼杀，面临异常严峻的国际环境。如果说在社会主义国家成立之初，国际资本主义对社会主义的进攻主要是武力方式，那么在社会主义建设取得了重大成就，社会主义制度有了长足进步之后，其进攻方式则往往转变为以"和平演变"为主。其主要手段，一是通过强硬的军事、政治压力和有限制的经济、科技的合作，迫使社会主义国家屈从其经济政治发展战略的要求，并达到促使社会主义国家改变制度的目的；二是通过强大的文化机器和文化产品进行文化渗透，在社会主义国家内部制造经济、政治、思想等方面的种种混乱，阻挠和破坏社会主义国家的发展，同时支持和操纵这些国家内部的反对力量，一旦时机成熟，就促使社会主义国家改变社会制度。总之，国际资本主义无论采取什么方式，所依仗的都是经济的发达和在发达经济基础上的军事、科技、文化等综合国力的强大。实践已反复证明，社会主义国家只有尽快发展经济，提高综合国力，才能摆脱落后挨打的局面。应该看到，经过数十年的艰苦奋斗，社会主义国家的建设和发展取得了举世瞩目的成就，落后面貌显著改变，综合国力明显增强。但从总体实力看，发达资本主义国家仍然比发展中的社会主义国家要强大。社会主义建设与发展将是长期、艰巨的任务。

第四，马克思主义执政党对社会主义发展道路的探索和对社会主义建设规律的认识，需要一个长期的过程。社会主义制度的优越性为创造出比资本主义更高的生产率提供了可能，然而，要使这种可能变为现实并非易事。在社会主义进程中产生的种种问题的根源并不在于制度本身，而相当程度上在于人们没有认识和掌握社会主义建设规律。实践已经表明，经济文化相对落后的国家建设社会主义，试图一蹴而就是不现实的，也是有害的，执政的共产党对社会主义发展道路的探索和对社会主义建设规律的认识必然是一个长期的过程。

对于经济文化相对落后的国家建设社会主义的长期性，必须有充分的估计。社会主义制度的出现只有一百年的时间，在人类历史的长河中不过是短暂的一瞬间。人类历史上其他社会制度的更替，都经历了曲折漫长的过程。在经济文化相对落后的国家建立起社会主义制度，是社会制度的根本变革。

同资产阶级革命不同，无产阶级取得政权只是万里长征走完了第一步，任重而道远。它面临着崇高宏伟而又艰巨复杂的历史任务，建设社会主义必然要经历一个漫长的发展过程。

（三）社会主义发展道路的多样性

国际共产主义运动的历史表明，在无产阶级如何进行社会主义革命、夺取政权、建立社会主义制度的问题上，一些国家已经找到了自己的道路，积累了相应的经验。但是，在取得革命胜利以后，选择什么样的发展道路、如何建设社会主义，尚需要进行长期而艰苦的探索。

1. 社会主义发展道路多样性的原因

社会主义的发展道路不是单一性的，而是多样性的。列宁在谈到向社会主义转变时指出："一切民族都将走向社会主义，这是不可避免的，但是一切民族的走法却不会完全一样，在民主的这种或那种形式上，在无产阶级专政的这种或那种形态上，在社会生活各方面的社会主义改造的速度上，每个民族都会有自己的特点。"这一论述从历史唯物主义的高度揭示了各民族发展道路的多样性、特殊性的深刻内涵，对我们正确认识社会主义建设和发展道路的多样性具有重要指导意义。

社会主义在发展过程中，由于各国国情的特殊性，即经济、政治、思想文化的差异性，生产力发展水平的不同，无产阶级政党自身成熟程度的不同，阶级基础与群众基础构成状况的不同，革命传统的不同，以及历史和现实的、国内和国际的各种因素的交互作用，社会主义发展道路必然呈现出多样性的特点。

第一，各个国家的生产力发展状况和社会发展阶段决定了社会主义发展道路具有不同的特点。实践表明，已经取得胜利的社会主义国家，作为社会主义建设起点的生产力状况虽然都比较落后，但是，各国之间也存在较大差别。这就决定了各个国家必须根据自己的生产力发展状况和所处的社会发展阶段，制定与之相适应的发展战略，采取不同的方式进行社会主义建设。

第二，历史文化传统的差异性是造成不同国家社会主义发展道路多样性的重要条件。马克思指出："人们自己创造自己的历史，但是他们并不是随心所欲地创造，并不是在他们自己选定的条件下创造，而是在直接碰到的、既定的、从过去承继下来的条件下创造。"各个民族的历史文化传统，是其进行活动的既定前提和基础。各个民族从历史上继承下来的经济、政治、文化条件的不同，决定了每个民族都必须从自己的实际出发，按照自己民族的特点进行社会主义建设；必须把马克思主义的基本原理与本民族的具体实践相结合，将社会主义根植于本国的土壤之中，才能取得成功。

第三，时代和实践的不断发展，是造成社会主义发展道路多样性的现实原因。时代是不断前进的，实践是不断发展的。社会主义也必然随着时代和实践的不断发展而发展。从世界范围来说，各个社会主义国家都应该根据时代和实践发展的要求，选择适合本国国情的社会主义发展道路。从具体的国家来说，同一个社会主义国家在不同的时期，也应该根据时代和实践发展的要求，适时地调整、选择适合世情国情的社会主义发展道路。这是社会主义制度保持生机活力、永远立于不败之地的根本保证。

2. 探索符合本国国情的发展道路

既然社会主义发展道路具有多样性，那么努力探索适合本国国情的社会主义发展道路，就是无产阶级执政党必须领导全国人民为之奋斗的神圣使命和光荣任务。

第一，探索社会主义发展道路，必须坚持对待马克思主义的科学态度。马克思主义经典作家并没有给我们提供各国社会主义发展道路的现成理论方案。恩格斯在评论《资本论》第一卷出版时说过：一些读者可能会以为他将从这本书里得知共产主义的千年王国到底是什么样子，谁指望得到这种乐趣，谁就大错特错了。马克思、恩格斯对未来新社会的设想所采取的科学态度和研究新社会制度的思想方法，对于在新的历史条件下探索社会主义发展道路，具有重要的指导意义。坚持以马克思主义为指导，最重要的是坚持马克思主义对于研究未来社会制度的科学方法。

第二，探索社会主义发展道路，必须从当时当地的历史条件出发，坚持"走自己的路"。立足本国国情，走自己的路，是社会主义历史经验的总结，是马克思主义的一条基本原则。各国的国情不同，情况又在不断地变化，因此，马克思主义基本原理在不同时间、不同国家的实际运用，也应该不同。"什么是社会主义、怎样建设社会主义"，是社会主义国家的执政党和当代马克思主义者面临的一个根本问题。对这一根本问题，只有坚持从本国实际出发、走自己的路，才能做出正确的回答。

第三，探索社会主义发展道路，必须充分吸收人类一切文明成果。社会主义事业是一项前无古人的空前伟大的创造性事业。社会主义要赢得与资本主义相比较的优势，就必须大胆吸收和借鉴人类社会创造的一切文明成果，吸收和借鉴当今世界各国包括资本主义发达国家一切反映现代化生产规律的先进经营方式和管理方法。当今世界是开放的世界，社会的开放性是社会进步和人类文明发展的重要标志。任何一个国家要发展，孤立起来、闭关自守是不行的，封闭只能导致落后。但借鉴不能脱离本国国情照抄照搬。在社会主义发展史上，苏联的社会主义模式曾经被神圣化、凝固化，以至于长期束缚了人们的思想，产生了严重的后果。实践证明，不同国家试图用同样的"一条道路""一种模式"发展社会主义是行不通的。发展社会主义既不能照搬苏联社会主义的模式，更不能照搬西方资本主义国家的模式。照搬别国模式从来不能成功，这是一个被历史反复证明了的颠扑不破的真理。

（四）社会主义在实践探索中开拓前进

纵观社会主义的发展历程，可以看到一个突出特点，即社会主义是在实践中开拓前进、不断发展的。深刻认识这一特点，不仅有助于我们从理论上把握社会主义的发展规律，而且有助于我们在当今时代正确看待世界社会主义的发展态势，正确看待中国特色社会主义实践探索对于世界社会主义事业的深远意义，并有助于我们以开拓奋进的精神开辟社会主义事业发展的新未来。

1. 在实践中开拓前进是社会主义事业发展的必然要求

习近平指出："社会主义从来都是在开拓中前进的。"这是对社会主义历史进程的全面总结，也是对社会主义事业发展的深刻启示。

首先，社会主义是亿万人民群众的伟大实践。社会主义是一种思想理论，也是一种理想目标，但更重要的是，它是一种社会实践，是人民群众投身其中的历史运动。离开了改造社会、创造美好生活的社会实践，离开了亿万人民的实际行动，就不能把握社会主义的真谛。因此，我们要深刻认识社会主义的实践属性，不能把社会主义仅仅看作一种思想理论和精神价值，同时还要深刻认识社会主义实践的群众性，不把这种实践归之于个人或少数人。

其次，社会主义实践是一个不断探索的过程。社会主义是崭新的事业，没有现成的路可走，必须在实践中不断探索前进。科学社会主义一般原则无疑具有实践指导意义，但它只是指明一般的规律和主要的原则，并不能为具体问题提供现成答案。任何一个国家的社会主义者，都不能简单套用书本上的结论，也不能简单照搬他国的经验，而必须从自身国情和需要出发去进行探索。探索不是盲目摸索，不是无目的寻找，而是探索规律，力求掌握规律，不断提高实践的自觉性。通过不断的探索，就能一步步掌握社会主义建设与发展的规律，更好地把社会主义事业推向前进。

再次，实践探索中出现某种曲折并不改变社会主义的前进趋势。人类社会是从低级向高级发展的，但这种发展又不是直线式的，有时会出现某种程度的曲折甚至倒退，这也是符合历史规律的现象。列宁指出："设想世界历史会一帆风顺、按部就班地向前发展，不会有时出现大幅度的跃退，那是不辩证的，不科学的，在理论上是不正确的。"历史进程是这样，社会主义的历史进程也是这样。从社会主义的历史看，有时凯歌行进、势如破竹，走的是平坦而顺利的道路；但有时出现曲折，走一些弯路，甚至遇到大的挫折。20世纪末期的东欧剧变、苏联解体，就是世界社会主义运动的重大挫折。我们要对社会主义发展过程中的曲折性有正确的认识。既要认识到一定曲折的不可避免性，又要尽可能地避免某些曲折，使社会主义顺利发展；既要能够直面曲折、承认曲折，又要不因曲折而改变初衷和失去信念，还要总结经验教训，努力战胜和走出挫折，使社会主义不断发展。

最后，推进社会主义实践发展必须有开拓奋进的精神状态。社会主义事业是马克思主义政党领导人民群众创造历史伟业的实践过程，是一个不断迎接挑战、克服困难而奋勇前进的过程。要想不断推进社会主义的实践发展，就必须有马克思主义改变世界的实践品格，必须有共产党人的高度组织性和先锋模范作用，必须有人民群众的历史主动性和首创精神。在革命时期，就要有不怕牺牲、冲锋陷阵的斗争意志和英勇精神，以不屈不挠、可歌可泣的斗争去争取革命的胜利。在建设时期，就要有高度的建设热情和创业精神，积极投身社会主义建设事业，以忘我的劳动和奉献精神，把社会主义大厦一砖一瓦地建设起来。在改革时期，就要有勇于开拓创新、勇于自我革命的精神，改变一切不合时宜的体制机制和思想观念，实现社会主义制度的自我更新、自我完善。而所有这些精神集中到一点，就是要有坚定的社会主义理想信念。

2. 以自信担当、开拓奋进的姿态走向社会主义光明未来

首先，正确认识21世纪世界社会主义的形势。东欧剧变、苏联解体使世界社会主义进入低潮时期。但苏联、东欧社会主义的失败，只是苏联模式的失败，而不是社会主义本身的失败。社会主义具有强大生命力，这种生命力归根结底是真理的力量，也是道义的力量。社会主义制度能够从根本上克服生产资料的资本主义私有制对生产力发展的束缚，为生产力的发展提供广阔的前景；社会主义制度能够从根本上消除资本主义导致的两极分化和不公平不公正现象，为人的发展提供可靠的保障。这是我们对社会主义保持必胜信念的坚实根据。应该看到，社会主义不仅在低潮中坚持了下来，而且不断积聚力量，实现新的发展。现在，情况已经有了新的变化。世界社会主义运动已经开始复苏，并出现区域性强劲发展，特别是中国特色社会主义成为世界社会主义运动的主要推动力量。

其次，充分估计中国特色社会主义的成功实践对世界社会主义发展的意义。经过几十年的实践探索，中国特色社会主义取得了举世瞩目的辉煌成就。中国特色社会主义进入新时代，是社会主义实践探索的新境界，在社会主义发展史上具有重要地位，不仅对中国的社会主义事业具有重大现实意义，而且对世界社会主义的发展具有广泛影响。要深刻认识到，中国特色社会主义虽然只是世界社会主义的一个方面军，但这是社会主义在一个拥有5000多年文明史和13亿多人口的东方大国所取得的成功，是当今世界最大的社会主义国家所取得的成功。当今中国正日益走近世界舞台中央，国际影响力不断提升。中国特色社会主义的历史性成就，必将对世界社会主义的发展态势产生重大影响。可以说，中国特色社会主义的成功，特别是中国特色社会主义进入新时代，使世界人民看到了社会主义的强大活力，极大地鼓舞了人们对社会主义的信心。

最后，坚定信心，振奋精神，以开拓奋进的姿态走向社会主义光明未来。展望未来，社会主义的前进道路上还会有困难和挑战，但只要共产党人和人民群众坚定社会主义信念，勇于在实践中开拓前进，世界社会主义就一定能在不远的将来走向复兴。社会主义五百年的历史进程已经雄辩地证明，任何力量都阻挡不了社会主义前进的步伐。社会主义在中国走过了"雄关漫道真如铁"的昨天，走到了"人间正道是沧桑"的今天，正在走向"长风破浪会有时"的美好明天。当前，中国特色社会主义进入新时代，中国人民正在中国共产党的领导下，以自信担当的精神状态，以开拓奋进的奋斗姿态，去开辟社会主义的未来。我们深信，只要有逢山开路、遇河架桥的精神，有锐意进取、大胆探索的实践，就一定能把符合社会发展规律的社会主义事业不断推向前进，走向社会主义的光明未来。

§3 教学小结

科学社会主义在马克思主义科学体系中处于核心地位,社会主义从空想到科学,从理论到现实,从一国到多国,经历了波澜壮阔的发展历史。社会主义五百年的发展既有伟大的飞跃、辉煌的成就,也有经受过严重的挫折。总结社会主义的发展过程,掌握科学社会主义的基本原则,汲取历史经验教训,对于把握社会主义的发展规律,坚定社会主义理想信念具有重要意义。中国改革开放的伟大历程和辉煌成就充分表明,社会主义的发展虽然经历曲折,但是其不断前进的历史趋势是不会改变的,改革是社会主义自我完善和自我发展的强大动力,在全面深化改革的过程中,社会主义将释放出极大的活力和创造力,显示巨大的优越性。

§4 作业及思考题

1. 为什么说社会主义是人类文明发展大道上的产物?
2. 如何看待考茨基提出的社会主义"早产论"?
3. 请谈谈中国特色社会主义的成功实践对世界社会主义发展的贡献。

§5 阅读参考文献

1. 马克思、恩格斯:《共产党宣言》,《马克思恩格斯选集》第 1 卷,人民出版社 2012 年版。

2. 恩格斯:《共产主义原理》,《马克思恩格斯选集》,第 1 卷,人民出版社 2012 年版。

3. 马克思:《法兰西内战》,《马克思恩格斯选集》,第 3 卷,人民出版社 2012 年版。

4. 习近平:《毫不动摇坚持和发展中国特色社会主义》,《习近平谈治国理政》,第 1 卷,外文出版社 2018 年版。

(本专题撰稿人 任斌)

专题十三　共产主义是人类最崇高的社会理想

§1教学简况

课时安排

2 学时。

教学目的和要求

一、学生能够把握马克思主义经典作家关于共产主义社会基本特征的主要观点。

二、学生能够掌握马克思主义经典作家预见未来社会的科学立场和方法。

三、学生能够深刻认识共产主义社会实现的历史必然性和长期性，树立和坚定共产主义远大理想，积极投身于中国特色社会主义建设事业。

教学内容

一、共产主义社会的基本特征。

二、共产主义理想实现的必然性和长期性。

三、共产主义远大理想与中国特色社会主义共同理想的关系。

四、预见未来社会的科学方法论原则。

讲授重点、难点

重点：共产主义社会的基本特征、共产主义远大理想与中国特色社会主义共同理想的关系。

难点：预见未来社会的方法论原则。

§2 教学过程

【问题导入】

共产主义社会到底能否实现？

通过前面专题的学习，我们知道：马克思主义唯物史观认为，人类社会由五种社会形态构成，即原始社会、奴隶社会、封建社会、资本主义社会及共产主义社会；资本主义在经历了一个长期的发展过程后必然会被共产主义社会所代替，这是社会历史发展不可逆转的总趋势。马克思把未来共产主义社会划分为第一阶段和高级阶段，列宁把它们称为社会主义和共产主义。社会主义社会是指从资本主义生长起来的新社会的第一阶段，共产主义则是指它的下一个阶段、更高的阶段。在第十二专题中，我们已经学习了社会主义社会发展的渐进性和曲折性，重点探讨了世界社会主义重要组成部分的中国特色社会主义。第十三专题，我们将要探讨的是共产主义的高级阶段，它是人类社会发展的必然归宿和崇高理想。

在讲课前，先请同学们思考这样两个问题：有人说，共产主义是未来的社会理想，实现共产主义是一个非常漫长的过程，我们不可能也不必要对遥远的未来做任何的设想和描述；甚至有人以资本主义经济的新发展为由做出资本主义不会为社会主义所代替的论断。对于这样一些关于共产主义"渺茫论"、共产主义"失败论"的观点，同学们怎么看？共产主义社会到底能否实现呢？

一、人类社会从未停止对未来理想社会的向往

（一）马克思以前的人类社会对未来理想社会的设想

1. 中国古代对未来理想社会的描绘

中国古代很早就有对理想社会的描绘。《诗经》中的许多诗篇都对桃花源式的生活有所憧憬。先秦时期的墨家将他们设想的理想社会称之为"尚同"社会。"尚同"社会人人劳动"使各从事其所能"，是有财相分、有利相助、"爱无差等"的"兼爱"社会。此外，老子、庄子、孟子、列子等思想家都曾提出有关"大同"的思想。儒家经典著作《礼记·礼运篇》中描绘了一个天下为公、尊重贤能、和谐相处的"大同"社会。"大道之行也，天下为公，选贤与能，讲信修睦，故人不独亲其亲，不独子其子，使老有所终，壮有所

用，幼有所长，鳏寡孤独废疾者皆有所养，男有分，女有归。货恶其弃于地
也，不必藏于己；力恶其不出于身也，不必为己。是故谋闭而不兴，盗窃乱
贼而不作，故外户而不闭，是谓大同。"此后，中国古代对大同理想的向往和
追求从未停止。

中国古代农民起义史可以说就是一部农民阶级追求理想社会的斗争史。
秦末陈胜吴广起义，发出"王侯将相宁有种乎"的呼喊。东汉张角自称"天
公将军"，打出"黄天太平"的旗号，他在《太平经》中描绘了一个"万年
太平"的理想社会，在这个理想社会中，人人参与劳动，财产为人们所共有。
西晋时期，反君主制思想家鲍敬言在《鲍朴子·话鲍篇》中提出了一个"古
者无君胜有君""身无在公之役，家无输调之费""其言不华，其行不饰"的
没有统治者的世外桃源的设想。自唐朝以后的农民起义，更加明确地提出了
"平等""均分"的社会理想。王仙芝起义提出要"天补平均"，黄巢起义提
出要"冲天平均"，这些都表明这一时期特别强调平等、平均的原则。北宋
时期，王小波、李顺领导的农民起义，提出"等贵贱、均贫富"的口号。明
末著名的李自成起义提出了"均田免粮"的口号。清末的太平天国运动制定
了《天朝田亩制度》，不仅提出了反映农民土地要求的政纲，而且提出了废除
封建主义等级制的革命主张。洪秀全提出"有田同耕，有饭同食，有衣同穿，
有钱同使，无处不均匀，无人不饱暖。"的理想虽然受到西方早期基督教的共
有、平等思想的影响，但主要还是承袭了中国古代"大同"理想。当然，企
图在小生产基础上消灭一切私有制，建立一个没有剥削的共有社会，只能是
一种空想，但也反映了当时人们对未来美好社会理想的向往。

2. 康有为《大同书》对理想社会的描绘

19世纪末和20世纪初，中国正处于危难之际，一大批仁人志士千方百
计从西方寻求救国救民之道。维新变法运动的领袖康有为借鉴西汉时期公羊
学派"三世"的形式，又在其中注入了近代西方进化论的思想，提出了社会
必由"据乱世"到"升平世"再进入"太平世"的一种"三世说"历史进化
论。并在此基础上，把《礼记·礼运篇》中的"大同"思想，西方资产阶级的
民主、自由、平等、博爱等思想糅合在一起，写就了《大同书》。在书中，康
有为构想了一个以人类共同劳动和高度发达的生产力为基础，以生产和社会
的公有制为基本特征，"无邦国，无帝王，人人平等，天下为公"的大同社会。

梁启超在《清代学术概论》一书中将《大同书》的内容曾概括为如下几
个方面：（1）无国家，全世界置一总政府，分若干区域。（2）总政府及区政

府皆由民选。（3）无家族，男女同栖不得逾一年，届期须易人。（4）妇女有身者入胎教院，儿童出胎者入育婴院。（5）儿童按年入蒙养院及各级学校。（6）成年后由政府指派分任农工等生产事业。（7）病则入养病院，老则入养老院。（8）胎教、育婴、蒙养、养病、养老诸院，为各区最高之设备，入者得最高之享乐。（9）成年男女，例须以若干年服役于此诸院，若今世之兵役然。（10）设公共宿舍、公共食堂，有等差，各以其劳作所入自由享用。（11）警惰为最严之刑罚。（12）学术上有新发明者及在胎教等五院有特别劳绩者，得殊奖。（13）死则火葬，火葬场比邻为肥料工厂。

《大同书》可以说是中国历史上最详尽的"大同"方案，在中国思想史乃至世界思想史上占有重要的地位。孙中山认为大同理想是中国社会改革的精神支柱，陈独秀、鲁迅、毛泽东等都曾对大同世界表示肯定。但康有为在中国半殖民地半封建社会的历史条件下，希望借助封建统治阶级的上层力量去推行资本主义制度，是一种不切实际的幻想，是注定要失败的。毛泽东对康有为的评价是："康有为写了《大同书》，他没有也不可能找到一条到达大同的路。"[①]

3．西方古代思想家对理想社会的描绘

古代西方早就有对理想社会的追求和向往。古希腊哲学家柏拉图著有《理想国》，其中描述了一个理想的城邦。在城邦的卫国者阶层中实行这样的制度：人们住着共同的房屋，吃着统一的伙食；家庭得到改造，不再成为经济单位；每个人只有简单的生活必需品，而没有任何私有财产；男女平等，优生优育。柏拉图在他的社会里，反对极端贫穷和富有，鄙视金钱，严格限制公民的私有财产。但他描述的这个社会是有等级的。第一等级是治国的贤哲，他们必须通晓治国的原则和方略；第二等级是卫国的武士或军人；第三等级是手工业者、农民和商人。它们各安其分，各司其职，"和谐一致"，这样的国家就是一个合乎正义的理想国家。公元前3世纪，出现了一部伊安布洛斯写的游记体小说，讲述了一个幸福的海岛。岛上的人们有享不尽的自然资源，在那里，人们分成若干公社，共同劳动，分享财富，以和谐为最高原则。岛上的居民没有家庭，他们的妻子儿女是共有的，年岁最大的人掌握岛上的最高权力。岛上食物的谋取和一切必需品的生产与消费，都是以共产主义的方式来进行，所有人轮流担负公社的义务。公元前128年小亚细亚的柏加马城

---

①《毛泽东选集》第4卷，人民出版社1991年版，第1471页。

的奴隶和被压迫者，在反对罗马统治、捍卫独立时，就试图以该岛的理想为楷模实行社会改革，力图建立一个太阳国。

基督教中也有以宗教幻想的形式提出的平等幸福的千年王国和天国理想，并在宗教团体中实行"财产共有"。罗马时期的早期基督教对富人仇视，甚至隐约地号召进行反对有产者的斗争，向劳动人民许诺要拯救他们脱离苦海，实现千年王国。基督教的信徒结合成社团，这些社团制度的特点是民主和平等的生活方式，严格遵守财产的共有性。恩格斯在研究早期基督教历史时，充分肯定了当时这一"被压迫者的宗教"中表达的古代社会主义思想。

4. 西方近代空想社会主义者对理想社会的描绘

1516 年英国的托马斯·莫尔创作了一部最早的空想社会主义作品《乌托邦》，书中描绘了一个美好的社会：没有私有财产和剥削现象，城乡之间没有对立，人们有计划地从事生产，实行按需分配，不需要商品、货币和市场；公共事务由集体讨论决定，从事公职的人员由人民选举产生；人们每天劳动6 小时，其余时间进行科学、艺术和体育等活动；人们之间相亲相爱，过着幸福生活。1602 年意大利的康帕内拉写出了《太阳城》一书，进一步描绘了一个财产公有、共同劳动和人人平等的理想社会。《乌托邦》和《太阳城》从严格意义上说都是文学作品而不是社会主义学说。到 18 世纪，法国摩莱里的《自然法典》和马布利的《论法制和法律的原则》，从理论上探讨和论证了如何消灭生产资料私有制，建立没有剥削、没有压迫的平等社会，强调从私有制过渡到公有制的必然性，并以法律条文的形式确立了理想社会的纲领和原则。

19 世纪初，英国已经完成工业革命，德国、法国的资本主义发展也开始向机器大工业过渡，资本主义的基本矛盾日益深化，无产阶级和资产阶级的对立和斗争进一步激化，工人阶级反抗资本主义剥削的斗争也更加激烈。经过 300 多年发展，空想社会主义的理论和实践也积累了丰富成果，为进一步发展奠定了重要基础。三大空想社会主义者在批判资本主义社会制度的同时，对未来社会提出了许多积极合理的设想。法国的圣西门在对资本主义社会进行批判的同时，设想未来的理想制度是一种实业制度，并对其建构原则及内容做了详尽的分析。在实业制度下，实业者和学者掌握社会政治、经济、文化各方面的权力；人人必须参与劳动，按计划发展经济；个人收入应同他的才能和贡献成正比；不允许任何特权存在；社会的唯一目的应当是运用各方面的知识来满足人们物质生活和精神生活的需要，特别是满足人数最多的最贫穷阶级这方面的需要。法国的傅立叶认为资本主义制度是万恶之源，他主张消灭这种所谓的文明制度，建立和谐制度，人民按性格组成协作社即"法朗吉"，人人可按兴趣爱好从事工作，而且可以随时变换工作，法郎吉的产品按劳动、资本和才能分配，人人都可入股成为资本家从而消灭阶级对立。协作制度将把教育与生产劳动结合起来，妇女将获得完全解放，城乡差别和对立也将消失。但傅立叶不主张实行社会革命而只是期待富人慷慨解囊。英国的欧文不仅从思想上对资本主义制度进行批判，还从行动上积极实践自己的理想。他在自己领导下的苏格兰新拉纳克大棉纺厂建立的"新协和"公社，实行财产公有，缩短工时，设立托儿所，幼儿园和学校，成年人享有平等的权利。这一时期的空想社会主义者在新的历史条件下把空想社会主义理论水平提高到了以往的空想社会主义者所没有达到也不可能达到的高度，他们的思想给了后来的科学共产主义以丰富的资料和启示，但他们看不到无产阶级是消灭资本主义制度、创造新社会的最终力量，因此他们对未来理想社会的设想也只能停留于空想。

（二）马克思主义经典作家预见未来社会的方法论原则

在展望未来社会的问题上，是否坚持科学的立场、观点、方法是能否正确预见未来的基本前提，也是马克思主义与空想社会主义的根本区别。教材中概括出了马克思主义经典作家预见未来社会的三个基本的科学立场和方法。我们先来学习一下：

1. 在揭示人类社会发展一般规律的基础上指明社会发展的方向

马克思恩格斯站在无产阶级立场上，运用科学的方法，致力于研究人类社会特别是资本主义社会，第一次揭示了人类社会发展的一般规律和资本主义社会发展的特殊规律，从而对共产主义社会做出了科学的展望。

2. 在剖析资本主义旧世界的过程中阐发未来新世界的特点

"在批判旧世界中发现新世界"，这是马克思的新世界观与旧哲学的根本区别。马克思正是通过对现存的资本主义制度进行无情的批判和深入的剖析，从而揭示出共产主义取代资本主义的历史必然性及其基本设想。

3. 在社会主义社会发展中不断深化对未来共产主义社会的认识

现实中的社会主义社会本来就是共产主义社会的初级阶段，虽然它距离未来社会的高级阶段即典型的共产主义社会尚远，但从社会性质上来说是一致的。因此，在对未来共产主义社会的认识上，从社会主义社会中得到的启示应该比从资本主义社会中得到的启示更多、更直接、更有教益。

4. 立足于揭示未来社会的一般特征，而不作详尽的细节描绘

马克思恩格斯在展望未来社会时，总是只限于指出未来社会发展的方向、原则和基本特征，而把具体情形留给后来的实践去回答。

以上这些方法都是辩证唯物主义和历史唯物主义科学世界观和方法论的体现。对于共产主义这样一种的未来的社会制度和社会形态，马克思主义经典作家站在科学的立场上，提出并自觉运用了预见未来社会的科学方法，概括起来，就是辩证唯物主义和历史唯物主义的方法。马克思主义与空想社会主义对未来共产主义主义社会设想的根本区别，就在于他们的世界观不同，立场不同，因而对未来社会的分析和得出的结论也根本不同。空想社会主义之所以是"空想"，就在于对什么都设计得非常具体，这样的设计越具体就越陷入空想，但归根到底，是因为他们缺乏历史唯物主义的观点，不懂得社会发展的客观规律。

以上述科学方法为基础，马克思主义经典作家运用科学的世界观和方法论，从一些最基本的方面揭示了共产主义社会的基本特征，阐明共产主义是人类社会发展史上的一种崭新的社会制度，而不是对未来社会做具体的描述。现在，我们一起来看马克思主义经典作家所展望的未来共产主义社会是什么样的？

（三）马克思主义经典作家揭示的共产主义社会的基本特征

1. 物质财富极大丰富，消费资料按需分配

第一，物质财富极大丰富，是共产主义社会实现的必要条件。第二，生产力的高度发展是共产主义社会的重要特征。第三，适应高度发展的社会化大生产的需要，实行普遍的生产资料公有制。第四，与生产资料的社会占有相适应，按照自然资源的情况和社会成员的需要，对生产进行有计划地组织和管理。第五，个人消费品的分配方式是"各尽所能，按需分配"。

2. 社会关系高度和谐，人们精神境界极大提高

第一，共产主义社会阶级和国家将会消亡。第二，由于社会生产力的巨大发展，工业与农业的差别、城市与乡村、脑力劳动与体力劳动的差别——"三大差别"必然归于消失。第三，人与自然、人与社会的关系实现真正的和谐一致。第四，人们的精神境界得到极大提高。

3. 每个人自由而全面的发展，人类从必然王国向自由王国的飞跃

第一，实现人的自由而全面的发展，是马克思主义追求的根本价值目标，也是共产主义社会的根本特征。首先，人的发展是自由的发展，是建立在个体高度自由自觉基础上的发展，而不是强迫的发展。其次，人的发展是全面的发展，而不是片面的发展。最后，在共产主义社会里，随着科学技术的发展和生产率的提高，维持社会生产所需要的劳动时间大大缩短，自由时间的延长为人的自由而全面的发展提供了广阔的前景。第二，劳动不再是单纯的谋生的手段，而成为乐生的活动，成为"生活的第一需要"。第三，共产主义是人类解放的实现，人类将最终从支配他们生活和命运的异己力量中解放出来，实现从必然王国向自由王国的飞跃，开始自觉地创造自己的历史。共产主义才真正结束了人类的史前史，成为人类自由自觉活动的历史的开端。

如何理解"共产主义才真正结束了人类的史前史，成为人类自由自觉活动的历史的开端。"

在这里有必要介绍一下人的发展的三个历史阶段：（1）人的依赖关系占统治地位的阶段；（2）以物的依赖关系为基础的人的独立性的阶段；（3）"建立在个人全面发展和他们共同的社会生产能力成为他们的社会财富这一基础上的自由个性"阶段。共产主义社会就属于第三阶段。

对共产主义社会的基本特征，我们还可以做进一步的概括吗？即可以把共产主义社会的基本特征概括为社会生产力高度发展、人的自由而全面的发展。再进一步概括？可以提炼为一句话，就是人的自由而全面的发展。这是最高和最后的概括。

二、共产主义是人类社会发展的必然归宿和崇高理想

共产主义理想是能够实现的社会理想。共产主义理想的实现以人类社会发展规律及资本主义的基本矛盾发展为依据。而且社会主义运动的实践，已经并正在用事实证明共产主义理想实现的必然性。但面对种种对共产主义理想的质疑，共产主义的实现问题在当前仍是一个重点和难点问题。只有我们从理论上弄明白共产主义实现的必然性，同学们才能坚定对未来的信心，坚定共产主义理想。现在我们一起来看看，为什么共产主义是人类社会发展的必然归宿和能够实现的崇高理想？

（一）共产主义社会是能够实现的社会理想

1. 什么是共产主义？

通过前面学习"马克思主义经典作家所揭示的共产主义社会的基本特征"，

我们对共产主义这一人类社会发展史上的一种未来的崭新的社会制度有了一定的认识。但要从理论上准确理解共产主义实现的必然性，还有必要从完整的意义上了解：什么是共产主义？

马克思在《德意志意识形态》一文中是这样定义共产主义的："共产主义对我们说来不是应当确定的状况，不是现实应当与之相适应的理想。我们所称为共产主义的是那种消灭现存状况的现实的运动。"① 恩格斯在《共产主义原理》一文中以问答形式对共产主义做出了类似的定义："共产主义是关于无产阶级解放的条件的学说。"② 马克思在《共产党宣言》中，论述了无产阶级取得政权后，一步步消灭私有制，消灭阶级，以至达到"代替那存在着阶级和阶级对立的资产阶级旧社会的，将是这样一个联合体，在那里，每个人的自由发展是一切人的自由发展的条件"。③ 在《哥达纲领批判》中，马克思将共产主义社会划分为两个阶段，第一个是"经过长久阵痛刚刚从资本主义社会产生出来的共产主义社会的第一阶段"，④ 第二个是劳动成为人类生存的第一需要，个人实现全面发展的共产主义社会高级阶段。

根据马克思恩格斯的论断，共产主义首先是建立在对现实认识之上的科学的革命理论。这一理论在资本主义国家的生产关系不能再满足生产力发展需要的时候，将指导广大无产阶级进行社会主义革命。革命胜利后建立的社会主义社会是最后一个专政的国家，是共产主义的初级阶段。我们通常所说的共产主义，是指共产主义的高级阶段，在这一阶段，生产力得到高度发展，社会产品极其丰富，人们具有高度的思想觉悟，劳动成为第一需要，实行共产主义公有制，消灭了三大差别，遵循"各尽所能，按需分配"的分配原则。可见从马克思主义对共产主义的理解来看，共产主义有三重基本的含义。第一，共产主义是一种观点和理论。第二，共产主义是一种消灭现存状况的现实的运动。第三，共产主义是取代资本主义的一种理想的社会制度。因此，在完整的意义上讲，共产主义是学说、运动和制度的统一，即是以科学的共产主义理论为指导，通过共产主义的现实运动，达到实现共产主义制度的目标。

2. 共产主义到底能否实现？

人类对未来的设想，主要有两类：一类是完全脱离客观发展规律而陷入

① 《马克思恩格斯文集》第1卷，人民出版社2009年版，第539页。
② 《马克思恩格斯文集》第1卷，人民出版社2009年版，第676页。
③ 《马克思恩格斯文集》第2卷，人民出版社2009年版，第53页。
④ 《马克思恩格斯文集》第3卷，人民出版社2009年版，第435页

虚幻的设想，是根本不可能实现的空想。比如，有人试图通过某种修炼使自己长生不老，甚至脱胎换骨，成为神仙。这是违背了人的生命规律的，当然是不可能实现的。另一类设想是具有客观必然性经过努力可以实现的理想。如前所述，共产主义是未来必然要实现的美好的社会制度，也是在科学的共产主义理论指导下的现实的共产主义运动。在社会主义建成以前，这种"消灭现存状况的现实的运动"，具体的表现为工人阶级反对资产阶级的阶级斗争，表现为推翻资本主义制度及一切旧制度的社会主义革命，在进入社会主义社会之后，则具体的表现为一切为发展社会主义经济和推动社会主义进步所做的实践。诚然，共产主义社会的最终实现是一个远大的奋斗目标，但是，作为科学的共产主义理论指导下的现实的共产主义运动，作为社会主义国家的广大人民群众在马克思主义科学理论指导下所进行的社会主义建设的革命实践，则是实实在在地进行着、每天都存在于我们的现实生活中。共产主义社会制度的最终实现是以社会主义制度的存在和不断发展的客观实际作为前提的。因此，共产主义作为对未来社会的设想，是一种完全可以实现的社会理想，是在对人类社会发展规律认识的基础上所设立的社会发展目标。

当然，共产主义作为一种远大的理想，它的实现不是一蹴而就或近在咫尺的事，它是将来时，我们不可能准确说出共产主义实现的具体日期，但我们也不能因此而否认它是一种可以实现的社会理想。因为，共产主义理想并不神秘、并不玄虚，它讲的是人类社会中的事情，这样的理想社会有实实在在的基础。但是，我们也不能沉溺于对未来共产主义理想的细节描绘，我们完全可以根据我们对社会结构的认识，从生产力状况、生产关系状况、社会生活和精神生活等方面去把握共产主义社会的基本特征；完全可以根据历史规律和历史趋势对其轮廓和基本特征不断加深认识。而且，共产主义理想的实现是历史规律的必然要求，靠的是社会的发展和进步；实现共产主义是人类最伟大的事业，靠的是人民群众现实的实践；现实的社会主义事业每向前推进一步，也就是向着共产主义迈进一步。

（二）共产主义理想的实现是历史规律的必然要求

我们说共产主义是可以实现的社会理想，不是凭主观的感情和一厢情愿，是可以从理论上做出共产主义必然实现的证明的。马克思恩格斯早就已经非常清醒地认识到：对共产主义事业最重要的是要有一个科学的理论论证。他们经过艰苦的理论研究，对共产主义理想实现的必然性做出了科学的理论证明。这个证明包括两个层面：一个是通过揭示人类社会发展的一般规律，通过揭示人类社会形态的更替，指明了未来的社会前景。他们认为，人类社会像自然界一样是有客观规律的。社会的发展是从低级到高级的进步过程。这个过程大体上表现为五种基本社会形态的更替。即从原始社会，到奴隶社会，再到封建社会，然后到资本主义社会，最后到共产主义社会。共产主义作为这个更替链条的最后一环，它的实现，就像前面几个社会形态一样，是必然的。另一个层面是通过对资本主义社会形态的研究，揭示出资本主义产生发展的规律，指明了资本主义必然走向灭亡，而代之以共产主义新社会的前景。这个证明是特殊层面上的。也就是说，共产主义理想一定会实现，是以人类社会发展规律以及资本主义社会的基本矛盾发展为依据的。马克思主义不仅从社会形态交替规律上对共产主义理想实现的必然性作了一般性的历史观论证，而且通过对资本主义社会的具体剖析，做了具体实证的证明。马克思深入研究资本主义社会，特别是研究资本主义的经济运动，揭示了资本主义生产方式的特点，论证了资本主义发展的自我否定的趋势；揭示了资本主义生产社会化与生产资料私人占有的基本矛盾，论证了资本主义的历史暂时性；揭示了资本主义剥削的秘密，证明了资本主义的非正义性，论证了工人阶级推翻旧世界建设新世界的历史使命；揭示了工人阶级和资产阶级斗争的发展规律和趋势，论述了工人阶级解放斗争胜利的必然性。

此外，社会主义运动的实践，特别是社会主义国家的兴起和不断发展，已经并正在用事实证明着共产主义理想实现的必然性。从一定意义上讲，社会主义革命的胜利本身就是共产主义理想可以实现的证明。当然这种证明还是不完全的和尚未完成的，因为在革命胜利后建立起来的并不是共产主义社会，而是社会主义社会。但是，现实中的社会主义是共产主义社会的初级阶段，它与共产主义社会具有根本性质上的一致性。现实中的社会主义国家还在继续发展中，这种发展持续的时间越长，取得的成就越大，就为共产主义高级阶段的到来提供着更多更有利的条件，也提供着更有力的实践证明。

（三）实现共产主义是人类最伟大的事业

通过第二点的学习我们知道，共产主义理想的实现是历史规律的必然要求，这不仅在理论上得到了论证，在实践中也有所证明。但是实现共产主义不仅是一个合规律的过程，而且是一个合目的的过程，是合规律性和合目的性的统一。社会发展规律离不开人的活动，社会发展的规律是在人们的活动中形成的，是人们社会活动的规律，因此它的实现和发挥作用离不开人们的社会活动，特别是离不开人们自觉创造历史的活动。具体来说，社会主义代替资本主义和最后实现共产主义的历史进程，离不开工人阶级及其政党的能动性，离不开社会主义国家建设事业的推进，离不开世界社会主义运动的发展。可以说，在共产主义实现的历史必然性中就包含着无产阶级和先进人类对共产主义理想的追求。

1. 实现共产主义是无产阶级解放斗争的最终目标

在人类历史上，对美好生活和理想社会的向往和追求源远流长。在阶级社会中，处于社会底层的广大劳动群众渴望有朝一日能摆脱剥削和压迫，摆脱贫困和动荡，过上安定富裕的生活。一些仁人志士也曾提出过一些对未来社会的设想，并为实现这些设想而奔走呼号、英勇奋斗。可以说，在阶级社会中人们始终向往和追求着一种没有剥削、没有压迫的理想社会。但历史证明，以往的任何阶级都不可能实现消灭剥削和压迫的社会理想。随着人类历史进入资本主义社会，随着资本主义社会自身矛盾运动的发展无产阶级的发展壮大，人类追求和实现美好理想社会的使命，历史地落在了无产阶级的身上。

无产阶级是先进生产力的代表，它深受资产阶级的剥削和压迫，为争取自身的解放进行了不懈的斗争。马克思恩格斯适应无产阶级解放斗争的需要，经过艰苦的理论工作，创立了科学的社会主义理论，深刻揭示了无产阶级作为最革命的阶级所肩负的推翻资本主义、建立共产主义新社会的伟大使命。马克思主义的创立及其与工人运动的结合，特别是马克思主义政党的产生，使无产阶级找到了科学的理论指导和坚强的领导核心，走上了实现自身历史使命的更加自觉地道路。在全世界实现共产主义，是无产阶级解放斗争的最终目标，也是马克思主义政党奋斗的最高纲领。

2. 实现共产主义是全人类解放的根本体现

无产阶级的解放与全人类的解放是完全一致的。无产阶级特殊的社会地位和历史使命，决定了它只有解放全人类才能使自己最后得到彻底解放。恩格斯指出，现代被剥削被压迫的阶级即工人阶级，"如果不同时使整个社会一劳永逸地摆脱一切剥削、压迫以及阶级差别和阶级斗争，就不能使自己从进行剥削和统治的那个阶级（资产阶级）的奴役下解放出来。"① 争取共产主义社会制度的最终实现，不仅是无产阶级彻底解放的标志，也是全人类得到解

---

① 《马克思恩格斯文集》第2卷，人民出版社2009年版，第9页。

放的根本要求和体现。

现在，请同学们讨论这样一个问题：如何看待共产主义"渺茫论"？

（教师提示）

共产主义"渺茫论"者极力否认科学共产主义学说的无产阶级性质；抽掉科学共产主义的阶级内容和阶级概念；否认共和国成立以来所建立的社会制度是社会主义社会，属于共产主义的第一阶段；认为共产主义是没有经过实践检验的，是虚无缥缈的东西，根本不可能实现。

究其原因，"渺茫论"割裂了共产主义与社会主义之间的联系，认为共产主义是没有过程、没有历史的连续性而凭空产生的，共产主义制度不是实现的而是"出现"的。"渺茫论"割裂了现实与理想之间的内在关联性，把共产主义理解为一种脱离了现实根基的关于理想社会的设想。这是用孤立、静止的眼光来看待共产主义制度的形成，从根本上违反了马克思主义哲学的基本思想。马克思主义的共产主义不是没有历史的连续性而突然"出现"的，也不是没有现实的基础而凭空产生的。共产主义的社会理想与古代社会关于理想社会的各种设想，与形形色色的空想社会主义思想有着根本的区别，共产主义"渺茫论"是根本站不住脚的。

三、建成共产主义社会需要全人类持之以恒、坚持不懈的共同努力

共产主义一定要实现，共产主义一定能够实现，但必须明确，共产主义的实现是一个很长的甚至是充满曲折的历史过程。实现共产主义是一个有着不同历史阶段的长期的循序渐进的过程。在每一个阶段上都有相应的目标，这些阶段性目标彼此联结，通向共产主义。具体到我国，我们党的最高纲领是实现共产主义，当前的最低纲领就是建设中国特色社会主义，最高纲领和最低纲领是统一的。当前，我们要把共产主义远大理想与中国特色社会主义共同理想结合起来，积极投身于建设中国特色社会主义事业的伟大实践。

（一）实现共产主义是一个长期的历史过程

共产主义的实现是一个很长的甚至是充满曲折的历史过程。这是因为：

1. 资本主义的灭亡和向社会主义的转变是一个长期的过程

实现共产主义不仅有赖于社会主义国家的巩固和发展，也有赖于现存资本主义国家向社会主义的转变，以及转变后向共产主义的发展。资本主义作

为一个社会形态，走向灭亡是一个长期的历史过程。从资本主义向社会主义转变的完成，需要一个或长或短的过渡时期。在完成资本主义向社会主义的转变以后，更要经历一个很长的社会主义发展阶段，最后才能逐步向共产主义过渡。在这个问题上，我们要正确理解马克思所提出的"两个必然"和"两个决不会"的关系。

2. 社会主义社会的充分发展和最终向共产主义过渡需要很长的历史时期

在全世界实现共产主义，首先将取决于社会主义国家的巩固和发展，取决于这些国家所经历的社会主义建设的历史进程。共产主义只有在社会主义社会充分发展和高度发达的基础上才能实现。社会物质财富的充分涌流，人们精神境界的不断提高，共产主义新人的培养和成长等，都需要很长的历史时期。因而，社会主义的充分发展并向共产主义过渡将是一个漫长的历史过程。社会主义社会是一个长期的历史时期，它在自身的发展中也会经历从低级到高级的发展阶段，在一切条件具备之后才能实现向共产主义社会过渡。

（二）正确理解"两个必然"和"两个绝不会"的关系

这一问题是从理论上进一步阐明共产主义社会是历史发展的必然趋势，实现共产主义是一个长期的实践过程。对这个问题我们可以从以下三点阐明：

1. 马克思恩格斯在《共产党宣言》中提出的"两个必然"的思想

"资产阶级的灭亡和无产阶级的胜利是同样不可避免的。"[①] 这就是我们常说的资本主义必然灭亡和社会主义必然胜利的"两个必然"（或"两个不可避免"）。"两个必然"是马克思恩格斯运用科学的世界观和方法论，考察人类社会发展的一般规律和资本主义社会发展的特殊规律得出的基本结论。唯物史观认为，生产力是生产关系的基础，有什么样的生产力就有什么样的生产关系，生产力发展到一定程度，原有的生产关系不能容纳生产力发展，生产关系就会发生变革。随着生产力和生产关系矛盾运动的发展，废除资本主义私有制，建立社会主义公有制，实现生产资料和产品的社会占有，成为生产力发展和生产社会化的必然要求，人类社会必定要从资本主义走向共产主义。

2. 马克思1859年在《〈政治经济学批判〉序言》中提出的"两个决不会"的思想

在提出"两个必然"思想的基础上，马克思又进一步从生产力和生产关系、经济基础与上层建筑的矛盾运动过程，揭示了资本主义社会的内部矛盾，

---

① 《马克思恩格斯文集》第2卷，人民出版社2009年版，第43页。

提出了"两个绝不会"的思想。即："无论哪一个社会形态，在它所能容纳的全部生产力发挥出来以前，是决不会灭亡的；而新的更高的生产关系，在它的物质存在条件在旧社会的胎胞里成熟以前，是决不会出现的。"① "两个决不会"的思想说明，社会主义代替资本主义的必然性，归根到底是由生产力的发展水平决定的，只有当生产力达到一定高度、资本主义生产关系无法容纳社会生产力的时候，社会主义代替资本主义才能够最终成为现实。

3. "两个必然"和"两个决不会"的关系

从人类社会历史发展看，"两个必然"主要阐述的是共产主义实现的历史必然性，揭示了"资本主义必然灭亡，社会主义必然胜利"的前进趋势；"两个决不会"主要阐述的是这种必然性实现的时间和条件，揭示了社会主义取代资本主义的曲折过程。二者是相互联系、辩证统一的。这两个的科学论断共同揭示了人类社会历史发展的规律，既明确了资本主义必然灭亡，社会主义必然胜利的历史趋势，又指明了这将是一个长期而又复杂的历史过程。

通过学习，我们知道共产主义的实现是社会历史发展的必然，共产主义一定要实现，共产主义一定能够实现，但共产主义的实现是一个长期的历史过程。这时，同学们会产生这样的疑问，共产主义作为未来的社会形态，作为人类的崇高理想，与我们现在有什么关系呢？为什么我们强调现在就要树立和追求共产主义的远大理想呢？

（三）建设中国特色社会主义是中华民族走向共产主义的必由之路

建设中国特色社会主义是中华民族正在进行的伟大事业，是现阶段中国人民的共同理想。建设中国特色社会主义这一共同理想与实现共产主义远大理想是一种什么关系呢？

1. 社会主义社会和共产主义社会的关系——实现共产主义不能超越社会主义发展阶段

马克思把共产主义社会划分为第一阶段和高级阶段，列宁分别把这两个阶段称为社会主义社会和共产主义社会。列宁指出："社会主义和共产主义之间的科学区别，只在于第一个词是指从资本主义生长起来的新社会的第一阶段，第二个词是指它的下一个阶段，更高的阶段。"② 实现共产主义，必须经过社会主义的阶段，这是马克思主义的基本观点。正确把握社会主义和共产

---

① 《马克思恩格斯文集》第 2 卷，人民出版社 2009 年版，第 592 页。

② 《列宁选集》第 4 卷，人民出版社 1995 年版，第 10 页。

主义的关系，一方面必须看到二者之间的内在联系和本质上的一致性，看到它们总体上同属一个类型的社会形态；另一方面也要看到这两个阶段在发展程度和成熟程度上的重大区别。还要看到社会主义过渡到共产主义在具体到不同的国家时经历不同发展阶段的特殊性。

社会主义是共产主义的低级阶段，也是实现共产主义的必由之路。高级阶段是建立在低级阶段基础上的，没有低级阶段的发展，也不会有高级阶段的到来。为了最终实现共产主义，必须坚定不移地走社会主义道路。实践证明，建设社会主义是一个长期艰苦的过程，试图跳过社会主义阶段而直接进入共产主义社会，是不可能实现的。而试图人为地缩短社会主义时期，急于向共产主义过渡，超越社会主义充分发展阶段，也是有害的。

2. 共产主义远大理想与建设中国特色社会主义共同理想的关系

实现共产主义是一个长期的有着不同历史阶段的循序渐进的过程。我们党的最高纲领是实现共产主义，当前的最低纲领就是建设中国特色社会主义，最高纲领和最低纲领是统一的。在当代中国，建设中国特色社会主义是中华民族走向共产主义的必由之路。我们要把共产主义远大理想与中国特色社会主义共同理想结合起来，积极投身于建设中国特色社会主义事业的伟大实践，不断推进中国特色社会主义事业的发展，才能向着长远目标和最高理想——共产主义迈进。

中国特色社会主义共同理想是共产主义远大理想在我国社会主义初级阶段的现实体现，是实现共产主义远大理想的必经阶段。没有远大理想的指引，就不会有共同理想的确立和坚持。没有共同理想的实现，远大理想就没有现实的基础。任何时候都不能把最高理想和共同理想割裂开来，对立起来。千里之行，始于足下。树立和追求共产主义远大理想，要体现在积极投身于中国特色社会主义建设。

3. 实现中华民族伟大复兴的中国梦与共产主义远大理想的关系

习近平指出："实现中华民族伟大复兴的中国梦，就是要实现国家富强、民族振兴、人民幸福。"[①] 党的十八大确立了实现中华民族伟大复兴的中国梦的奋斗目标：在中国共产党成立100年时全面建成小康社会，在新中国成立100年时建成富强民主文明和谐的社会主义现代化国家。中国梦是对近代以

---

① 习近平：《实现中华民族伟大复兴的中国梦——在第十二届全国人民代表大会第一次会议上的讲话》，《人民日报》，2013年3月17日。

来中华民族追求民族独立和解放、实现民族伟大复兴梦想的继承，也是对中国共产党成立以来为实现中华民族伟大复兴而不懈奋斗精神的弘扬。实现中华民族伟大复兴的中国梦，是中华民族的共同理想和共同的愿望，也是中国人民对美好未来的追求与期待。历史和现实都雄辩地证明了要实现中华民族伟大复兴中国梦的必由之路就是在中国共产党的领导下走中国特色社会主义道路，这是中国共产党带领广大人民历经千辛万苦找到的唯一正确的道路。因此，中国梦的奋斗目标与中国特色社会主义的发展目标是有机统一的，中国梦是对中国特色社会主义共同理想的现实表达，建设好中国特色社会主义的过程就是实现中国梦的过程。

共产主义作为中国共产党的长远目标和最高理想的确离我们很遥远，是社会主义经过长期发展之后所要达到的一种高级状态，只有在社会主义社会充分发展和高度发展的基础上才能实现。但今天我们为实现中华民族伟大复兴的中国梦所从事的中国特色社会主义建设，却是在实实在在地进行着的。未来共产主义社会的建立正是在这种现实的共产主义运动中逐步实现的。不断推进中国特色社会主义事业的发展，逐步实现中华民族伟大复兴的中国梦，就是向着共产主义最高理想迈进。

（四）坚定理想信念，投身新时代中国特色社会主义事业

习近平指出："青年是标志时代的最灵敏的晴雨表，时代的责任赋予青年，时代的光荣属于青年。"青年是祖国的未来、民族的希望。当前，中国特色社会主义进入新时代。这个新时代，是承前启后、继往开来、在新的历史条件下继续夺取中国特色社会主义伟大胜利的时代，是决胜全面建成小康社会、进而全面建设社会主义现代化强国的时代，是全国各族人民团结奋斗、不断创造美好生活、逐步实现全体人民共同富裕的时代，是全体中华儿女勠力同心、奋力实现中华民族伟大复兴中国梦的时代，是我国日益走近世界舞台中央、不断为人类做出更大贡献的时代。这一崭新的时代，为当代青年特别是当代大学生提供了实施人生才华的极为有利的历史机遇。

新时代的青年，必须坚定理想信念。习近平指出："青年时代树立正确的理想、坚定的信念十分紧要，不仅要树立，而且要在心中扎根，一辈子都能坚持为之奋斗。"理想信念是精神上的"钙"，是人的精神支柱和精神脊梁，是鼓舞人们前进和奋斗的强大精神动力。当代大学生要坚定理想信念，自觉做中国特色社会主义共同理想的坚定信仰者、忠诚实践者。为此，就要深入

学习马克思主义基本原理及马克思主义中国化的理论成果，特别是学习习近平新时代中国特色社会主义思想，让真理武装我们的头脑，让真理指引我们的理想，让真理坚定我们的信仰。当代青年要积极投身新时代中国特色社会主义事业，勇做担当中华民族伟大复兴大任的时代新人。

§3 教学小结

本专题从"人类社会从未停止对未来理想社会的向往""共产主义是人类社会发展的必然归宿和崇高理想""建成共产主义社会需要全人类持之以恒、坚持不懈的共同努力"三个方面探讨了共产主义社会理想。通过学习，我们认识到：共产主义社会作为一种社会形态，是人类历史发展的必然归宿，是社会发展规律的必然趋势；实现共产主义不能超越社会主义发展阶段，我们党的最高纲领是实现共产主义，当前的最低纲领就是建设中国特色社会主义，最高纲领和最低纲领是统一的；建设中国特色社会主义是中华民族走向共产主义的必由之路，这一伟大实践不仅仅是在为实现共产主义创造条件，本身就是在为共产主义而奋斗着，就是建设共产主义的实际实践。

§4 作业及思考题

1. 结合马克思主义关于共产主义基本特征的论述分析马克思主义经典作家展望未来社会的科学立场和方法？

2. 共产主义理想的实现是历史的必然，为什么又要人们去努力追求？既然共产主义的最终实现是个漫长的过程，为什么又说"共产主义渺茫"论是错误的？请用马克思主义的辩证观点予以正确解答。

3. 有人说："在社会主义初级阶段只能讲树立建设中国特色社会主义共同理想，而不应提树立共产主义远大理想，否则就是脱离实际。"这一观点是否正确，请用所学理论分析推进中国特色社会主义建设事业、实现中华民族伟大复兴的中国梦的共同理想和实现共产主义的远大理想是什么关系？

§5 阅读参考文献

1. 恩格斯：《共产主义原理》，《马克思恩格斯文集》第1卷，人民出版社

2009 年版。

2. 马克思、恩格斯:《共产党宣言》,《马克思恩格斯文集》第 2 卷,人民出版社 2009 年版。

3. 马克思:《哥达纲领批判》,《马克思恩格斯文集》第 3 卷,人民出版社 2009 年版。

4. 恩格斯:《社会主义从空想到科学的发展》,《马克思恩格斯文集》第 3 卷,人民出版社 2009 年版。

5. 列宁:《国家与革命》第五章,《列宁专题文集 论马克思主义》,人民出版社 2009 年版。

6. 梁启超:《清代学术概论》,中华书局出版社 2010 年版。

7. 李延明:《马克思恩格斯的共产主义学说》,中国社会科学出版社 2010 年版。

8. 祁志祥:《社会理想与社会稳定》,科学社会文献出版社 2013 年版。

9. 田恬秀:《社会主义 500 年》,湖北教育出版社 2013 年版。

10. 习近平:《毫不动摇坚持和发展中国特色社会主义 在实践中不断有所发现有所创造有所前进》,《人民日报》,2013 年 1 月 6 日。

11. 习近平:《实现中华民族伟大复兴的中国梦——在第十二届全国人民代表大会第一次会议上的讲话》,《人民日报》,2013 年 3 月 17 日。

（本专题撰稿人 高惠芳）